大数据时代企业人力资源管理模式构建与机制创新研究

王凯霞 ◎ 著

北京工业大学出版社

图书在版编目（CIP）数据

大数据时代企业人力资源管理模式构建与机制创新研究 /
王凯霞著 . — 北京：北京工业大学出版社，2018.12（2021.5 重印）
　ISBN 978-7-5639-6513-7

　Ⅰ . ①大… Ⅱ . ①王… Ⅲ . ①企业管理－人力资源管理－
研究－中国 Ⅳ . ① F279.23

中国版本图书馆 CIP 数据核字（2019）第 021908 号

大数据时代企业人力资源管理模式构建与机制创新研究

著　　者：王凯霞
责任编辑：刘卫珍
封面设计：晟　熙
出版发行：北京工业大学出版社
　　　　　（北京市朝阳区平乐园 100 号　邮编：100124）
　　　　　010-67391722（传真）　bgdcbs@sina.com
经销单位：全国各地新华书店
承印单位：三河市明华印务有限公司
开　　本：787 毫米 ×1092 毫米　1/16
印　　张：10.75
字　　数：240 千字
版　　次：2018 年 12 月第 1 版
印　　次：2021 年 5 月第 2 次印刷
标准书号：ISBN 978-7-5639-6513-7
定　　价：58.00 元

前　言

由于互联网、大数据、云计算等技术的深度应用和广泛普及，中国的企业管理实践出现了四种发展动向。第一种是合众化，就是尽可能解决信息不对称问题，发现更多潜在合作伙伴，为资源整合提供了可能，有效推动了跨界融合。第二种是精深化，就是不管是在专业技术方面，还是在企业管理方面，都要做精、做专、做深，确确实实让自己的产品、技术、质量、服务和管理等，有别于他人，甚至超越他人。第三种是个性化，就是根据企业客户、服务对象的需求提供相应的产品、服务，真正体现客户的个性化需要。第四种是人性化，就是要真正尊重客户，根据客户的体验、个体需求来主导产品设计和提供服务，从而使客户感到愉悦、安全和有效率。这些发展动向的现实体现，就是各种各样的互联网商业模式的出现，并由此导致人力资源管理出现了一些新的变化趋势。一是开放式的员工构成，就是不管这个人的职位是高还是低，只要能为企业创造价值，就能够成为企业的人才，并被企业所用。二是扁平化的组织管理，就是通过大数据、移动互联网的使用，解决了信息不对称的问题，不再需要复杂的、多层级的组织管理体系来传导指令、执行任务。三是价值分享的人才联盟，就是通过诚实对话建立公司和员工之间的信任关系，营造"选择性加入"文化，了解不同时点、不同岗位人才在想什么、追求什么，让公司和员工建立长期的合作关系，达成一种价值分享的联盟。四是构建系统化的人力资源管理体系，就是要根据社会环境、企业战略、业务性质和员工特点等构建一套系统化的人力资源管理制度体系，而不仅仅着力于招聘、培训、考核、薪酬等单一制度模块的完善，只有这样才有可能真正把人才"激活"，在实现组织目标的同时也实现员工的个人价值。五是引领型的领导艺术，就是培养员工的主动性，强调管理的模糊性和内部的协调性，作为管理者只在特定的目标确定或实现方式的把握上行使领导者职务权利。

如何经营人才？其实就是把人才作为资本让其不断保值增值。创新求变与追求卓越，去中心化、扁平化、平台化、阿米巴经营模式、合伙人制，技术的进步和商业模式的创新，催生了许多新的管理理念，而这些正是本书所重点关注的。变与不变，不变则等待衰败，变则有成功的可能，企业要努力找到适合自己的商业模式和管理法则，在变化中求发展。

目　录

第一章 企业人力资源的开发与管理

第一节 企业发展的核心：人力资源与人力资本

一、人力资源开发是企业的核心战略

人力资源管理的思想源远流长。作为一种重要的经济资源，人力资源有着自己的特点；作为一个微观层面的概念，人力资源管理的内容十分丰富。当今时代，人力资源是现代组织的第一资源。为此，加强对人力资源的开发与管理对推动企业的发展尤为重要，它已成为现代组织管理中一道亮丽的风景线。

（一）人力资源的丰富内涵及鲜明特征

研究人力资源，首先必须明确人力资源的概念。目前学术界对人力资源概念的认识不尽相同。

本书将"人力资源"概念界定为：人力资源是指全部人口中具有劳动能力的人，简称劳动力资源。人力资源的概念有狭义与广义之分。狭义的人力资源是指具有劳动能力的劳动适龄人口；广义的人力资源是指劳动适龄人口再加上超过劳动年龄仍有劳动能力的那部分人口。

在这里，人力资源主要强调人具有劳动能力。因此，它超过了劳动力的范围，即只要具有劳动的能力，即使是潜在的、未进入法定劳动年龄或超出法定劳动年龄的人们，都属于人力资源。如果考虑到潜在的或未来的人力资源，这个范围还要广泛，因此，可以说，从全部人中剔除已经丧失劳动能力的人，剩下的人都属于人力资源。

正是由于人是一种特殊的物质资源，因此，与其他物质资源相比较，人力资源具有自己鲜明的个性特征。

1. 人力资源的再生性

人力资源具有再生性，体现在以下几个方面。

（1）人口的再生产。人口的再生产遵守一般的生物规律，老一代人逝去，新一代人

又陆续生出来，而且素质会更高。当然，人口再生产还受人类意识的支配。这种人力资源时序上的再生性，与耕地、矿藏等资源的不可再生性且数量的递减形成明显反差。

（2）劳动力的再生产。这是通过人口总体和劳动力总体内各个个体的不断更换、更新和恢复的过程得以实现的。

（3）劳动能力的再生产。这包括两方面内容：一是人的劳动能力不断使用，不断产生；二是人的劳动能力今天消耗了，如脑力或体力，明天会再生出来。该能力不断培养，从而不断提高。

2. 人力资源生成过程的时代性

一个国家或地区的人力资源，在其形成过程中，受时代条件的制约。人一生下来就遇到既定的生产力和生产关系的影响与制约，当时的社会发展水平从整体上影响和制约着这种人力资源的素质，他们只能在时代为他们提供的条件和前提下，发挥他们的作用。一个国家或地区社会经济发展水平不同，人力资源的素质也就不一样。任何人力资源的形成，都不能摆脱当时社会文化水平的制约。

3. 人力资源开发过程的能动性

与其他资源相比较，人力资源具有目的性、主观能动性、社会意识性和可激励性。而自然资源在被开发的过程中，完全处于被动的地位，如森林、矿藏、土地、水利等。因此，人类在从事经济活动和社会活动时，总是处在发现、操纵、控制其他资源的位置上，也就是说，人类能够根据外部的可能性和自身的条件、愿望，有目的地确定经济活动的方向，并根据这一方向，具体选择、运用外部资源或主动适应外部资源。所以，人力资源与其他被动性生产要素相比较，是最积极、最活跃的生产要素，居于主导地位。

另外，人力资源的能动性还表现在对其积极性、能动性调动的程度上，这直接决定着其开发的程度和达到的水平。所以，人力资源的开发不能只靠技术性指标的增减和数学公式的推导，还要靠政策、制度、感情、信任和待遇等各种因素去激发和调动其能动性。

4. 人力资源使用过程的时效性

自然资源，如矿藏、森林、石油等，一般都可以长期储存，储而不用，品位也不会降低，数量也不减少。但人力资源则不同，长期储而不用，就会荒废、退化、过时。古人云："兰蕙不采，无异蓬蒿；干将不试，世比铅刀。"人的才能和智慧的发挥有一个最佳的时期和年龄阶段。一般来说，25～45岁是科技人才的黄金年龄，37岁是其峰值；医学人才的最佳年龄一般会后移，这是由其研究领域的业务性质决定的。这就告诫我们：开发人力资源必须及时，开发使用的时间不一样，所得的效益也不相同。

5. 人力资源开发过程的连续性

自然资源、物质资源一般只有一次开发或二次开发，一旦形成产品使用之后，就不存在继续开发的问题了。例如，铁矿石被开发炼成铁或钢制成产品后，铁矿石就不存在了；煤被开发并作为燃料燃烧后，也就不存在了；森林的树木被开发制成产品后，也就不存在开发的问题了；等等。

人力资源则不同，人力资源的使用过程同时也是开发过程，而且这种开发过程具有持续性。人力资源的使用过程本身就是一个不断开发的过程。在发展中国家，传统观念的做法是，学校学生毕业后进入工作阶段，开发与使用界限分明，于是形成了两种理论，即干电池理论和蓄电池理论。

所谓干电池理论，就是把人生分成两段，前半生学习，就是做干电池，学生毕业就是干电池做完了，然后参加工作，即干电池放光发亮。

但是，干电池里的电毕竟有限，很快就会没电了。于是，新的理论——蓄电池理论应运而生。

蓄电池理论认为，人的一生是不断学习、不断充电的一生，而且，释放与储存成正比，为了更多地释放，必须更多地储存。所以，人力资源可以而且应该不断地开发、持续地开发，这样才能不断增值。

6. 人力资源闲置过程的消耗性

一般来说，物质资源不开发、不使用，也不具有消耗性。例如，矿产、原始森林，不开发，就不会被消耗。但人力资源则不同，人力资源若不加以开发使用，其功能便会随时间的消逝而逐渐消耗掉。

（二）人力资源是企业的第一资源

人是万物之灵。人力是无价之宝。所以说人力资源是社会的"第一资源"。

在人类社会发展中，当人类忙于认识自然、开发自然、利用自然、改造自然、认识社会、改造社会时，却忘记了认识自己，忘记了开发人类自身，忽略了自身的"灵气""宝气""第一资源"的重要地位。直到20世纪60年代，人力资源作为最重要的资源才广泛引起人们的重视，人力资源的概念才被人们认同并广泛使用。人力资源概念的出现是新科学技术革命的产物，是管理思想、管理理论和方法的一场革命。它宣告：人是创造发明尤其是高科技创造发明的源泉；人不再是机器等工具的附属物，而是影响机器效率的主人；人力是财富的源泉，是重要的资源；人力是可投资的，是最划算的投资；人力开发是事业成功的关键；以人为本的管理是企业管理、国家管理的核心；人的管理的着眼点是调动人的积极性，关键是激励；企业现代化、国家现代化最终都是人的现代化。

在新科学技术革命的推动下，30多年来，世界各国对人力资源的研究和实践，无论在深度和广度上都有很大发展。人力资源的开发利用已扩展到各行各业和各个层次，人力资源研究已同许多新兴学科的最新成就结合起来，并逐步形成了一套与传统人事管理不同的新的人力资源管理。

人才已成为企业绝对的珍宝。对于成功企业来说，人才能使之长盛不衰；而对于一个创业中的企业来说，人才能使之不断壮大，走向成功。所以，21世纪的经营理念是：人才是企业的第一资源。

从企业经营规律中可以看出，在资本的转换与增值过程中，人的作用始终是第一位的，人是联系有形资本与无形资本的纽带，是工业资本、金融资本与商业资本相互转化的动力。可以说，生产资料与货币如果仅仅表现为相对静止的物质形态，而不能以创造利润为目的表现出转换与增值的运动过程，其就不能体现资本的特征。体现资本运动特征的根本因素又是什么呢？是人的作用，是人类自身生存、延续和发展需求的消费与积累最终决定资本增值——不断扩大社会物质财富总量的目的……因此，我们说，就资本在社会实践中所发挥的作用而言，人直接和最终决定资本的效能。从这个意义上讲，人本身就是构成资本重要的组成部分，而且是最积极、最主动、最活跃的部分。所以，从这个意义上认识，富于创造性的人才，才是企业的第一资源。

从"人才是企业的第一资源"这一前提出发，任何企业，不管规模大小，其决策者必须转变观念，突破传统用人观念上的误区，纠正人才选拔与使用上的错误认识，把人才培养列入战略经营和长远投资计划，加大人才开发的力度。这样的企业，在 21 世纪的挑战中才最有资本生存发展。

实践证明：任何一种组织，包括企业在内，若想提高管理效率，增加经济效益和社会效益，就必须选准人、用好人。一般而言，哪个企业的人才数量多、质量高，而且安排得当，使用合理，这个企业的事业就蒸蒸日上，兴旺发达。优秀人才具有点石成金、化腐朽为神奇的特殊本领。

总之，存在于人类自身的人力资源是一种可供开发利用的资源，是能够创造新的价值和使用价值的资源，是当今人类社会发展最重要的资源。

（三）人力资源开发：企业经营工作的核心

知识经济时代，生产力的内涵有了新的扩展和诠释。拥有丰富知识的人才已成为生产力家族的主力成员，并日益发展为知识经济不可缺少的基础。

知识经济的运作是一个知识转化为资本、资本转化为物质财富的全新过程。在这一过程中，人力资源特别是人才资源，既是知识的拥有者，又是资本的使用者。所以，在知识经济条件下，人力资源已成为资本和财富的不竭源泉。因此，充分开发利用人力资源，已成为当代企业发展的首选。

其实，在任何时代，人力资源的重要性都是第一位的。在科技发展日新月异、信息技术已经深入到我们社会生活方方面面的今天，这种重要性就更加突出，并被提到了前所未有的高度。人力资源开发正是基于这样的基础而形成的一门特殊的和十分重要的学问和管理艺术。

所谓人力资源开发，简单地说，就是社会组织或企业组织通过人力资本投资、人力资源的科学配置与使用，以及采取有效的激励策略和教育培训等一系列环节，系统地开发和发挥人的能力，从而有效地实现社会、组织和个人的发展目标。

据相关专家预测，到 2020 年，全球大部分发达国家的工业经济将完全转化知识经济，知识在实践的运用中将创造巨大的价值。

人力资源中的人才作为知识资产的载体，在现代发达的市场经济中向资本转化之时，显得更为重要。人才是真正的无价之宝！

人才资本有别于其他资产的地方，在于自身的创新和超越的原动力。人才最基本、最主要的价值观念是不断向上，不断超越自我，在争取理想目标的一生追求中体现自己的价值。这是一种不断创新的发展精神，是知难而进、冒险而上的求索精神。其价值将会产生难以估价的经济效益，更重要的是产生了推动人类历史前进的巨大社会效益。对一个企业来讲，没有这种人力资源的开发，就不可能有企业的发展与完善；对一个国家和民族来说，包括人才群体效应在内的人力资源开发是国家与民族自立、自强的根本。

人才是创新知识的主体，人力资源开发是知识经济时代的必然要求。有人预言：总有一天，知识便是货币。如果真如此，那么在未来发展中，拥有丰富知识的人才便能坐拥价值连城的财富。

人力资源开发是一种互动的过程，其结果是组织与个人同时得到发展。社会组织进行人力资源开发，为个人创造了发展的环境和条件，从而使个人的能力得到提高；而个人能力的提高又推动了组织效率的提高及其发展。

人力资源开发的核心是开发人的潜能。人力资源开发从企业发展的角度，必然要考虑企业的经济效益，即人力资本的投资要有回报；但从社会人类学的角度考虑，人力资源开发的最终目的是使人的能力适应社会发展的要求而不断地提高，最终使人才能够在一种科学合理的机制下得以全面发展，人才的潜能得以最大限度地发挥和展现。

人力资源开发是一个系统工程，其中预测规划、人力资本投资、教育培训、配置使用、考核评价、激励和维护等都是人力资源开发系统中不可或缺的环节。

21世纪的今天，从来没有任何时代对知识如此的推崇，对人才如此的珍重。知识和人才正是知识经济这一巨人的心脏和大脑。知识经济就是人才经济。所以，人力资源的开发，就是对未来的开发，对财富的开发。

（四）人力资源开发与管理的发展趋向

在企业人力资源开发与管理的发展演进过程中，既有成功的经验，也有不少失败的教训。按照企业未来发展的规律，人力资源开发与管理将呈现下列一些趋势。

1. 由资源型管理向主体型管理演变

企业经营者在把管理的对象当作管理中的一种资源进行研究的过程中，终于发现，人不是一种简单的资源，根植于人性中的人的主体性将以各种各样的方式表明自己的存在。人力资源的管理也将会在管理者的不断觉悟中和传统管理对象的不断反弹中从资源型向主体型进行演变，管理者的角色也将从控制逐渐转向引导和帮助。主体性将成为21世纪人的工作责任心、积极性和创造性的基本动力保证。

2. 由雇佣型向合作型转变

企业中的每一个人都是以自己独特的资源加入企业中的，那种传统的资本也将不再是企业中唯一具有优势的因素，这是知识经济时代的新特征。在这样一种情况下，企业不再是某一个人的投资实体，而变成众人资源共同积聚的一个实体。既然企业已经发生了如此的变化，那么，企业中的人与人之间的关系也将成为一种新型的合作关系，而不是雇佣型关系。新的人力资源的管理也必将受到这一变化的影响，必须做出新的调整。

3. 由静态的管理向动态的管理转变

企业管理的动态性将在未来的企业中表现得更为突出。企业应主动适应企业的运动形态，而不是一味地奢谈人员的稳定性，应在承认企业管理的动态性的基础上设计管理方式。

4. 由传统督导型管理向科学督导型管理转变

传统的督导是在对人性不信任的基础上展开的，因此，传统的督导是以对人的监督与控制作为主要手段的，而人在被监督与控制中又在不断地对管理者做出反弹，这就启示了企业经营者：督导必须适应人的主体性的特点，并在人的主体性被压抑时，要唤醒人的主体性，以人的主体性作为科学督导的基本原则。科学的督导将以唤醒人的主体性、促进人的主体性的发挥作为基本的工作方针。

5. 由传统策略型激励向战略型激励转变

传统的策略型激励已经在人的主体性不断觉醒的今天，显得越来越勉强。新的战略型激励将取代策略型激励而成为激励理论新的基础。战略型激励将以人的主体性作为激励的出发点，以加强人的主体性作用和实现人人自我激励作为新型管理的目标。这是出现、发展和演变了几十年的激励理论所必将进入的一个新的阶段。

（五）对人力资源的投资：人力资本的形成

所谓人力资本，是指凝聚在劳动者身上的知识、技能及其表现出来的能力。严格地说，人力资本不同于人力资源：人力资源是指企业中所有人的；而人力资本则主要指一种人靠行为（如增加营养、花钱教育或培训等）获得健康、知识、技能等，并将这些当作一种特殊的、可以为拥有它的人带来更多利润的资本。

在知识经济的时代，人力资本与货币资本将取得对等地位。资本所有者与经营者不再是简单的雇佣与被雇佣的关系，双方逐渐在建立一种平等的契约关系。这往往以技术入股、管理入股、股票期权的方式出现，也慢慢打破了原有的资本决定一切的格局。

诺贝尔经济学获奖者舒尔茨认为，要形成人力资本，关键是要对人进行投资。这种投资包括四个方面：教育与培训、医疗与保健、鼓励劳动力流动、引进高素质移民。其中，教育与培训的投资是最重要的途径，它可以提高劳动者的技术水平、熟练程度，从而促进经济增长。而医疗与保健，一方面可以降低死亡率，增加未来劳动者的数量；另一方面，可以提高劳动者的身体素质，增强劳动能力，所以，它也是人力资本形成的一个重要方面。

用于劳动力国内流动的支出，也是人力资本投资，它可以调剂各地劳动力的余缺，并使劳动者人尽其才。用于引进高素质移民的支出，则是一本万利的投资方式，它可以节省大笔未成年期的生育、抚养、医疗、保健费用，如果移民入境者有一技之长，特别是有高学历、高素质的，那对本国来说，就犹如天助，更是求之不得。

（六）人力资本的管理与运营

人力资本的管理与运营在理论上是两个不同的范畴，但在实际操作上又是密不可分的。管理是人力资本运营的基础，运营是人力资本管理的延续。人力资本的管理可以分为宏观层面和微观层面的管理，人力资本的运营以微观层面为主。

现代社会经济发展证明，人力资本是生产发展的原动力，是国家财富的源泉，人力资本的科学管理与运营已成为当代经济增长的重要途径。从社会的实用角度出发，人力资本的获得只是拥有一种潜在的财富，要使其变为最终的实物财富，只有通过一定的社会活动才能产生出来，而这个过程则需要对人力资本进行科学的管理与运营。如果人力资本的管理与运营得当，则人力资本可以产生出极大的效益；反之，则只能产生部分效益，或者难以产生效益。因为在客观上，任何一个国家、地区或单位，其现存的人力资本发挥作用之前，只能是一种理论意义上的资本，它对目前和未来的发展只构成一种可能条件，当人力资本的管理与运营不当时，它可能只处于一种潜在或半潜在状态。当人力资本的管理与运营达到科学的标准时，它可以变成一种积极因素和动力。因此，必须积极地探索和学习先进的人力资本管理与运营模式，努力使所拥有的人力资本最大限度地发挥作用，以避免人力资本的闲置和浪费。诚然，人力资本的管理与运作模式在一定程度上会受历史、文化、社会、心理等因素的影响，但是从国内外一些地区或企业成功的发展经验来看，它可以在一定程度上超越这些因素而独立地发挥作用，可以被任何国家、任何地区或企业所吸收，从而转变和产生出巨大的发展能量。

人力资本的管理与运营是对包含在人体内的生产能力和创造能力的管理与运营。例如，从微观的经济组织来看，人力资本是指一个组织内所有员工身上所包含的生产能力和创造能力。任何一个经济组织都拥有实物资本、财务资本和人力资本三种资本。实物资本是指各种办公设施或生产设施，如机器设备、厂房设施、原材料、零配件等包含的实物价值。由于它们是有形的、看得见的，所以它们能成为社会和公众判断某个经济组织实力和是否成功的直接标志。财务资本是指经济组织所拥有的金融资产，包括现金、股票、债券、对外投资和营运资本等。财务资本结构既反映了经济组织的财务实力，也可以成为判断一个经济组织财务是否健康的重要指标。人力资本是经济组织所拥有的，体现在全体员工身上的体力、智力、创造力与工作技能等方面的经济价值的指标。由于人力资本目前还不能完全按照衡量实物资本和财务资本那样的标准与方法来对其进行计量，而且它主要又是以无形资产的形式而存在的，因此其往往不易被人们所认识。然而它的管理与运营的重要性却远在实物资本和财务资本之上，对国家或企业的发展和生死存亡所起的作用至为关键。

二、人力资源开发必须与时俱进，不断创新

人力资源管理是理论界和企业界讨论较多的一个话题。在当今竞争日趋激烈的社会环境中，如何运用先进的方法，加强人力资源的管理与开发，保持组织的竞争力，已为越来越多的经营者所关注。

（一）人力资源需求预测的主要方法

人力资源需求预测的主要任务是分析企业需要什么样的人，以及需要多少人。为此，分析人员应首先要了解哪些因素可能会影响到企业的人力资源需求。这些因素包括企业技术、设备条件的变化、企业规模的变化、企业经营方向的调整、原有人员的流动及外部因素对企业的影响等。

对人力资源需求进行预测的方法和技术比较多，常用的有如下几种。

1. 管理人员判断法

管理人员判断，即企业各级管理人员根据自己的经验和直觉，自下而上确定未来所需人员。具体做法是，先由企业各职能部门的基层领导根据自己部门在未来各时期的业务增减情况，提出本部门各类人员的需求量，再由上一层领导估算平衡，最后在最高领导层进行决策。这是一种很粗的人力资源需求预测方法，主要适用于短期预测，若用于中、长期预测，则相当不准确。

2. 经验预测法

经验预测法也叫比率分析，即根据以往的经验对人力资源需求进行预测。具体的方法是根据企业的生产经营计划及劳动定额或每个人的生产能力、销售能力、管理能力等进行预测的。这种方法应用起来比较简单，适用于技术较稳定企业的中、短期人力资源预测。

3. 德尔菲法

德尔菲法是一种使不同专家对影响组织某一领域发展的看法（如组织将来对劳动力的需求），且使不同看法逐步达成一致意见的结构化方法。这里所说的专家，既可以是来自第一线的管理人员，也可以是高层经理；既可以是组织内的，也可以是外请的。专家的选择基于他们对影响组织的内部因素的了解程度。例如，一家软件公司在估计将来公司对程序员的需求时，可以选择首席技术官、有经验的项目经理、公司高级管理人员作为专家。该方法的目标是通过综合专家各自的意见来预测某一领域的发展。它不同于会议的地方在于，专家互不见面。因为专家彼此之间存在着身份和地位差别，面对面的集体讨论会使得一些人因不愿批评其他人而放弃自己的合理主张。这样就需要有一个中间人（如人力资源部门）在专家之间穿针引线。中间人的任务是，把在第一轮预测过程中专家各自单独提出的意见集中起来并加以归纳后反馈给他们，然后重复这一循环，使专家有机会修改他们的预测并说明修改的原因。一般重复 3 ~ 5 次，专家的意见便趋于一致。

（1）给专家充分的信息，使其能做出判断。也就是说，要给专家提供已收集到的历史资料及有关的统计分析结果，如人员安排情况和生产趋势的资料。

（2）所问的问题应是专家能答复的问题。例如，不问人员需求的总的绝对数字，而问人员可能需要增加百分之多少，或者只问某些关键雇员（如市场部经理或工程师）的预计增加数。

（3）不要求精确。允许专家粗估数字，并让他们说明预计数字的肯定程度。

（4）使过程尽可能简化，特别是不应问那些跟预测无关的问题。

（5）保证所有专家能从同一角度理解雇员分类和其他定义，即在整个过程中用到的职务名称、部门名称等概念要有统一的定义和理解。

人力资源需求预测的准确程度与工作的性质有关。对管理人员、研发人员等难以准确规定其劳动量的职位，需求预测的主观性很强，预测的结果不可能十分精确；对操作工等能够准确规定劳动量的职位，则可以得到精确的预测结果。

（二）人力资源精神动力的开发方法

所谓精神动力的开发，主要是增强人的主观能动性，调动人的自觉性、积极性和主动性，给人力资源开发以巨大的精神推动力，从而挖掘人的潜力，发挥人力资源的实际作用。一个组织活力的源泉，在于劳动者的积极性、智慧和创造力。当劳动者的主人翁地位在企业的各项制度中得到切实的保障，他们的劳动又与自身的物质利益紧密联系的时候，劳动者的自觉性、积极性和主动性就能充分地发挥出来，就能释放出巨大的能量。这是一个组织是否有生气和能否兴旺发达的关键。

一般来说，增强人的主观能动性，调动人的自觉性、积极性和主动性，主要取决于以下三个因素。

1. 价值标准

我们知道，需要产生动机，动机导致行为。人的主观能动性主要受动机的驱动。对人的行为动机产生深刻影响的是人的价值标准。人的价值标准有以下三个层次：

（1）社会价值观。每个社会都有自己的主导价值观，它决定了社会风气的性质和方向，也决定了社会对个人行为的评价，因此对人们积极性的发挥有巨大的影响。

（2）群体价值观。不同的企业，可能会有不同的传统、风气，其背后是不同的群体价值观。组织内部的群体价值观构成组织的心理气氛和文化气氛，一旦形成，就会对群体发生持久、深入的作用。

（3）个体价值观。一个组织内部各个成员的积极性发挥程度不同，与个人的价值观差异有很大关系。有些人的价值观指向物质利益，当物质利益得不到满足时，就灰心丧气；而当物质利益得到满足时，又会产生懈怠心理，不思进取。有些人的价值规则指向事业，要得到自我实现的满足，促使其不畏艰难和挫折，不断进取。个人价值观不仅决定了个人积极性的大小，而且还决定了个人积极性的取向。

2. 激励因素

激励机制的优劣、激励因素的强弱、激励手段能否正确运用，对人的主观能动性的增强有着决定性的作用。对精神动力开发有重要影响的激励因素主要有以下几个方面：

（1）任用晋升。善于任用人，不仅使人感到有用武之地，而且也激发人的自觉性、积极性和主动性。同样，公平的竞争晋升，让那些真正有才能、做出贡献的人能够通过优胜劣汰的竞争获得晋升的机会，调动其主观能动性，使其在更大范围和更重要的岗位上施展手脚，"演出更加威武雄壮的戏剧来"。这种方法不仅会使晋升者精神振奋，而且对那些表现平常、成绩一般的人也是一种激励。所以，在一个组织里，领导者知人善任，是增强人的主观能动性，调动人的自觉性、积极性和主动性的重要条件。

（2）信任程度。信任人，尊重人，可以给人以巨大的精神鼓舞，激发他们的事业心和责任感。因为人总有其自尊心和自信心，想追求成就感和荣誉感，有通过努力完成某项工作或某项事业的热情和愿望。人获得信任，就会把聪明才智充分发挥出来，从而创造出好成绩。而且，管理者讲信用，被管理者也会信任管理者，从而产生一种向心力，使管理者与被管理者和谐一致地工作。

（3）工资福利制度。工资具有保障作用和激励作用。保障作用，是指保证员工本人及其赡养人口的基本生活需要；激励作用，是指通过满足员工的某种需要，以激发员工的动机，使员工产生一种内在的动力，从而产生某种符合所期望目标的行为。特别是我国，在人们的物质生活水平还不高的情况下，工资仍是一种有效的激励手段。在不同工种、不同岗位之间确定公平合理的分配方法，就能起到激发人的积极性的作用。福利作为工资制度的补充，同样具有工资的职能。良好的福利条件，会使员工感到组织的温暖，增强组织的凝聚力，激发员工的积极性。

3. 群体动力

群体动力理论是 20 世纪 40 年代由德国社会心理学家勒温（Lewin）提出来的。群体动力理论指出，群体对个体的行为规范能产生巨大影响，个体在群体中会产生不同于处在单独环境中的行为反应；群体不是个体的简单相加，而是超越了个体的总和；群体动力来自群体的一致性，这种一致性表现为群体成员有着共同的目标、观点、理想，共同的思想感情、兴趣和爱好，等等。群体动力主要是指群体内聚力、群体竞争与协作、群体决策等。

（1）群体内聚力。群体内聚力是指群体与成员及成员相互之间的吸引力，即成员在群体内部团结活动和拒绝离开的吸引力，通常表现为成员对群体的向心力。群体对成员的吸引力越强，成员对群体就越忠诚，遵守群体规范的可能性就越大，维护群体形象的自觉性、主动性和积极性也就越高。有了这样的精神动力，人们就会为群体的发展献计献策，尽心尽力，殚精竭虑，鞠躬尽瘁。因此，英明的群体领导者无不致力于通过各种途径来增强群体的内聚力。

（2）群体竞争与协作。所谓竞争，就是个体或群体（组织）通过自我潜力的挖掘，努力创造超过他人或群体（组织）的一种激励机制；协作是群体成员为了实现共同目标而同心协力、相互促进的合作性行为。竞争有助于鞭策人们积极进取，不甘人后；协作则有助于人们之间的互补和合作。两者都为开发和增强精神动力所必需。在现实生活中，竞争与协作在一定程度上又往往表现为矛盾的东西，如有些人容易合作，有些人喜欢竞争；有些工作适于协作，有些工作适于竞争，情况各异。但只要处理正确、运用恰当，就会成为开发精神动力的有效手段。

（3）群体决策。群体决策是现代决策行为的重要特点。为什么这种决策行为能成为开发精神动力的重要手段呢？管理心理学的研究结果表明：群体决策可以增强人们积极的价值观念。由于成员在决策中表达了意见，拥有了发言权，自尊心和主人翁感得到了一定程度的满足；群体成员在参与决策的过程中，进行了信息交流和意见沟通，增强了成员的相互了解和信任，这就增强了贯彻执行决策的自觉性、积极性和主动性，因而也就成为开发精神动力的有效手段。

（三）人力资源的技能开发方法

人力资源的技能开发或称人力资源的职业技能开发，是指通过系统的培养和训练，使受过一定基础教育的个人，掌握从事某种职业所需要的专业基础知识、实用知识、工作技巧，以及一定的社会职业规范和准则，从而形成或增强参与社会劳动的资格和能力。这种开发的主要目的是提高劳动者的文化、技术、业务水平，使他们成为能适应各种职业所需要的熟练的劳动者和专门人才。

人力资源的技能开发有着广泛的内涵。就开发类型而言，它包括培养职业能力、提高职业能力和转换职业能力三个类型。前一种为就业前的职业技能开发，后两种为就业后的职业技能开发。就开发层次而言，它包含了初、中、高各个不同等级的专门化职业教育和技术训练。就开发形式而言，它包含了规范的学校教育和非规范的其他各种形式教育。就开发内容而言，它包含了文化、政治、道德、专业技术知识和操作技能知识等。

人力资源的技能开发是推动企业迅猛发展的重要因素。完成这一任务，需要以教育为基础。因为没有一定的基础性文化科学知识和基本技能训练，就无法接受专门性知识和专门性技能的教育。因此，人力资源的技能开发是广义教育领域中相对独立的、不可缺少的组成部分。

就企业人力资源技能开发的实际而言，它需要做好以下一系列工作。

1. 建立企业培训机构

由于相当多的一部分人在就业前没有条件接受必要的职业技能培训就直接进入了劳动岗位，再加上劳动者中还有相当比例的半文盲，因此，由企业对他们进行继续教育是必不可少的。由于科学技术的不断发展并在生产中的运用，因此过去接受过培训的员工也需要不断接受新的培训，以适应变化了的情况。企业内的职业技能培训主要是通过企业自己设立的培训中心、职工学校和企业主办的各种培训班来进行的。企业主管的技工学校也是对在职人员进行培训的重要基地。

2. 健全岗位培训制度

企业对职工的在职培训主要分为文化基础教育、学历教育和岗位培训三类。

（1）文化基础教育是一种文化补习性的教育。因大多数人都接受过基础文化的教育，所以目前参加这类培训的人员数量迅速减少。

（2）学历教育是进一步提高职工文化知识水平的教育，职工通过学习取得中等专业学校或者大学的学历文凭。目前，参加这类培训的人员数量也在减少。

（3）岗位培训由于与企业生产经营活动密切相关，因此，目前其是对在职员工进行培训的最主要的形式，也是对人力资源技能开发的重点之一。它又分为岗位适应性培训、岗位资格培训和员工技术等级培训三大类。

岗位适应性培训是初级技能水平的培训，时间短、见效快、针对性强，特别是在产业结构调整和企业内部管理改革中，这种培训方式为职工的换岗、转岗和企业新技术发展提供了主动适应的有效途径，是目前岗位培训的主要形式。

岗位资格培训是结合员工的上岗证书组织的培训，是企业强化管理规范的重要手段。

员工技术等级培训是为技术工人确立和提升技术级别服务的培训。它能调动广大技术工人学习技术业务的积极性。

3. 完善学徒培训制度

学徒培训制度的主要特点是在生产现场以师傅带徒弟的方式进行培训。

总之，企业对人力资源的技能开发应有远景的规划，而绝不能重物质资本投资，轻人力资源开发。相信通过上述方面的努力，必将使人力资源的技能开发得到显著提高，从而对推进企业的发展产生了巨大的作用。

（四）人力资源的创造力开发方法

创造是指想出新方法、建立新理论、做出新成绩，其主要的内涵是首创性。而创造力即是首创前所未有的成果的能力。进行创造性劳动，是人与动物最本质的区别。人类在劳动中创造世界，同样也在劳动中实现创造。劳动是能够创造出满足人类自身存在和发展所需要的物质财富与精神财富的活动。创造性，作为劳动的内涵，决定着劳动质量的高低。它是生产力发展的主要推动力。提高劳动中的创造作用，是提高生产力的一个主要方面。

创造性劳动是人的本质特性，是人类发展的总趋势。它虽通过具体的人的劳动活动体现出来，但不等于每一具体的个人都自然而然地具有创造能力，都能进行创造性劳动。因为劳动者个人要进行创造活动，必须具有一定的体力和智力资源，必须有后天的培养与努力及良好的社会环境和社会条件等。只有具备了适宜于创造的内外条件，创造力才会发挥出来。由于每个人自身的素质和所面对的条件不同，因此人类的各个个体在体现创造这一人的本质特征方面又不一样。有些人创造力强，创造成果丰富；有些人则比较弱；有些人甚至只有破坏力而没有创造力。所以，进行创造力开发是非常必要的。

那么，如何加强对人力资源的创造力开发呢？应该掌握以下几点。

1. 创造力开发与创造性思维

创造性活动是通过创造性思维对已积累的知识和经验进行科学加工，从而提出新想法、创造新成果。创造力离不开创造性思维。所谓创造性思维，是指有创见的思维，即通过思维不仅能揭示事物的本质，而且还能在此基础上提出新的、建树性的设想和意见。创造性思维与一般思维相比，有以下特点：思维方向的求异性；思维结构的灵活性；思维进程的飞跃性；思维效果的整体性；思维表达的新颖性。在培养创造性思维从而增强创造力的过程中，应该注意从思维方法和思维能力两方面进行训练。

应掌握的思维方法主要有以下四种：

（1）直觉思维方法。直觉思维方法是在实践的基础上，调动个人的学识和经验，不经过缜密的逻辑分析，只在直观形象面前的一种突如其来的领悟。创造过程是无意识地进行的，形式逻辑并不参与其中，真理不是通过有目的的推理，而是凭着直觉的感觉得到的，直觉用现成的判断，不带任何论证的形式进入意识。在创造性活动中，应该充分发挥思维中的反常性和超前性，依靠直觉进行选择，做出预见，提出新的概念和新的理论，不怕在创造活动中"想入非非"。

（2）抽象思维方法。它是借助科学概念、判断和推理，间接地揭示事物本质，表达认识现实的结果。抽象思维是创造思维和创造力产生与发展的基础。掌握抽象思维方法的前提是打好宽厚的知识基础，建立起合理的知识结构，并通过对逻辑知识的学习，加强在创造性活动中思维的严密性、逻辑性和全面性。

（3）联想思维方法。它是把已经掌握的知识与特殊的思维对象联系起来，从其相关性中获得启发的思维过程。联想越丰富、广阔，进行创造性思维的思路就越多。

（4）想象思维方法。一切创造性的活动都离不开想象。想象思维方法是对记忆中的表象进行加工改造后得到一种新形象的思维方法。任何时候，创造思维都需要借助想象思维来实现。

2. 创造力开发的劳动环境

劳动者积极性的发挥与劳动环境有密切联系。因此，必须努力改善劳动环境。

（1）通过改善自然、经济环境，刺激人们的心理健康，促使劳动中情绪的稳定和积极性的提高。

（2）通过劳动条件和劳动组织，使机器设备及其操作程序适合劳动者的生理和心理特点，防止由于劳动过程的调整、单调而产生的精神紧张和精神烦躁，从而提高劳动者的积极性和创造力。

（3）通过完善劳动的社会条件，刺激劳动者的需求欲望，促进劳动者潜力的发挥。例如，通过采取激励的方式，满足并提高人的需要层次，从而使人更好地开展劳动创造。

（4）通过运用科学的方法协调劳动者的精神与行为的关系，使劳动者的创造潜力与他所处的劳动环境相适应，从而达到激发创造力的目的。例如，采取目标管理、机制协调及制定相应的制度等办法。

除了上述各种劳动环境刺激创造力以外，还要考虑劳动的物理环境，如照明、颜色、噪声、微气候和空气污染等对创造力的影响；还有劳动者因受这些环境的制约所造成的能量消耗、劳动强度、工作疲劳度、感觉反应与识别等方面对创造力的影响，以及从劳动者与生产资料结合过程中所反映出来的人机系统、信息显示、操作控制等问题与创造力的关系等。

3. 时间管理和时机捕捉与人力资源创造力开发

随着科学技术的进步，人类在今天的一定时间内所创造的财富要比 20 世纪多许多倍，对时间资源的开发利用已普遍受到人们的关注。在劳动过程中，为了创造更多的价值，必须重视对时间的管理。通过科学的时间管理，发挥每个劳动者的作用，利用好工作时间，挖掘工作潜力，合理安排工作程序，就可以在劳动过程中节约时间，在单位时间内取得最大的效益。劳动创造过程中的时间管理应遵循以下三个原则：

（1）统筹原则，即根据劳动过程各个方面的内在联系全面安排和科学规划。

（2）要点原则，即将有限的时间资源用在关系企业发展的劳动过程中的主要事物上，重点问题重点解决。

（3）反馈原则，即在劳动过程中进行不断的反溯和追踪，分析时间，提高利用效率，指导未来的时间安排。

在创造活动中，捕捉机遇和灵感是非常重要的。在创造活动中偶然出现的意外情况称为机遇。机遇可以为创造提供线索，开辟一条新的技术领域。灵感是一种对事物认识的顿悟，是一种最佳的短暂的创造状态，是一种最佳的创造力，它可以使问题得到迅速的解决。要捕捉灵感，就必须积极开展创造性活动，并调节自身的情绪，保持愉快、镇静；积极参加各种讨论，从不同意见中汲取养分，触发灵感的成功；要摆脱习惯性思维的束缚，随时启发提醒自己。

在创造活动中，还要善于掌握最佳的创造时机。

一个企业在发展过程中，要客观地分析发展过程中宏观经济形势和微观经济形势的变化，估计现在和将来的变化趋势。为此，必须对影响企业发展的各种因素进行科学的考察和调查，确定本企业的最佳发展时机。一旦明确企业已进入最佳时机，就要全力以赴。掌握最佳时机，要求我们运用各种管理手段，合理安排时序；精心规划时间，发挥时间效能；果断决策，不致坐失良机，利用最佳时间赐予的各种机会，取得创造的最大成功。

第二节 人力资源开发与管理的基本原理

一、关于人的哲学

人力资源开发与管理的对象是人,因此,怎样认识人的本质,就成为人力资源开发与管理的基础理论。

(一)人性假设理论

在关于人性假设理论方面,有不少学者做过深入的研究,较著名的有美国行为科学家道格拉斯·麦格雷戈提出的 x-y 理论,以及美国行为科学家埃德加·沙因归纳出的"四种人性假设理论",我们在此重点介绍后者。

沙因在《组织心理学》中把前人已经提出过的经济人假设、社会人假设、自我实现人假设,同他自己提出的复杂人假设排列为四种人性假设理论,作为这方面理论的概括和比较。

1. 经济人假设

经济人假设是古典经济学家和古典管理学家关于人性的假设。沙因把经济人假设归纳为以下四点。

(1)人是由经济诱因来引发工作动机的,其目的在于获得最大的经济利益。

(2)经济诱因在组织的控制之下。因此,人总是被动地在组织的操纵、激励和控制下从事工作。

(3)人总是以一种合乎理性的、精打细算的方式行事,力图用最小的投入取得满意的报酬。

(4)人的情感是非理性的,会干预人对经济利益的合理追求。组织必须设法控制个人的感情。

2. 社会人假设

社会人假设是人际关系学派的倡导者梅奥等依据霍桑试验提出来的。沙因把社会人假设归纳为以下四点。

(1)人类工作的主要动机是社会需要,而不是经济需要。人们要求有一个良好的工作气氛,要求与同事之间建立良好的人际关系。

(2)工业革命和工作合理化的结果,使工作变得单调而无意义,因此,必须从工作的社会关系中去寻求工作的意义。

（3）非正式组织有利于满足人的社会需要，因此，非正式组织的社会影响比正式组织的经济诱因对人有更大的影响力。

（4）人们最期望领导者能承认并满足他们的社会需要。

3. 自我实现人假设

马斯洛的需求层次理论中最高一级需求是自我实现的需求。阿吉里斯的不成熟 - 成熟理论中所谓成熟的个性，就是指自我实现的人。关于自我实现人的假设，有以下四个要点。

（1）人的需求从低级到高级可分为多种层次，其最终目的是满足自我实现的需求，寻求工作上的意义。

（2）人们力求在工作上有所成就，实现自治和独立，发展自己的能力和技术，以便富有弹性，能适应环境。

（3）人们能够自我激励和自我控制，外部激励和外部控制会对人产生威胁，造成不良的后果。

（4）个人的自我实现同组织目标的实现并不是冲突的，而是能够达成一致的。在适当的条件下，个人会自动地调整自己的目标，使之与组织目标配合。

4. 复杂人假设

沙因等认为，经济人假设、社会人假设和自我实现人假设，各自反映出当时的时代背景，并适合于某些人和某些场合。但是，人有着复杂的动机，不能简单地归结为一两种。人的工作动机，包括生理的、心理的、社会的、经济的各个方面，再加上不同的情境和时间因素而形成。因此，他们提出复杂人假设，其要点有五个方面。

（1）人的工作动机不但复杂，而且变动性很大。每个人都有许多不同的需求。人的动机结构不仅因人而异，而且同一个人也因时而异、因地而异。各种动机之间交互作用而形成复杂的动机模式。

（2）一个人在组织中可以形成新的需求和动机。因此，一个人在组织中表现的动机模式是他原来的动机与组织经验交互作用的结果。

（3）人在不同的组织和不同的团体中可能表现出不同的动机模式。在正式组织中与别人不能和谐相处的人，在非正式组织中可能是合群的，从而满足其社会需求。在某些复杂的组织中，各个部门可以利用不同的动机来达到其目标。

（4）一个人是否感到心满意足，肯为组织尽力，决定于他本身的动机结构与他同组织之间的相互关系；工作的性质、本人的工作能力和技术水平、动机的强弱、人际关系的好坏，也都可能对人产生影响。

（5）人可以依自己的动机、能力及工作性质对不同的管理方式做出不同的反映。因此，没有一种适合于任何时代、任何人的可能管理方式。复杂人假设产生了复杂人假设理论，成为权变理论的理论基础。

在关于人的本质的问题上，存在一个有趣的现象：中国古代至近现代许多思想家和学者，对人的本质的认识取得了与上述四种假设相似的结论。春秋战国时期，诸子百家争论的热点之一，即人的本性。法家早期思想家荀子提出了"性恶论"的看法。他认为，"人之初，性本恶"。《荀子简释·性恶》中性恶的根据是："若夫目好色，耳好声，口好味，心好利，骨体肤理好愉逸，是皆生于人之情性者也。"人为什么生五官、身体？无非为了满足声、色、味、利诸方面的欲望，厌恶劳动、贪图安逸和享乐，乃人的恶的本性。这种观点与西方的经济人假设十分相近。儒家思想家孟子主张"性善论"。他认为，"人之初，性本善"。

《孟子·公孙丑上》曰："无恻隐之心，非人也；无羞恶之心，非人也；无辞让之心，非人也；无是非之心，非人也。恻隐之心，仁之端也；羞恶之心，义之端也；辞让之心，礼之端也；是非之心，智之端也。人之有四端也，犹其有四体也。"这些善良的本性，乃是与生俱来的。这种看法，类似于西方的社会人假设。春秋战国时期还有另一位思想家——告不害，告子提出了"性无善恶论"。告子认为"性无善无不善也"。善与恶都不是天生的，而是后天教育培养的结果。他把人性比作流水，他说："性，犹湍水也，决诸东方则东流，决诸西方则西流。

《孟子·告子上》曰："人性之无分於善不善也，犹水之无分於东西也。"这种看法具有一定的唯物主义因素，而与西方的复杂人假设相似。在中国春秋战国时代，没有类似西方自动人假设的观点，但在近代有个著名的思想家——梁启超，提出了"个性中心论"。他的《欧游心影录》倡导"尽性主义"，他说："尽性主义，是要把各人的天赋良能发挥到十分圆满。就私人而论，必须如此，才不至成为天地间一赘疣。人人可以自立，不必累人，也不必仰人鼻息。就社会国家而论，必须如此，然后人人各用其所长，自动地创造进化，合起来便成强固的国家、进步的社会。"这里说的"尽性"的人，即把个人聪明才智充分发挥的人，他们人人可以"自立自动地创造进化"，与西方的自我实现人，即自动人假设十分相近。

中西方观点的类似，说明人类在认识自己的过程中逐渐取得了共识，也说明了这些观点的典型意义。

（二）马斯洛的需求层次理论

最反映人的本质的是人的需要。关于人的需要的理论很多，最著名的是美国人本心理学家马斯洛提出的需求层次理论。他把人的基本需求划分为五个层次。

（1）生理需求——主要指衣、食、住、行、性这些维持生存的基本需求。

（2）安全需求——指人们对失业保障、医疗保障、养老保障、生产安全、社会治安、环境污染等方面的需求。

（3）社交需求——指人们与人交往的需求，归属一个团体的需要，对友谊、爱的需求，建立良好人际关系的需求。

（4）尊重需求——指人自尊的需求，受别人尊重的需求，包括上级的赏识、表扬、荣誉、地位、晋升等。

（5）自我实现需求（也叫作成就需求）——这是最高层次的需求，指人们充分地发挥个人聪明才智，取得成就，实现个人价值的需求。

一般而言，生理需求和安全需求属于较低层次的、物质方面的需求；社交、尊重和自我实现的需求，则属于较高层次的、精神方面的需求。马斯洛认为，人的需求遵循递进规律，在较低层次的需求得到满足之前，较高层次的需求的强度不会很大，更不会成为主导的需求。人们通常是五种需求同时存在，只是各自的需求强度不同，呈现出不同的需求结构。若用横坐标表示需求强度，纵坐标表示需求层次，可将人们区分为五种典型的需求结构，即生存人、安全人、社交人、尊重人、自我实现人。

1986年中华全国总工会开展了一次规模空前的"全国职工队伍情况调查"，样本数达60多万个。数据表明，我国职工队伍中需求结构分别为：生存人占33%，安全人占20%，社交人占7%，尊重人占20%，自我实现人占20%。现在多年过去了，估计中国企业职工的需求层次在提高，即尊重人和自我实现人的比例应有较大的提高。马斯洛认为，需求产生动机，动机导致行为。在若干个需求中间，总有一个最强烈的需求起主导作用，叫作主导需求；在若干个动机中间，总有一个动机强度最大，叫作优势动机。主导需求产生的优势动机是人们行为产生的直接原因。通过调查研究，掌握本单位职工的需求层次和需求结构，是做好人力资源开发管理工作的基础和前提。

（三）马克思主义关于人的理论

马克思主义把唯物辩证法应用于对人本身的研究，得出了一系列科学的结论，其要点有三个。

1. 人的自然属性

人的动物性或自然属性，主要表现在人的生存需求——衣、食、住、行、性。

在马克思主义出现之前，流行的看法是：上帝造人，给了人肉体和灵魂。马克思主义出现后，唯物主义代替了唯心主义，对人的认识有了一个飞跃。恩格斯说："我们连同我们的肉、血和头脑都是属于自然界，存在于自然界的；我们对自然界的统治，是在于我们比其他一切动物强，能够认识和正确运用自然规律。"这里讲了两个基本事实：第一，人属于自然界，这是人的自然化；第二，人统治自然界，这是自然界的人化。同时，它揭示了一个真理：人的本质是客观的，因而是可以认识的。首先，人具有一定的动物性，正如恩格斯所说："人来源于动物的事实已经决定了人永远不能摆脱兽性，所以问题永远只能在于摆脱得多一些或少一些。"生物学家巴甫洛夫发现了三种无条件反射——食物反射、防御反射和性反射，以及在此基础上形成的某些条件反射，乃人与动物所共有。

2. 人的社会属性

只承认人的自然属性，不承认人的社会属性，就会导致庸俗唯物主义、历史唯心论。人的社会实质，即人不是孤立的、"纯粹的"个人。马克思说："人的本质并不是单个人所固有的抽象物。在其现实性上，它是一切社会关系的总和。"

人的社会性有四个方面的含义。

（1）人不能离群索居，必须在社会中生存。马克思指出："人是最名副其实的社会动物，不仅是一种合群的动物，而且只有在社会中才能独立的动物。"

（2）人除了生存需求外，还存在许多社会需求 - 安全需求、社交需求、自尊需求、自我实现需求。这些需要来自社会，也只能通过社会得到满足，存在客观的社会尺度。

（3）人的需求存在着客观的社会尺度。马克思、恩格斯指出："我们的需要和享受是由社会产生的，因此，我们对于需要和享受是以社会的尺度去衡量的。"

具体而言，第一，人的需求具有时代性。不同的时代，科学技术和生产力水平不同，人们的生活方式不同，人们的需求也带有明显的时代特征。以吃为例：中国人在 20 世纪 60 年代的饮食特点是主食型、素食型；而 90 年代则走向副食型、肉食型。以穿为例：不同的时代流行样式各异。50 年代中国流行"列宁式"，60 年代流行"中山式"，70 年代末流行"喇叭式"，80 年代末流行"牛仔式"。第二，人的需求具有阶级性。马克思在《资本论初版序》中指出：在阶级社会中，一切人"都不过是经济范畴的人格化，是一定的阶级关系和阶级利益的体现"。人总是阶级的人，超阶级的人是没有的。同样，人性都必然是具体的、带有阶级性的人性，抽象的、超阶级的人性是没有的。在这方面，毛泽东、鲁迅等都曾有过精彩的论述。

（4）人的全面发展取决于社会的高度发展。一个社会制度的优劣，主要标志之一是精神文明和人的全面发展。人的全面发展，是人力资源开发与管理的重要内容，但它有赖于社会的高度发展。只有在共产主义社会，人才会真正地实现全面发展，才会人人身心健康，德、智、体均衡发展。人类推动自身全面发展的一个重要杠杆是教育。马克思指出，教育"它不仅是提高社会生产的一种方法，而且是造就全面发展的人的唯一方法"。这包括文化知识、技术技能的教育，也包括品德和作风的教育。教育在人力资源开发中越来越处在一个关键的地位。

3. 人的思维属性

人与动物的本质区别是有思维，有思想。根据恩格斯的观点，认识过程可分为三个阶段——第一个阶段是感性阶段，即对个别事物的感觉知觉表象；第二个阶段是知性阶段，即对事物之间关系进行分析综合归纳演绎；第三个阶段是理性阶段，即通过辩证思维形成概念并研究概念的本性。第一、二阶段是人和动物所共有的，第三阶段才是人所独有的，辩证思维才是人本质的反映。正如恩格斯所说："辩证的思维——正因为它是以概念本性的研究为前提——只对于人才是可能的，并且只对于较高发展阶段上的人（佛教徒和希腊人）才是可能的。"

于是形成了"观念人假设"——人的行为受其观念的巨大影响。理想、信念、价值观、道德观对人力资源开发管理是十分重要的因素。

综上所述，马克思主义认为，人的本质是人的自然属性、社会属性和思维属性的辩证统一，而且统一在人的实践活动之中。

二、人事矛盾运动规律

下面简要分析人力资源开发与管理的基本矛盾及其运动规律。

（一）人事矛盾的一般规律

人力资源开发与管理的出发点和落脚点是"干事"，人与事的矛盾是人事管理的基本矛盾，它贯穿整个人力资源开发与管理的全过程。

人与事的矛盾可分解为三个方面：第一，事的总量与人的总量的矛盾；第二，事的类型结构与人的能力结构、素质类型的矛盾；第三，具体岗位（职位）与个人资格素质的矛盾。大到一个国家、一个地区，小到一个企业、一个事业单位，这三方面的矛盾都是普遍存在的，人与事表现出对立统一的关系。人与事之间，不适应是绝对的，适应是相对的；不平衡是绝对的，平衡是相对的。随着社会的发展，事与人都处在变化和发展之中，人与事之间的关系则经历着不适应—适应—再不适应—再适应……的循环往复的过程，永远不会完结。

（二）人事矛盾产生的客观原因

具体而言，人与事之间矛盾的产生，有其客观上的必然性。

1. 无论人或事都处在动态的发展之中

我们的古人用"大江东去"形容江河的运动，用"逝者如斯夫"感叹世间万象的变化和时间的流逝。古代哲人还讲过："人不能两次踏进同一条河流。"这都是描述一个普遍真理——世界处在无穷的、不断的变化之中。

由于生产力的发展，科学技术的进步，教育事业的日新月异，社会思想文化的不断变迁，无论人或事都处在不断变化发展之中。

2. 人或事的发展变化不可能完全同步

人或事的发展变化有其客观规律，带有必然性；同时人或事发展变化的过程极其曲折，又受许多复杂因素的影响，带有一定的偶然性。一般来讲，人对事的认识有一个从感性到理性的循环往复的过程，人对事的适应一般存在滞后现象；当人能对事的变化做出科学的预测时，人对事的适应又可表现出一定的超前性……总而言之，人或事的发展变化常常是不同步的。

3. 人或事存在个体差异性

在世界上找不到两片完全一样的树叶，也找不到完全一样的人。个人之间无论在智力、体力、知识、技能方面，还是在性格、兴趣、爱好、志向、信念、价值观、作风方面，都有自己的个性特点。同样，事与事之间也不可能完全一样，不仅不同的单位中的不同职务所面对的事不同，而且不同单位的同类职务甚至同一单位的同类职务所面对的事也是不同的。人或事的个体差异性，促成了世界的复杂性和丰富多彩性。

4. 人或事的具体搭配受许多客观条件的限制

人或事的具体搭配受许多客观条件的限制，具体表现在如下几个方面。

（1）受计划的局限性。人力资源的开发计划与事的发展计划都不可能是十全十美的，往往存在许多问题和漏洞。

（2）人力资源存在单位、地区、民族、国家之间的分割性和竞争性，在一定程度上阻碍了人力资源的合理流动。

（3）劳动力市场和人才市场有一个发育与完善的过程，因此，劳动力和人才的流动具有不完全可控性。

（4）不同的地区，不同的国家，制度、风俗、生活方式、思想文化环境不同，事的性质和特点各异，也给流动着的人去适应它时带来许多困难和障碍。

（5）由于交通运输、电信事业的发展受到限制，信息的沟通和人员的流动受到很大制约，人与事的搭配不可能是最佳的。

（三）人力资源开发与管理的基本职能

人力资源开发与管理的基本职能有三方面的内容。

1. 不断探索人与事对立统一的规律、矛盾和运动的规律

由于人与事都处在不停的发展变化之中，这种研究、探索工作永远不能停止，而且始终是搞好人力资源开发管理工作的基础和前提。

2. 能动地推进人与事的发展

事的发展，是指组织机构的调整和变革、职位分类的变化、岗位的设置和岗位职责的调整等，它包括了劳动人事工作关于"事"方面的全部工作。人的发展，是指对人的培养和激励。对人的培养是通过不断完善和发展教育与人员培训来实现的；对人的激励则包括工资奖金劳保福利制度的改革、激励机制的完善、劳动关系的调整、企业文化的建设。人的发展包括了提高人员素质和调动人的积极性的全部工作。

3. 实现人与事之间的优化配合

通过不断改善人员的招聘、任用、升降、调动和分工合作，以及考核、合理组合、合理流动等项工作，以达到事得其人、人适其事、人尽其才、事尽其功的目的。

总而言之，人力资源开发与管理的基本职能是：认识人与事对立统一的规律（矛盾运动的规律），能动地推动人与事的各自发展与优化配合。

三、人事管理原理

人事管理原理很多，本书仅从实用角度，有选择地介绍其中十种。

（一）同素异构原理

同素异构原理本来是化学中的一个原理，意指事物的成分因在空间关系，即排列次序和结构形式上的变化而引起不同的结果，甚至发生质的变化。

最典型的例子是石墨与金刚石，其构成是同样数量的碳原子，但碳原子之间的空间关系不同，结构方式不同，从而形成了物理性能差别极大的两种物质——石墨很软，而金刚石则十分坚硬。

再如，甲醚和乙醇（酒精）具有相同数目的碳原子、氢原子和氧原子，但由于其空间排列不同，形成了两种不同的物质——乙醇是液体，溶于水；而甲醚则为气体，不溶于水。

把自然界的同素异构原理移植到人力资源开发与管理领域，意指同样数量、素质的一批人，用不同的组织网络联结起来，形成不同的权责结构和协作关系，可以取得完全不同的效果。这在战争中表现得最为明显，同样数量的军事人员，如果组织松散，一盘散沙，必然指挥混乱，失去战斗力；如果将他们合理地组织起来，形成战斗小组、班、排、连、营、团、师、军的严密组织，则指挥有效、战斗力大增。

用系统理论来分析，组织结构的作用是使人力资源形成一个有机的整体，可以有效地发挥整体功能大于个体功能之和的优势，也可以叫作"系统功能原理"。我们经常讲一个组织内耗大，不能形成合力，做的是减法，即 $1+1<2$，就是指组织结构不合理，或组织文化劣质化，破坏了系统功能；而另一组织内耗小，凝聚力大，容易形成合力，做的是加法、乘法，即 $1+1>2$，甚至以一当十，就是指合理的组织结构，先进的组织文化，可以充分地发挥人力资源的潜力，发挥组织的系统功能。

（二）能级层序原理

能位和能级的概念出自物理学。能，在物理学中表示物体做功的能量；能位（能级），表示事物系统内部按个体能量大小形成的结构、秩序、层次。例如，物理学中原子的电子层结构，在不同层上的电子具有不同的势能（位能），由于不同能量的电子各在其位，因此才形成了稳定的物质结构，这就是能级对应关系。

将能级层序原理引入人力资源开发与管理领域，主要是指具有不同能力的人，应摆在组织内部不同的职位上，给予不同的权力和责任，实行能力与职位的对应和适应。

为使有限的人力资源发挥出最大的系统功能，必须在组织系统中，建立一定的层级结构，并制定相应的标准、规范，形成纵向、横向上严格的组织网络体系，从而构成相对稳定的一种组织管理"场"，然后将所有组织成员按其自身的能力、素质，十分恰当地安排在整个网络的"纽带点"上，赋予其组织层次位置，确定其"组织角色"身份性质。

处于组织上层、中层、下层的不同职位，对人员素质能力的要求差别很大。领导层要求很强的决策能力和丰富的管理知识；管理层要求很强的管理能力和一定的决策能力；监督层要求较强的管理能力和丰富的操作知识；而操作层则要求很强的操作知识和能力。由于人员的实际素质和能力千差万别，因此，实现能级对应是一个十分复杂艰巨的动态过程。

为了实现能级对应，必须做到以下三点。

（1）能级管理必须按程序，现代组织中的"级"不是随便分设的，各个级也不是可以随便组合的。稳定的组织结构应该是正三角形的能级分布。

造成非稳定结构的一个重要原因是"人多好办事"的小生产的效率观，因此应该彻底破除这种落后的观念，而应该树立"用最少的人办最多的事，多一个人就是多一个故障因素"的现代观念。

（2）不同的能级应该表现出不同的权、责、利和荣誉。在其位，谋其政，行其权，尽其责，取其利，获其荣，对失职者应有相应的惩罚。

（3）各类能级的对应不可能一劳永逸，它是一个动态过程。人有各种不同的才能，领导者必须知人善任。随着时间的推移，事业的发展，各个职位及其要求在不断变化，人们的素质和能力也在不断地变化，因此必须经常不断地调整"能"与"级"的关系。一个人能力和素质相形见绌了，其级与位也应下调；另一个人能力和素质提高很快，成为新的佼佼者，则应将其调到更高的能级上去。

总而言之，岗位能级必须是合理而有序，人才运动也应该合理，二者相结合，才能使能级层序原理变成现实。

（三）要素有用原理

要素有用原理的含义是：在人力资源开发与管理中，任何要素（人员）都是有用的，关键是为它创造发挥作用的条件。换言之，"没有无用之人，只有没用好之人"。

可以从三个方面来理解这一原理。

1. "天生我才必有用"，但人才的任用需要一定的环境

（1）知遇——千里马依赖伯乐去发现，"萧何月下追韩信"的故事，说明伯乐式的领导者对人才任用所发挥的关键作用。

（2）政策——良好的政策会给人才的任用创造出各种机遇。例如，毕业生就业中实行"供需见面，双向选择"的政策，为许多人才提供了选择合适岗位的条件。而一些企业实行"公开招聘""竞争上岗"的政策，又使许多人才走上了更高的岗位，甚至领导岗位。

2. 人的素质往往表现为矛盾的二极性特征，或者呈现复杂的双向性

我们常常看到这种现象：吝啬鬼有时也很慷慨；一向认真的人也会马虎；坚强的人有时也胆怯；懦弱的人也会铤而走险……这为我们了解人、用其所长，以及发现和任用人才增加了许多困难。

3. 人的素质往往在肯定中包含着否定，在否定中包含着肯定，优点和缺点共生，失误往往掩盖着成功的因素

各种素质的模糊集合使人的特征呈现出千姿百态的现象，形成了"横看成岭侧成峰，

远近高低各不同"的现象。平庸的人，也有闪光的一面，一个优秀的领导者应当成为善于捕捉每个人身上的闪光点并加以利用的伯乐。

陈云同志说过："无一人不可用"讲的就是每个人身上都有闪光的一面，关键是将其放在适合的岗位，给他创造闪光的机会。

我国国有企业在进行职工的"优化劳动组合"时，企业领导者的指导思想并不相同。有的厂长想的是"淘汰无用之人"，于是表现出所谓"铁面孔，铁心肠，铁手腕"，结果搞得劳动关系紧张，甚至人人自危，挫伤了职工积极性。还有一些厂长想的是"没有无用之人，通过优化组合使每个人找到更合适的岗位，发挥所长，或者通过培训走上新的岗位，更好地发光"。他们提出的方案是"成建制地组合"，下岗者好、中、差搭配，开拓新的事业。这样做的结果，既保护了职工积极性，又提高了效率和效益，他们是"要素有用原理"的成功实践者。

（四）互补增值原理

人作为个体，不可能十全十美，而是各有长短，所谓"金无足赤，人无完人"。但我们的工作往往是由群体承担的，作为群体，完全可以通过个体间取长补短而形成整体优势，达到组织目标。这就是互补增值原理。

增值的客观标准是：1+1>2，甚至远远大于2。如果1+1=2，则说明没有增值；若1+1<2，则不仅没实现互补增值，而且发生了内耗减值。

互补的内容主要包括以下几方面。

（1）知识互补，整个集体中，若个体在知识领域、知识的深度和广度上实现互补，那么整个集体的知识结构就比较全面、比较合理。

（2）能力互补，整个集体中，若个体在能力类型、能力大小方面实现互补，那么整个集体的能力就比较全面，在各种能力上都可以形成优势，这种集体的能力结构就比较合理。

（3）性格互补，整个集体中，若每个个体各具不同的性格特点，而且具有互补性，如有人内向，有人外向；有人沉稳，有人急躁；有人激烈，有人温和；有人直爽，有人含蓄；有人热情，有人冷静，那么，这个集体就易于形成良好的人际关系，形成胜任各类工作的良好的性格结构。

（4）年龄互补——人员的年龄不仅与人的体力、智力有关，也与人的经验和心理有关。一个集体，根据其承担任务的性质和要求，都有一个合适的人员年龄结构，既可以在体力、智力、经验、心理上互补，又可以顺利地实现人力资源的新陈代谢，焕发出持久的活力。

（5）关系互补——每个人都有自己特殊的社会关系，包括亲戚、朋友、同学、同乡，以及师傅、徒弟、师兄弟、老上级、老部下、老同事等。如果在一个集体中，各人的社会关系重合不多，具有较强的互补性，那么从整体上看，就易于形成集体的社会关系优势。

在组建领导班子和团队组织时，有意识地应用互补增值原理，往往会收到事半功倍之效。

（五）动态适应原理

在人力资源的开发与管理中，人与事的不适应是绝对的，适应是相对的，从不适应到适应是在运动中实现的，是一个动态的适应过程。这就叫动态适应原理。

根据动态适应原理，我们应该对人力资源实行动态管理。考虑到下述情况，这种动态管理尤为必要。

（1）学用不对口现象普遍存在。用非所学，用非所长。尽管在招聘和录用时考虑到这个因素，由于科学技术和生产经营活动的发展，长与短发生转化，仍然造成人员能级与岗位能级不符。

（2）技术工人和专业技术人员的结构比例失衡也常常发生。年龄结构（人员老化问题）、专业（工种）结构、水平结构（不同层次人员比例）失去平衡，造成人才闲置与人才短缺并存，必须通过动态调整加以解决。

（3）由于科学技术和经济部门的迅速膨胀，边缘学科和综合学科不断出现，新兴产业、高技术产业及新增生产力的出现，都意味着一些新的职业（例如系统集成工程师、网络策划、企业文化部部长、广告专家、注册会计师）和新的工作岗位（信息总监、网络操作员）的涌现与一些旧的职业、旧的岗位的消失，这也要求对人员进行动态调整。

从动态适应原理出发，应该把人事调整作为一种经常性的任务抓好，权变地对待人力资源的开发与管理。这包括如下几方面内容。

①岗位的调整——岗位数量、岗位职责的变化。

②人员的调整——竞争上岗，招聘干部，平行调动。

③弹性工作时间——小时工、半时工、旺季工……工作时间自选等。

④一人多岗、一专多能，有序流动。

⑤动态优化组合——劳动组织、机构人员的优化。

（六）激励强化原理

所谓激励，就是创设满足职工各种需要的条件，激发职工的动机，使之产生实现组织目标的特定行为的过程。激励是管理的一项重要职能，也是人力资源开发与管理的一个重要内容。

人力与物力的一个重要区别是人有思想感情。人的思想感情对其潜力的发挥至关重要。

根据管理学家统计研究结果，一个计时工，只要发挥个人潜力的 20% ~ 30% 即可保住饭碗，但通过恰当的激励，这些工人的个人潜力可以发挥出 80% ~ 90%。显然，激励可以调动人的主观能动性，强化期望行为，从而显著地提高劳动生产率。这就叫激励强化原理，根据这一原理，对人力资源的开发与管理，除了应注意人在量（技术、能力、知识、专长）上的调配之外，更应注意对人的动机的激发，即对人的激励。

（七）公平竞争原理

公平竞争指对竞争各方遵循同样的规则，公正地进行考核、录用、晋升和奖惩的竞争方式。

我国经济改革的目标模式是社会主义市场经济。市场经济的本质是一种竞争机制。在人才市场上，各类人员通过竞争而选择职业和单位，组织内部的任用、提拔和调整也主要依靠竞争。在人力资源管理中引进竞争机制，可以较好地实现奖勤罚懒、用人所长、优化组合等制度。

若想使竞争机制产生积极的效果，应该具备三个前提。

1. 竞争必须是公平的

按照法国著名的管理学家法约尔的说法：公平包含两层意思——公道和善意。公道就是严格按协定、规定办事，一视同仁，不偏不倚。善意就是领导者对所有人都采取与人为善的、鼓励和帮助的态度。

2. 竞争有度

没有竞争或竞争不足，会死气沉沉，缺乏活力。但过度竞争则适得其反。一是使人际关系紧张，破坏协作，甚至"以邻为壑"；二是产生内耗、排斥力，损害组织的凝聚力。掌握好竞争的度是一种领导艺术。

3. 竞争必须以组织目标为重

竞争分良性竞争和恶性竞争。良性竞争的特点是以组织目标为重，个人目标与组织目标结合得好，个人目标包含在组织目标之中。在竞争中，每个人主要不是同他人比，而是同标准比，同自己过去比，即使同他人比，也主要是取人之长，补己之短，"学先进，赶先进，超先进，帮后进"。这样的竞争，既提高了效率，增强了活力，又不会削弱凝聚力。而恶性竞争，则将组织目标弃之不顾，完全以个人目标为动力，或者组织目标与个人目标一致性很差，个人为了在竞争中取胜，不惜损害他人利益、损害组织利益。这种竞争必然损害组织的凝聚力，并且难以实现组织目标。

运用公平竞争原理，就是要坚持公平竞争、适度竞争和良性竞争三项原则。

（八）信息催化原理

信息是指作用于人的感官并被大脑所反映的事物的特征和运动变化的状态。

信息是一种资源。不同的事物具有各种不同的特征和运动状态，会给人们带来各种不同的信息，人们正是通过获得和识别自然界与社会的不同信息来区分不同的事物，从而才得以认识世界和改造世界。因此，离开了信息，就谈不上人力资源的开发。信息是人才成长的营养液，是人们发展智力和培养非智力素质的基本条件。

随着科学技术的飞速发展，通信技术和传播媒介的高度发达，信息的质和量迅猛增长，信息的传播速度日新月异，"信息爆炸"形象地说明了当代的时代特点。在现代信息社会，人们能否迅速地捕捉、掌握和运用大量的信息（科学技术信息、管理信息、社会信良、自然信息）决定了人们能否在激烈竞争中站在科学技术和现代管理的前列，能否使人力资源的开发跟上飞速变化的形势。

根据信息催化原理，我们应该高度重视发展教育事业，高度重视干部和职工的教育培训工作，高度重视信息收集、整理和共享的工作，以便用最新的科学技术知识、最新的工艺操作方法、最新的经营管理理论去武装员工，保持人力资源的质量优势，这是增强组织活力和竞争力的关键。因此，世界各发达国家和新兴工业国家及其企业，花在教育和培训上的经费大量增加。这种培训已不局限在岗前培训、新职工培训、各种专业技能培训，而是扩展为终生性的教育和培训。随着网络技术的发展，在线学习、远程学习的活动正方兴未艾。

此外，应该在本地区、本部门、本单位，建立起信息搜集、处理和共享制度，从而使信息管理这一基础性管理工作上档次、上水平。

（九）主观能动原理

人是生产力中最活跃的因素，最宝贵的资源。人是有生命的、有思想的、有感情的、有创造力的一种复合体。人的运动形式是最高级的运动形式。

人的生命运动包括机械的、物理的、化学的、生物的变化过程，是四种变化过程的有机统一。人的思维运动包括对目的、实践、知识和方法的思考和探索。人的生命运动是人的思维运动的物质基础，人的思维运动总要对人的生命运动产生能动作用。例如，人们每天生活、工作，一般都通过人的思维运动来进行安排。人的思维能力强，对主客观情况分析清楚、安排科学合理，人的生活和工作就有条不紊，成绩卓著，精神愉快，身体健康，人的思维运动的能力也可进一步增强。反之，就会使人在思想上产生负担，精神不愉快，长此下去，不仅生活和工作到处碰壁，而且会使人心情压抑，甚至引起消化功能障碍、植物神经系统紊乱，从而导致神经衰弱、血压升高或心脏患病，使人的生命运动和思维运动双双受损。

由于人的主观能动性差别极大，因此其强有力地对人的素质产生了影响。为什么有的人年少志高、才华横溢，有的人年华虚度、碌碌无为；有的人功高盖世而虚怀若谷，有的人略有所得便目空一切；有的人几经艰险仍泰然自若，有的人稍遇挫折便心灰意冷……我们研究一下他们在主观能动性上的差异便一清二楚了。

根据主观能动原理可知，我们不要把职工当机器人看待，而要高度重视人的主观能动性的开发。为此，我们应为人才的培养和使用创造良好的外部条件——完善的制度、发达的教育、周到的培训、宽松的环境、优良的组织文化，使人们的思维运动越来越活跃，进而其主观能动作用将大显神威。

（十）文化凝聚原理

人力资源开发与管理的一个重要方面是怎样提高组织的凝聚力。组织的凝聚力强，能吸引人才和留住人才，组织才有竞争力。凝聚力包括两个方面：一是组织对个人的吸引力，或个人对组织的向心力；二是组织内部个人与个人之间的吸引力或黏结力。显然，组织凝聚力不仅与物质条件有关，还与精神条件、文化条件有关。工资、奖金、福利、待遇这些物质条件，是组织凝聚力的基础，没有这些就无法满足成员的生存、安全等物质需要。组织目标、组织道德、组织精神、组织风气、组织哲学、组织制度、组织形象这些精神文化条件，是组织凝聚力的根本，缺了它无法满足成员的社交、尊重、自我实现、超越自我等精神需要。换言之，一个组织的凝聚力，归根结底不是取决于外在的物质条件，而是取决于内在的共同价值观。依靠建立良好的群体价值观，建设优良的组织文化来凝聚干部职工，才会收到事半功倍的效果。

随着生产力的突飞猛进和人们温饱问题的逐步解决，人们的需求层次在逐步提高，生存人、安全人日趋减少，而社交人、自尊人、自我实现人日益增加。因此，只靠泰勒的"重奖重罚""胡萝卜加大棒"的管理方式，越来越难以凝聚人才了。越来越多的企业家和事业家将眼光放在满足职工的高层次需求和精神需求上来了，实现以人为中心的管理，用高尚的组织目标、核心价值观、组织精神、组织哲学、组织道德、组织风气塑造了人才、凝聚了队伍，并取得了巨大的成功。

20世纪80年代兴起的企业文化理论和"企业文化热"，为文化凝聚原理提供了新的理论武器和丰富的实践经验。中国企业、事业单位的领导者应该在中国的条件下，创造出文化凝聚人才的成功模式。

四、中国古代的人事思想

中国具有五千年的文明史，而且素有文官治国的传统，因此积累了丰富的人事思想并蕴藏在古代文化典籍之中。例如，春秋战国时期的《尚书》《左传》《论语》《墨子》《孟子》《韩非子》；汉代的《史记》《说苑》《新论》《汉书》；三国时期的《人物志》；唐代的《贞观政要》；宋代的《资治通鉴》《王临川集》；等等，都有精彩的论述。在此，笔者仅摘其中某些进行介绍，供读者在人力资源开发管理工作和研究工作中参考。

（一）为政之要，惟在得人

自古以来，都知道人才的极端重要性。"为政之要，惟在得人"（《贞观政要》），唐太宗这句名言，把"得人"看作"为政"的关键。《墨子》中指出："尚贤者，政之本也"，把任用贤能之才看作为政之根本。明太祖朱元璋将这一思想发展得更为具体："构大厦者，必资于众工；治天下者，必赖于群才。"他把"治天下"比作"构大厦"，盖大楼是百年大计，靠的是一批有精湛技艺的工匠；"治天下"也是百年大计，靠的是一大批善于治国的人才。《清史稿》中记载康熙把人才摆在治理国家的首要位置，他说："政治之道，首重人才。"

（二）人生而有欲，相持而长

《荀子》指出："人生而有欲""所受乎天也""欲者情之应也"。这里的"欲"指人的欲求、需要。它是人的一切心理活动赖以进行的主观因素，也是人的一切行为的根本动力。正确认识人的欲求，对人力资源开发管理具有重要意义。荀子对此做了深入的研究，其观点如下。

（1）人生下来之后都有欲求，这是客观世界对人的影响，以及人的情感对客观世界感应的结果。

（2）人的欲望有三条规律：①"欲不可去"，人人有欲，概莫能外，"饥而欲食，寒而欲暖，劳而欲息，好利而恶害，是人之所生而有也，是无待而然者也，是禹桀之所同也"。②"欲不可尽"，欲望是不可能完全满足的，人的欲望也是无止境的。③欲物"相持而长"，亦即物质和欲望在相互影响、相互制约中增长。

应该说，荀子这些思想是十分深刻的。

《管子》中有一句名言："仓廪实则知礼节，衣食足则知荣辱。"管子把人的欲求分为两个层次，即"衣食足"为物质欲求，"知荣辱"为精神需求。他把二者分别叫作"利"与"名"。他说："凡人之有为也，非名之则利之。"韩非子认为，人的本性就是拼命地满足个人欲求，而最根本的欲求是趋利避害。他说："情莫出其死力以致其所欲""民者，好利禄而恶刑罚"（《韩非子》）。在这些思想家研究成果的基础上，后人又有许多新的发展。明末清初思想家王夫之在《读四书大全说》中指出："盖凡声色、货利、权势、事功之可欲者，皆谓之欲。"这里，王夫之把人的欲求分为生理、财富、权力和功名四个层次，十分难能可贵。

（三）取胜之本，在于士气

人有思想、有感情，人的思想感情对人的行为影响十分巨大，这就叫士气。自古以来，许多学者指出士气对胜败的重要作用。《尉缭子》中有一段话："夫将之所以战者，民也。民之所以战者，气也；气实则斗，气夺则走。"意指只有士气高昂、充实，才勇于战斗。《左传》中说："夫战，勇气也。一鼓作气，再而衰，三而竭。彼竭我盈，故克之。"意指交战双方胜负，取决于谁的士气始终占优势，所谓两虎相争，勇者胜。那么，队伍的勇气、士气从哪里来？在于"志"和"欲"，如果全军上下有共同的理想、共同的目标、共同的欲望、共同的追求，必然会形成众志成城、士气旺盛的必胜之势。正如《孙子兵法》所言："三军可夺帅，匹夫不可夺志""上下同欲者胜"。军队作战如此，企业竞争亦然。市场如战场，哪个企业队伍带得好，士气高，哪个企业便在竞争中占据有利地位。

（四）刚柔相济，赏罚严明

自古以来，刚柔相济、恩威并用、宽猛互济都是公认的管理原则。《论语》中孔子说："道之以德，齐之以礼，有耻且格。"意指主张道德感化和制度约束两手并用。道德感化、感情激励，是"柔"的一手；严格礼仪、严肃制度，是"刚"的一手。

在这方面，诸葛亮可谓高手。在《哀死》中他说："古之善将者，养人如养己子，有难，则以身先之；有功，则以身后之；伤者，泣而抚之；死者，哀而丧之；饥者，舍食而食之；寒者，解衣而衣之；智者，礼而录之；勇者，赏而劝之。将能如此，所向必捷矣。"这是"柔"的具体化，爱兵如子，爱民如子，以心换心，以情感人，历来是开发人力资源、调动下级积极性的重要方面。

只有柔的一手是不够的。在《威令》中诸葛亮指出："夫以兵之权，制之以法令，威之以刑罚，而不能逆其命者，孙武、穰苴之类也。故令不可轻，势不可通。"这是讲"刚"的一手，依靠法令、刑罚维护纪律，规范下级行为，维护上级权威。这里的关键是"令不可轻，势不可通"，有法必依，执法必严，违法必究，不留变通的余地。

刚柔并济，带好队伍，总会碰到一个问题——奖和罚的实施。古代众多思想家、政治家达成了共识——必须赏罚严明。《韩非子》中韩非子主张："诚有功，则虽疏贱必赏；诚有过，则虽近爱必诛。"诸葛亮在《便宜十六策·赏罚第十》中具体论证了这一原则，他说："赏罚之政，谓赏善罚罪也。赏以兴功，罚以禁奸。赏不可不平，罚不可不均。赏赐知其所施，则勇士知其所死；刑罚知其所加，则邪恶知其所畏。""挥泪斩马谡"就是实行这一原则的光辉范例。在《贞观政要》中唐太宗李世民用最精练的语言阐述了赏罚严明的原则："赏当其劳，无功者自退。罚当其罪，为恶者咸惧。"

（五）德才兼备，选贤任能

人才标准历来是人事管理中的热点问题。德才兼备、任人唯贤是唯一正确的选择，也是中国古代有作为的政治家、军事家所共同遵循的一条原则。

汉代王符在《潜夫论·忠贵》中指出："德不称其任，其祸必酷；能不称其位，其殃必大。"如果一个人的品德与职务不相称，或其能力与职务不适应，都会带来严重后果。康熙指出："观人必先心术，次才学。心术不善，纵有才学何用？"所以他主张"必才德兼优为准"。

那么，德的标准是什么？康熙提出了一个标准——"以公胜私"，他说："事君者果能以公胜私，于治天下何难！若挟其私心，则天下必不能治。"可见，这里的"公"乃指朝廷的利益。李世民也有类似的主张："须灭私徇公，坚走直道。"《孙子兵法》中提出了军人五德——"将者，智、信、仁、勇、严也。"这里，智指智慧、谋略；信指信誉，言行一致，行则必果；仁指爱人，己立立人，己达达人；勇指勇敢，敢于面对挑战，勇于克服困难；严指严格、严谨、严肃，办事认真，决不草率马虎，严肃纪律，严格管理。

德与才之间的关系，司马光在《资治通鉴》里指出："才者德之资也，德者才之帅也。"

德与才是统率与被统率的关系。这个看法颇为深刻。接下来，他具体分析了不同人的德才素质："是故才德全尽谓之圣人，才德兼亡谓之愚人，德胜才谓之君子，才胜德谓之小人。""自古昔以来，国之乱臣，家之败子，才有余而德不足，以至于颠覆者多矣。"

为了把真正德才兼备的人才选拔出来，必须在人事工作中坚持任人唯贤，选贤任能。在《礼记·礼运篇》中孔子说："选贤任能，讲信修睦，故人不独亲其亲，不独子其子。"具体如何选贤任能？在《韩非子》中韩非子主张"因任而授官，循名而责实"。用诸葛亮的话来说，叫作"为官择人"，而不能"为人择官"。

（六）知人善任，不课不用

用人的前提是知人，知人很难，因为人常有假象。正如在《将苑·知人性》中诸葛亮所说："有温良而伪诈者，有外恭而内欺者，有外勇而内怯者，有尽力而不忠者。"怎样去伪存真，正确识人呢？在《将苑·知人性》中诸葛亮提出了"七观法一曰，问之以是非而观其志；二曰，穷之以辞辩而观其变；三曰，资之以计谋而观其识；四曰，告之以祸难而观其勇；五曰，醉之以酒而观其性；六曰，临之以利而观其廉；七曰，期之以事而观其信。"意指在不同的情境下，在矛盾中观察人，容易考察人的实际素质。唐太宗的谋臣魏征则提出了《六观法》："贵则观其所举，富则观其所养，居则观其所好，习则观其所言，穷则观其所不受，贱则观其所不为。"乃是在人们地位、处境变化中，观察人的举止、言谈、兴趣、修养和追求，更容易反映人的本质。这些方法，至今有借鉴价值。

知人之后如何任用？一个正确的原则是用其所长。在《论语》中孔子说："无求备于一人。"汉朝东方朔有一名言——"水至清则无鱼，人至察则无徒。"因此，用人最忌求全责备。在《委任》中宋代政治家王安石指出："一人之身，才有长短，取其长则不问其短。""薄于责人，而非匿其过；不苟于论人，而非求其全。"因材施用，用其所长，具体而言，正如《荀子·君道篇》所言："论德而定次，量能而授官。皆使人载其事而各得其所宜：上贤使之为三公；次贤使之为诸侯；下贤使之为士大夫。"坚持用人所长，则人人可用，各得其所，正所谓："大匠无弃材，寻尺各有施。"

用人的另一个原则是"用人不疑"。在《论任人之体不可疑札子》中宋代政治家欧阳修指出："任人之道，要在不疑。宁可艰于择人，不可轻任而不信。"意为宁可择人时多费一些精力，看准了再用，但不可轻易任用却不信任，不敢放手让其施展才干。《孙子兵法》指出："将能而君不御者胜"，就是讲用人不疑、充分授权才可制胜的道理。

考核是用人的一个重要环节，没有严格考核，就难分贤愚优劣，也无法施行正确赏罚。《管子》中有一句名言："成器不课不用，不试不藏。"即对于人才，不经过考核不加任用，不经过试用，不做为人才储备。考核的办法是"听其言而观其行"（《论语》），"循名实而定是非，因参验而审言辞"（《韩非子》）。

用人时还要注意，不能考核后而无赏罚，降职乃至撤职是一种重要的惩罚办法，也是使官得其人、因材施用的必然结果。因此，"凡人为贵，当使可贱。"即能上能下，能贵能贱。

（七）率先示范，治身为重

对于身居领导岗位的人才，怎样才能带好队伍，达成组织目标，这里有一个个人修养和领导作风问题。《孔子家语》指出："欲政之速行也，莫善乎以身先之；欲民之速服也，莫善乎以道御之。"这里的"以身先之"乃指领导者的示范作用，身教胜于言教；这里的"以道御之"乃指领导者以正确的思想、方法去带好队伍，做到上下一心，行动一致。

"以身先之"的前提是领导者"其身正"，身正乃自我修养的结果，即治身。中国古代把修身、齐家、治国、平天下看成紧密联系的一个系统，是非常深刻的人事思想。《淮南子·主术训》把修身具体化了："非淡薄无以明德，非宁静无以致远，非宽大无以兼覆，非慈厚无以怀众，非平正无以判断。"即清淡寡欲、清正廉洁、宽容大度、仁慈民主、公平正直，是领导者加强修养的重点。

领导者率先示范的另一方面是集思广益，广开言路。《荀子·大略》中指出："迷者不问路，溺者不问遂，亡人好独。"失败的人往往都败在刚愎自用上。因此，魏征劝谏唐太宗时说："兼听则明，偏听则暗。"唐太宗李世民采纳了他的意见，认识到"偏听生奸，独任成乱"，采取措施，不独任，不偏听，"开直言之路"，取得了光辉的政绩。《管子》中有一句话"夫民，别而听之则愚，合而听之则圣"，群众的个别看法未必正确，但群众作为一个整体的智慧则是十分伟大的。

要集思广益，广开言路，就应该尊重知识、尊重人才。"礼贤下士"是古代有作为的政治家的共同特点。战国时期政治家郭隗说："帝者与师处，王者与友处，霸者与臣处，亡国与役处。"意为：帝者（尧、舜）把人才当作老师，王者（禹、汤）把人才当作朋友，霸者（齐桓公、晋文公）把人才当作臣子，亡国之君（纣）把人才当作奴隶。人才在国家政治生活中的不同地位，决定了这些国家的兴亡。

修身、兼听、下士都对领导者提出严于律己的要求，即不断克服自身的不足，不断战胜自己的弱点，此即古代说的"自胜"。《吕氏春秋·季春纪·先己》中说："欲胜人者必先自胜，欲论人者必先自论，欲知人者必先自知。"《史记·商君列传》中也说："反听之谓聪，内视之谓明，自胜之谓强。"强调自察、反省、战胜自己的重要性。诸葛亮在《将苑·将志》中指出："故善将者，不恃强，不怙势，宠之而不喜，辱之而不惧，见利不贪，见美不淫，以身殉国，一意而已。"即将领应不恃强凌弱，不受荣辱支配，经得住金钱美女的考验，一心一意为国捐躯。这就是战胜自己的具体内容，对于一切领导者都适用。诸葛亮在《将苑·将弊》中进一步列出为将之八种弊端，要求将领警惕自律："一曰贪而无厌；二曰妒贤嫉能；三曰信谗好佞；四曰料彼不自料；五曰犹豫不自决；六曰荒淫于酒色；七曰奸诈而自怯；八曰狡言而不以礼。"这进一步丰富了自戒、自省、自胜的内容。

（八）勤于教养，百年树人

任何人才都不是天生的，都需要精心地教育、培养、训练，这是人力资源开发的关键一环。

《管子·权修》中有一句名言："一年之计，莫如树谷；十年之计，莫如树木；终身之计，莫如树人。"人聪明才智的开发，是一个长期艰苦的过程。"树人"的过程，大体上包括教、养、取、任四个环节。王安石在《上皇帝万言书》中指出："教之、养之、取之、任之，有一非其道，则足以败乱天下之人才。"意即对人应教之学问，养以礼法，取以贤能，任以专职，任何一个环节偏离了正确的方向，都足以损毁天下之人才。

教养的内容，包括技能的训练。诸葛亮在《将苑·习练》中指出："夫军无习练，百不当一；习而用之，一可当百。"当然，操练军队，熟悉动作和队形，必须与道德教育、纪律教育相结合。在上述论述中，诸葛亮描述了这个过程："教之以礼义，论之以忠信，诫乏以刑典，威之以赏罚，故人知劝。然后习之，或陈而分之，坐而行之，行而止之，走而却之，别而合之，散而聚之。一人可教十人，十人可教百人，百人可教千人，千人可教万人，可教三军，然后教练而敌可胜矣。"

风俗、习惯对人的素质有很大影响，古人十分重视教化习俗。《管子·七法》中指出："变俗易教，不知化不可。"王安石在《风俗》一文中指出："风俗之变，迁染民志，关之盛衰。"欧阳修在《三皇设言民不违论》中主张："服民以道德，渐民以教化，而人自从之。"太平天国后期杰出的政治家洪仁玕，看到地主阶级对农民起义将领和官员的腐蚀，主要是通过腐败的风气进行的，他惊呼："甚矣，习俗之迷人。"并且告诫农民起义军将领和官员："防意如防城，胜惑即胜敌。"这些精辟的见解，在当前对我们仍有借鉴作用。

五、发达国家的人力资源开发与管理思想

发达国家关于人力资源开发与管理思想，在20世纪初才形成理论体系，即古典管理理论的组成部分，其代表人物有泰罗、法约尔、马克思·韦伯。在其后又出现了以美国梅奥为代表的人群关系学派，及其在此基础上形成的行为科学理论。20世纪70年代后，系统理论学派出现；80年代则是企业文化理论带来了人力资源开发与管理的最新思想。

1995年美国《财富》杂志对美日两国成功与失败的企业做过一次比较调查，结果发现几乎所有成功的企业都具有下列特征：

（1）以人为本，尊重个人——这是一种优良的企业文化；

（2）对员工的需求经常进行评估，定期做员工满意度调查；

（3）重视企业内部沟通——上下沟通、平行沟通；

（4）重视员工发展的长远计划；

（5）重视优秀人才的选拔与训练。

综合上述观点和一系列人力资源管理专家、学者的思想，可以把发达国家现代人力资

源开发与管理思想归纳如下。

（一）以人为本，尊重个人

人是企业活力之源，竞争力之本。因此，人应该成为组织（企业）决策的出发点和归宿。这里讲的"人"，首先是企业的雇员，还包括企业其他的利益相关者——股东、供应商、银行等，对他们也应尊重和信任。

以人为本，首先体现在对雇员的尊重和信任，即尊重个人的人格，尊重个人的劳动，尊重个人的一切权益——知情权、参与权、平等竞争权、自主择业权、休息权、取酬权、利益共享权等。

（二）人力资源管理是总经理职责的重要组成部分

不能仅仅把人力资源管理简单看成人力资源部的职责，它应该是总经理职责的重要组成部分，相应地，应该成为各个直线部门（子公司、分公司、事业部、分厂）经理职责的一部分。选人、用人、育人、留人、激励人，是所有经理人员共同的职责。人力资源部的任务是制定政策，对直线经理提供专家支持和服务。

（三）最高管理层的责任是平衡利益相关者的利益

最高管理层对人力资源管理的责任，首先是平衡股东、雇员、客户、供应商、银行等利益相关者的利益，关键是确定在他们之间利益分配的格局，使其在共享利益中各得其所，最终达到满意的结果。

（四）应把人力资源看成社会资源

人的社会性，人才和劳动力的市场化，使企业的经理层必须坚定地把人力资源看成社会资源。劳动力的能力、态度和其内部关系的发展都应是企业投资的对象。亦即，应该从长远的观点，把人当作一项潜在的资本，而不仅仅是一种可变的成本。

（五）应从战略实施观点看待人力资源管理

人事部门必须配合战略管理部门，给企业战略的实施以人力资源的支持和保证。相应地，在人力资源开发与管理活动中，应从战略目标出发，以战略为指导，确保人力资源政策的正确性和有效性。特别应避免的是：把人力资源开发与管理活动仅仅看作事务性工作，由专业化水平不高的人去应付。

（六）对人力资源开发与管理应进行多层次的社会评估

（1）从企业角度进行评估——企业的人力资源政策和实践的成果，是否确保企业战略的实施，是否在人力资源方面增强了竞争力，是否激发了人力资源的潜力和系统功能，是否使人力资源得到了优化配置，是否确保企业获得了优异的经济效益和组织活力。

（2）从个人角度进行评估——企业的人力资源政策和实践成果，是否体现了以人为本，是否体现了企业的核心价值观，是否满足了员工多种多样的需要，是否有利于人的全面发展，是否使员工个人职业生涯计划包含在企业人力资源计划之中，并得到整体的实施。员工能否在企业中成才，能否在全面发展的过程中得到自我实施的满足，是衡量企业人力资源开发与管理成功与否的重要标准。

（3）从社会角度进行评估——企业是否正确地平衡了股东、员工、顾客、供应商和其他利益相关者的利益，是否树立了良好的员工形象、经营者形象和企业整体形象，是否培育了高尚的企业文化并促进了社会精神文明的进步，该结果也是判断企业人力资源政策和实践水平的重要标准。

（七）企业主要的人力资源管理政策领域

1. 雇员影响

雇员影响体现在经营目标、工资待遇、工作条件、职务晋升、雇佣保障和任务自身中。在以上决策过程中，雇员在多大程度上参与进来并承担责任？通过什么机制进行参与？如何体现他们的影响？

2. 人力资源流动

人力资源专家与总经理和直线部门经理密切合作，以保证人员流动是恰当和合理的，既保证了人力资源的活力，又保证了人力资源的良好结构和质量。总体上讲，应确保满足企业的技术战略、市场战略、产品战略、财务战略和总体竞争战略的要求。

3. 奖励体系

奖励决策应吸收各层员工参与，应该与经营战略、管理哲学、雇员需要结构和人力资源政策相吻合。总经理应认真思考：物质补偿应该在何种程度上被用作激励？薪酬结构和报酬结构如何体现企业独特的人力资源战略？外在奖励和内在奖励的比例怎样才是合理的？奖励对象是强调个人还是强调群体？

4. 工作体系

在一个公司的各个层次上，经理人员都必须面对人力安排、人事信息、人事行为和人事技术上的任务。公司应采取措施，使各直线部门、总经理、人力资源管理部门密切合作，形成高效率的人力资源管理工作体系。

（八）制定人力资源政策时应考虑的八个要素

（1）法律和社会价值观；

（2）企业经营战略；

（3）企业的工作任务和技术特性；

（4）劳动力特征；

（5）劳动力市场条件；

（6）工会的地位和作用；

（7）管理理念和企业文化；

（8）企业的经济效益和经济实力。

第三节　人力资源开发与管理的含义和特点

一、人力资源的含义

所谓人力资源是指能够推动整个经济和社会发展的劳动者的能力，即处在劳动年龄的已直接投入建设和尚未投入建设的人口的能力。

人力资源在宏观意义上的概念是以国家或地区为单位进行划分和计量的，在微观意义上的概念则是以部门和企、事业单位进行划分与计量的。

人力的最基本方面包括体力和智力。如果从现实的应用形态来看，则包括体质、智力、知识和技能四个方面。

人力资源数量构成包括八个方面。

（1）处于劳动年龄之内，正在从事社会劳动的人口，其占据人力资源的大部分，可称为适龄就业人口。

（2）尚未达到劳动年龄，已经从事社会劳动的人口，即未成年劳动者或未成年就业人口。

（3）已经超过劳动年龄，继续从事社会劳动的人口，即老年劳动者或老年就业人口。

以上三部分人，构成就业人口的总体。

（4）处于劳动年龄之内，具有劳动能力并要求参加社会劳动的人口，这部分可以称为求业人口或待业人口，它与前三部分一起构成经济活动人口。

（5）处于劳动年龄之内，正在从事学习的人口，即就学人口。

（6）处于劳动年龄之内，正在从事家务劳动的人口。

（7）处于劳动年龄之内，正在军队服役的人口。

（8）处于劳动年龄之内的其他人口。

二、人力资源的特点

要进行社会生产，就必须具备人、财、物三种基本资源。由于财力（即资金）是人力和物力的货币表现，因此，社会生产的最基本要素或基本资源，就是人力和物力。

人力资源作为国民经济资源中的一个特殊部分，有以下六个特点。

（一）人力资源的生物性

人力资源存在于人体之中，是有生命的"活"资源，与人的自然生理特征相联系。

（二）人力资源的能动性

人不同于自然界的其他生物，因为他具有思想、感情和主观能动性，能够有目的地进行活动，以及能动地改造客观世界。人具有意识。这种意识不是低级水平的动物意识，而是对自身和对外界具有清晰看法的、对自身行动做出抉择的、调节自身与外部关系的社会意识。由于作为劳动者的人具有社会意识，并在社会生产中处于主体地位，因此其表现出主观能动作用。

人力资源的能动性，主要表现在三个方面。

（1）自我强化。人类的教育和学习活动，是人力资源自我强化的主要手段。人们通过正规教育、非正规教育和各种培训，努力学习理论知识和实际技能，刻苦锻炼意志和身体，使自己获得更高的劳动素质和能力，这就是自我强化过程。

（2）选择职业。在市场经济环境中，人力资源主要靠市场来调节。人作为劳动力的所有者可以自主择业。选择职业是人力资源主动与物质资源结合的过程。

（3）积极劳动。敬业、爱业，积极工作，创造性地劳动，这是人力资源能动性的最主要方面，也是人力资源发挥潜能的决定性因素。

（三）人力资源的动态性

人作为生物有机体，有其生命周期，能从事劳动的自然时间被限定在生命周期的中间一段；人的劳动能力随时间而变化，在青年、壮年、老年等各个年龄组人口的数量及其相互联系，尤其是劳动人口与被抚养人口比例，都是不断变化的。因此，必须研究人力资源形成、开发、分配和使用的时效性、动态性。

（四）人力资源的智力性

人类在劳动中创造了机器和工具，通过开发智力，使器官等效地得以延长，从而使自身的功能迅速扩大。人类的智力具有继承性，人力资源所具有的劳动能力随着时间的推移而得以积累、延续和增强。

（五）人力资源的再生性

经济资源分为可再生性资源和非再生性资源两大类。非再生性资源最典型的是矿藏，如煤矿、金矿、铁矿、石油等，每开发和使用一批，其总量就减少一批，绝不可靠自身机制恢复。另一些资源，如森林，在开发和使用过后，只要保持必要的条件，就可以再生，并保持资源总体的数量。人力资源也具有再生性。它基于人口的再生产和劳动力的再生产，通过人口总体内个体的不断更替和"劳动力耗费—劳动力生产—劳动力再次耗费—劳动力再次生产"的过程得以实现。当然，人力资源的再生性不同于一般生物资源的再生性，除了遵守一般生物学规律之外，其还受人类意识的支配和人类活动的影响。

（六）人力资源的社会性

从人类社会经济活动角度来看，人类劳动是群体性劳动，不同的劳动者一般都分别处于各个劳动集体之中，构成了人力资源社会性的微观基础。从宏观上看，人力资源总是与一定的社会环境相联系的。它的形成、配置、开发和使用都是一种社会活动。从本质上讲，人力资源是一种社会资源，应当归整个社会所有，而不应仅仅归属于某一个具体的社会经济单位。

三、人力资源开发与管理的含义

作为最主要的资源——人力资源必须进行科学而有效的开发与管理，才可能最大限度地造福社会、造福人类。人力资源的开发与管理可以从两个方面去理解。

（一）对人力资源外在要素——量的管理

凡社会化大生产都要求人力与物力按比例合理配置，在生产过程中人力与物力在价值量上的比例是客观存在的。

对人力资源进行量的管理，就是根据人力和物力及其变化，对人力进行恰当的培训、组织和协调，使二者经常保持最佳比例和有机的结合，使人和物都充分发挥出最佳效应。

（二）对人力资源内在要素——质的管理

质的管理指对人的心理和行为的管理。

就人的个体而言，主观能动性是积极性和创造性的基础，而人的思想、心理活动和行为都是人的主观能动性的表现。

就人的群体而言，每一个个体的主观能动性，并不一定都能形成群体功能的最佳效应。因为这里有一个内耗的问题（1+1<1，1+1=0；一个和尚挑水吃，两个和尚抬水吃，三个和尚没水吃）。只有群体在思想观念上一致，在感情上融洽，在行动上协作，才能使群体的功能等于或大于每一个个体功能的总和。

对人力资源质的管理，就是指采用现代化的科学方法，对人的思想、心理和行为进行有效的管理（包括对个体和群体的思想、心理、行为的协调、控制与管理），充分发挥人的主观能动性，以达到组织目标。

总之，人力资源的开发与管理，是指运用现代化的科学方法，对与一定物力相结合的人力进行合理的培训、组织与调配，使人力、物力经常保持最佳比例，同时对人的思想、心理和行为进行恰当的诱导、控制和协调，并充分发挥人的主观能动性，使人尽其才，事得其人，人事相宜，以实现组织目标。

四、人力资源开发与管理的特点

人力资源开发与管理作为一个学科，具有几个明显的特点。

（一）综合性

人力资源的开发与管理是一门相当复杂的综合性的学科，需要综合考虑种种因素，如经济因素、政治因素、文化因素、组织因素、心理因素、生理因素、民族因素、地缘因素等。它涉及经济学、社会学、人类学、心理学、人才学、管理学等多种学科，是一门综合性学科。

（二）实践性

人力资源开发与管理的理论，来源于实际生活中对人力管理的经验，是对这些经验的概括和总结，并反过来指导实践，接受实践的检验。

人力资源开发与管理成为一门科学，仅仅是最近二三十年的事情，它是现代社会化大生产高度发达、市场竞争全球化和白热化的产物，其主要理论诞生于发达国家。

我们应该从中国实际出发，借鉴发达国家人力资源开发与管理的研究成果，解决中国人力资源开发与管理中的实际问题。

（三）发展性

人们对客观规律的认识总要受一系列主客观条件的制约，不可能一次完成，总是需要一个漫长的认识过程。因此，各个学科都不是封闭的、停滞的体系，而是开放的、发展的认识体系。作为一个新兴学科，人力资源开发与管理更是如此。其理论的来源，大体上可以归纳为三个部分（或三个发展阶段）。

（1）古代的人事管理思想——包括中国古代的人事管理思想，其中有许多闪光的东西。至于西方古代的人事管理思想，则大体上是以量的管理为主，不系统。

（2）科学管理思想以泰勒、法约尔和韦伯为代表，以"经济人"假设为基础，以效率为中心，把人当作物去管理，管理的重点是量上的配合，并使之科学化、系统化。

（3）现代管理思想——把科学管理与行为科学相结合，以社会人、自我实现人假设为基础，以人为中心，量与质并重地管理人力资源，并逐步过渡到以质的管理（即观念的管理）为主，使这门科学更多地深入人才学、心理学领域。

（四）民族性

人毕竟不同于物，人的行为深受其思想观念和感情的影响，而人的思想感情无不受民族文化传统的制约。因此，对人力资源的开发和管理带有鲜明的民族特色。不顾民族特点，对他国的经验盲目搬用，在人力资源开发管理领域最为有害。

以美国和日本为例，他们皆为资本主义制度，都搞市场经济，但两国在人力资源开发与管理上差别很大。美国是个人主义的资本主义，人力资源的特点是"契约人按契约办事"

是美国人的通行原则。相应地,在人力资源开发与管理上,实行的是自由雇佣制。这是一种个人之间高度竞争的压力型劳动制度。日本则不同,它是家族主义的资本主义,儒家文化重群体、尊长辈、讲内和的传统,使其人力资源的特点是家族人,忠于企业大家庭是日本人的行为准则。相应地,在人力资源开发与管理上,实行的是终身雇佣制,这是一种个人之间密切合作的吸力型劳动制度。美日在人力资源开发与管理上的差异,就其主导的方面而言,是东西方文化差异的集中表现,都很难主观地加以改变。

(五)社会性

作为宏观文化环境的一部分,社会制度是民族文化之外的另一重要因素。现代经济是社会化程度非常高的经济,影响劳动者工作积极性和工作效率的诸因素中,生产关系(分配制度、领导方式、劳动关系、所有制关系等)和意识形态是两个重要因素,而它们都与社会制度密切相关。我们在借鉴和研究不同国家的人力资源开发管理经验时,不应忘记这一点。

例如,中国与日本同为东方国家,都具有以儒家文化为主的民族文化传统。在人力资源开发与管理上,都在一定程度上把家庭观念移植到企业中,形成团结、互助、内和外争的格局。但二者的社会制度不同:中国实行社会主义制度,职工是国家的主人、企业的主人,经理与职工地位平等;在日本则不同,本质上仍然是资本主义的雇佣关系,是老板与雇员的关系,因而是不平等的。在中国企业和日本企业中,都提倡以企为家,但在企业这个大家庭中,管理者与被管理者之间,在中国是同事关系,在日本则更像是父子关系。

第四节 人力资源开发与管理的目标和任务

在一切资源中,人力资源是最宝贵的资源之一,自然成了现代管理的核心。不断提高人力资源开发与管理的水平,不仅是当前发展经济、提高竞争力的需要,也是一个国家、一个民族、一个地区、一个单位长期兴旺发达的重要保证。

具体来讲,人力资源开发与管理的目标和任务如下。

一、取得最大的使用价值

根据价值(V)工程理论:

价值等于功能 / 成本,其中,功能为 F,成本为 C。

若使 V 最大,有四种办法:

(1)功能提高,成本不变;

(2)成本降低,功能不变;

（3）成本提高，功能提得更高；

（4）提高功能，降低成本。

其中，第四种办法最理想，被称作大、高、低目标管理原则，即大价值、高效能、低成本。这个大、高、低原则正如马克思所说："真正的财富在于用尽量少的价值创造出尽量多的使用价值。"换句话说，就是在尽量少的劳动时间里创造出尽量丰富的物质财富。

在人力资源方面，就是通过合理的开发和管理，实现人力资源的精干和高效。我国劳动人事制度的改革，其根本目标就在于此。

二、发挥最大的主观能动性

美国学者通过调查发现：按时计酬的职工每天只需发挥自己 20% ~ 30% 的能力，就足以保住个人的饭碗。但若充分调动其积极性、创造性，其潜力可发挥出 80% ~ 90%。两相对比，差距如此悬殊，可见发挥人的主观能动性是人力资源管理的十分重要的目标和任务。

影响人的主观能动性发挥的因素主要有三方面。

（一）基本因素——价值标准和基本信念

众所周知，需要产生动机，动机导致行为。人的需要带有客观性，而人动机则是纯主观的，但它却是行为产生的直接原因。人主观能动性的大小，主要受动机驱动。对人的行为动机产生深刻影响的是人的价值标准和基本信念。"为国捐躯最光荣"的价值标准和"有我无敌""人在阵地在"的坚强信念，是产生以一当十、视死如归的战斗英雄和一系列可歌可泣英雄事迹的真正动力。反过来，"保命最重要"的价值标准和"趋利避害乃人之本能"的基本信念，则是产生逃兵、胆小鬼和战场上一系列怯懦行为的温床。市场如战场，经济活动与军事活动有许多相似之处，价值标准和基本信念对人的主观能动性的制约作用即是其一。

具体而言，有三个层次。

1. 社会价值观

每个社会都有自己的主导价值观，它决定了社会风气的性质和方向，也决定了社会对个人行为的评价，因此对人的主观能动性发挥的影响十分巨大。我国台湾《天下》杂志曾登载一篇论文，讨论"日本经济背后的文化现象"，其作者指出："一种清晰的被社会认同的价值观，使日本人具有超强的整合力和刚强的凝聚力。这种价值观念来自对团体的忠诚。日本人多遵循儒家的社会伦理观念：忠诚于老师、忠诚于团体的教育。"

2. 群体价值观

具体在每个企业、事业单位，在同样的社会大气候下，可能会形成不同的传统、风气，其背后是不同的群体价值观。组织内部的群体价值观构成组织的心理气氛和文化氛围，它随时随地影响着每个组织成员的主观能动性的发挥。世界著名的"电脑王国"——美国IBM，有三条群体价值观：第一，尊重个人；第二，顾客至上；第三，追求卓越。几十年来，企业外部环境发生了剧烈变化，但这三条群体价值观却从未改变。正是这种积极向上的价值观，激励着IBM的员工不仅创造出质量最好的产品，而且创造出使用户满意的最佳服务。有人形容IBM员工的积极状态"可以与狂热的教徒"媲美。

3. 个人价值观

在一个组织或群体内部，各个成员的主观能动性发挥程度并不一样，这与组织结构、人员任用、激励方法、领导作风、人际关系等客观因素密切相关。从主观因素来讲，个人价值观的差异是关键。有些人的价值观指向个人和金钱，而另一些人指向集体和事业，这两部分人的积极性、创造性、责任感、事业心都会有巨大的差异。所谓忠臣与奸臣，君子与小人，先进与落后，其本质上的差别就在于个人价值观的不同。它不仅决定了个人能动性的大小，而且决定了个人能动性的取向。

（二）实际因素——现实的激励因素

现实的激励因素之优劣，决定了对员工工作动机激发的强弱，只有强有力的激励，才会出现员工主观能动性的高涨。一般而言，现实的激励因素主要包括八方面内容。

1. 任用情况

如果领导善于用人，量才而用，用其所长，补其所短，就会使得其人，人尽其才，人事相宜，人的主观能动性就会得到充分发挥。

这要求领导者知人善用。知人，即善于观察人，较快地认识每个人的兴趣、爱好、志向、才能、知识的水平和倾向；善用，即按事选人，平等竞争，使每个人都有同样的机会找到最适合发挥自己才干的舞台。

2. 信任程度

"民无信不立"领导者与被领导者的互相理解、互相信任，是同心协力、发挥下级能动性的前提。为此，上级对下级应贯彻"用人不疑，疑人不用"的原则，应该充分地信任下级，给他们足够的权力，鼓励他们放手大胆地开展工作。

3. 晋升制度

每个人都希望得到晋升，获得更大的舞台，使自己的潜能充分地释放出来，但由于职位有限，不可能全面满足每个人的晋升需求，这就要求有一个合理的晋升制度，其要点是公正、公平，严格考核，重视业绩与成效，平等竞争，择优晋升。晋升制度合理就会激励大家不断提高自己，充实自己，以自己的优秀绩效在竞争中取胜，自然就会发挥出自己的主观能动性。

4. 工资制度

工资是员工取得劳动报酬的主要形式，是维持一定生活水平的物质基础。在我国，温饱问题尚未完全解决，生活质量还不高的情况下，工资仍然是一种有效的激励手段。工资制度的改革，既要破除"大锅饭"，破除分配上的平均主义，又要防止工资差距过大，真正做到分配合理。

真正做到分配合理是不容易的。在当前，应该恰当地解决以下两个问题。

第一，分配中"劳"的计量问题，即劳动数量、质量的考核问题。对脑力劳动的计量和考核更具复杂性。第二，处理好工资关系问题，包括不同工种、不同岗位、不同职位之间的工资差距；脑力劳动与体力劳动工资报酬的合理区别；管理者与被管理者的工资差距等。从宏观上，应该处理好不同所有制的企业之间、不同地区之间的工资关系问题。

5. 奖励制度

奖励包括物质奖励和精神奖励，用来满足职工的生存、安全、社交、自尊和自我实现的需要，进而不同程度地提高其主观能动性。

正确的奖励制度才能有效地激发职工的劳动积极性，否则将适得其反。其要点是：第一，考核制度是奖励制度的前提，没有公平的考核，就不会有公平的奖励；第二，正确处理物质奖励与精神奖励的关系，根据员工的需要层次和结构，选择物质奖励与精神奖励的合理比例结构；第三，随着人员温饱问题的解决，应该将重点由物质奖励向精神奖励转移，在保持一定外部激励水平的基础上，着重提高内部激励的强度。

6. 处罚制度

处罚作为一种负强化手段，与奖励这种正强化手段是共生的，二者缺一不可。它可以有效地防止和纠正各种非期望行为，借以保护多数员工的主动性和积极性。

规定合理的处罚制度应注意以下几点：第一，处罚制度应严肃，内容在调查研究的基础上反复推敲，应宽严适度，严得合理，并经过职工代表大会讨论通过；第二，处罚制度一旦制定，就应有章必循，违章必究，但必须按章行事，防止以言代法；第三，处罚制度主要是针对少数人的，而且是一种辅助手段，应防止过分夸大惩罚作用和以罚代管的倾向。

7. 参与程度

一个单位的每个成员，尽管职位再低，也都有各自的自尊，希望得到他人（包括上级）的尊重、理解和平等的对待，希望自己对工作的看法和建议有人倾听并被采纳。总而言之，他们不希望别人仅把自己看作会说话的工具，而是把自己当作平等的伙伴；他们不希望别人仅把自己看作消极的执行者，而是把自己当作决策的参与者，以施展个人的聪明才智，实现个人价值。因此，决策过程应该鼓励下级民主参与，参与程度越深，越易于发挥下级的主观能动性。

当然，参与程度有许多限制条件，如问题的性质、职权范围、人员素质、时间条件、参与成本等。在条件许可的情况下，应尽量加大民主参与的程度。

8. 福利状况

生活福利包括住房、医疗保障、养老保障、失业保障、工作环境、福利设施（食堂、浴室、理发厅、卡拉 OK 厅、文化宫、图书馆、剧院、体育场馆）等，是满足员工生存、安全、社交需要的重要途径，也是外在激励的组成部分。良好的福利条件，会使员工感到组织的温暖，增强组织的凝聚力，从而激发员工更积极地工作，自觉发挥出个人的主动性、创造性和能动性。

（三）偶发因素

偶发因素指在组织中发生的一些偶然事件，会影响组织成员主观能动性的发挥。如称赞、表扬、友好的表示、善意的交往、尊重的举动，这些积极的偶发事件，会增加组织成员的满意感、归属感、成就感、责任感，进而激发出其更大的主观能动性。反之，讽刺、挖苦、批评、贬损、冷落、不公正的对待、不友好的举动、恶意中伤等消极的偶发事件，则会减弱或破坏组织成员的满意感、归属感、成就感和责任感，甚至致其产生不满和敌意，其主观能动作用也就无从谈起了。

三、培养全面发展的人

人类社会的发展，无论是经济的、政治的、军事的、文化的发展，最终目的都要落实到人，一切为了人本身的发展，为了不断提高人的工作、生活质量，使人变得更富裕、更文明、更有教养、更趋完美。因此，教育与培训在人力资源的开发与管理中的地位越来越高。教育不仅是提高社会生产力的一种方法，而且是人全面发展的唯一方法。

随着市场经济的发展，国家民族间的竞争、企业间的竞争，透过产品的质量、价格和服务竞争的层层迷雾，我们看到的是不同国家、不同民族、不同企业之间人力资源的竞争。因此，无论是国家领导人，还是企业家，均把培养高素质的人当作首要任务。

"造物之前先造人"是日本松下公司的座右铭。松下幸之助指出："松下电器公司与其他公司最大不同的地方，就是在员工的培育与训练上。""这种'造就人才'的风气，竟成为推动公司发展的原动力。"松下幸之助要培养的人才，是德、智、体全面发展的，他把这三育称作人类的三根支柱。他特别重视德育，指出："德育从某种意义来说，比智育、体育还要重要。""只有五位员工的商店，可以靠精神信条，赶上没有店训的大商店。"

美国学者布雷德福和科恩在《追求卓越的管理》一书中，把传统的领导模式概括为"师傅型领导"（人治）和"指挥型领导"（法治），这两种模式的共同点是由领导者控制一切、指挥一切，也统称为"英雄型领导"，其不利于下级素质的提高，也不利于人才的培养。他们认为现代的领导模式应该是"育才型领导"，它具有以下特点。

（1）同舟共济，以部属为中心，由上级和下级共同决策，领导者充当教练的角色。

（2）组织的目标有两个：第一，完成工作任务；第二，使部属不断进步，提高素质。

（3）实行"育才型领导"应具备三个要素：第一，建立起共同负责的团队；第二，持续培养每个人的才干（技术才干、合作精神、管理能力等）；第三，确立共同的目标。

（4）以育才为导向，使培养人成为组织的出发点和归宿。

这两位美国学者从管理理论上论证了现代组织的一个重要目标就是培养高素质的、全面发展的人。

第五节　从管理的软化看人力资源开发与管理的兴起

纵观企业管理的全部历史，大致经历了经验管理、科学管理、文化管理三个阶段，总的趋势是管理的软化。能否清醒地认识到这一点，对于能否自觉地提高我国社会主义企业的管理现代化程度是至关重要的。

一、从经验管理、科学管理到文化管理

（一）从经验管理到科学管理是企业管理的第一次飞跃

1911 年泰罗的《科学管理原理》一书问世，标志着企业管理由漫长的经验管理阶段，迈进了划时代的科学管理新阶段。

调查研究的科学方法代替了个人经验；"时间和动作研究"提供了精确地计算定额的方法；生产工具、操作工艺、作业环境、原材料的标准化，为生产效率的提高开辟了广阔的前景；"工作挑选工人"的原则和系统的培训，为各个生产岗位提供了一流的工人；"计划（即管理）与执行相分离"的原则，大大加强了企业的管理职能，使依法治厂成为可能。总之，泰罗的科学管理理论使企业管理由经验上升为科学，很快在欧美推广。以福特汽车公司的流水线生产为标志，科学管理极大地推动了生产效率的提高。

（二）从科学管理到文化管理是企业管理的第二次飞跃

科学管理使企业管理走上了规范化、制度化和科学化的轨道，极大地推动了生产效率的提高。同时，在实践中暴露出其本质的弱点——对职工的忽视。与生产高效化伴生的是人的工具化，以及工人对工作的厌烦、劳资矛盾的激化。

发端于 20 世纪 30 年代，流传在六七十年代的行为科学，力图纠正和补充科学管理的不足，80 年代兴起的企业文化理论，是这种努力的最新成果，它完整地提出了与科学管理不同的管理思想和管理框架。这种以企业文化建设为龙头的文化管理模式已成为世界管理的大趋势。其原因有六个方面。

（1）温饱问题的解决与经济人假设的困境。在泰罗所处的时代，即 19 世纪末 20 世纪初，生产力低下，工人远远没有解决温饱问题，也许经济人假设在当时不无道理。但即使在当时，有觉悟的工人也绝不是纯粹的经济人，轰轰烈烈的工会运动就是明证。随着生产力的迅速提高，发达国家的工人逐步解决了温饱问题，经济人假设陷入困境，工人的劳

动士气低落，并重新困扰着企业主。20 世纪 30 年代，在霍桑试验的基础上美国管理学家梅奥提出了人群关系论，正式指出：工人不是经济人，而是社会人。他们除了经济需求之外，还有社会需求、精神需求。影响职工士气的主要原因不是物质条件，而是社会条件，特别是职工上下左右的人际关系。在此基础上发展起来的行为科学，进一步把人的需要划分为五个层次——生存、安全、社交、自尊、自我实现。对于解决了温饱问题的职工，满足其生存需求和安全需求的物质激励杠杆，已越来越乏力，而设法满足职工的社交、自尊、自我实现等高层次的精神需求，成为激励职工、赢得优势的关键手段。文化管理强调尊重人、培养人、满足人的精神需要，以人为中心进行管理，完全适应职工队伍需求层次的提高。

（2）脑力劳动比重的增加与"外部控制"方式的局限。随着生产自动化程度的提高，白领职工比例越来越高，蓝领职工比例越来越低，即使是蓝领工人也逐渐摆脱了笨重的体力劳动。现代化钢铁企业的钢铁工人，已不再是挥汗如雨、高温作业的形象，而是坐在计算机前穿白大褂操作按键的面貌。脑力劳动在劳动构成中的含量越来越高，已经是不可逆转的历史潮流。在无形的脑力劳动面前，泰罗的时间和动作研究已无用武之地。如果说，泰罗的从严治厂、加强监督的外部控制方法，对有形的体力劳动曾经卓有成效的话，那么对待复杂的、无形的脑力劳动，则必须转移到进行自我控制的轨道上来。这就是要注重满足职工自我实现需求的内在激励，注意更充分地尊重职工，鼓励职工的敬业精神和创新精神，并且在价值观上取得共识。而培育共同价值观正是企业文化建设的核心内容。可以说，文化管理是以脑力劳动为主的信息时代唯一适用的管理模式。

（3）服务制胜时代的到来与理性管理传统的没落。生产力迅速发展的另一个结果，是产业结构调整的加速和第三产业的兴起。目前，欧美发达国家的职工中，50% 以上职工在第三产业工作。第三产业的特点是一般没有物质产品，其主要产品是服务。服务质量是第三产业竞争的主要形式。即使在第二产业，工业产品的市场竞争焦点也逐渐转移到服务上来了。因此许多企业家和管理学家认为：服务制胜的时代已经到来。

那么，优质服务从何而来？依靠泰罗的重奖、重罚和严格的外部监督只能治标不治本。西方管理学家认为，微笑服务应具备两个条件：①职工具有良好的服务意识和敬业精神；②职工在工作时心情愉快。这只能依赖在长期的生产经营活动中形成一种共同价值观，一种心理环境，一种良好的传统和风气，并相互感染熏陶，亦即形成一种良好的企业文化才能够实现。

（4）战略管理的崛起与企业哲学的导航作用。随着市场竞争的白热化，通信手段的现代化，世界变小了，决策加快了，决策的复杂程度大大提高了。这使战略管理的地位得到了提升，而战略管理的基础，则是企业家对企业参与市场竞争的哲学思考。众所周知，企业哲学是企业文化的重要内容。

（5）分权管理的发展与企业精神的凝聚作用。随着市场竞争的白热化、快速化，决策复杂程度大幅度提高。决策快速性、准确性的要求，导致决策权力下放，各种形式的分权管理应运而生。特别是近 20 年来，跨国公司大量涌现，这种分权化的趋势更为明显。

过去，泰罗时代以效率著称的直线职能制组织形式，即"金字塔"组织，由于缺乏灵活性而逐渐失去了活力。取而代之的是联邦分权制（即事业部制）、矩阵式组织，以及重心移至基层的镇尺型组织。随着"金字塔"组织的倒塌，柔性组织和分权管理得到发展，企业的控制方式也发生了巨大的变化。

泰罗的科学管理是依靠"金字塔"等级森严的组织和行政命令的方式，实施集中统一指挥和控制的，权力和责任大多集中在上层。现在，权力下放给各事业部或跨国公司的地方分（子）公司了，地理位置又往往相隔十万八千里，直接监督已不可能，行政命令已不适宜，那么，靠什么维持庞大企业（或跨国公司）的统一呢？靠什么形成数万职工的整体感？靠什么把分散在世界各地的不同民族、不同语言、不同文化背景的职工队伍凝聚起来呢？只能依靠共同的价值观、企业目标、企业精神、企业制度、企业传统、仪式、建筑式样等，亦即共同的企业文化。

（6）网络经济的出现与虚拟企业的运作。网络技术的发展和知识经济的兴起，使"虚拟企业"和在家上班成为可能。对于没有办公楼，不上班共同工作，而是各自在家里的电脑前自主安排工作的职员，经理人员怎样对他们实施激励、领导和控制呢？怎样使他们自觉地积极工作，主动地开动脑筋，愿意开发自己的潜能，并出色地与他人合作呢？有效的手段只有一种——企业文化的神奇力量。核心价值观是全体职工自觉工作、自我约束的精神动力，也是凝聚公司员工的思想纽带。当然，网络沟通并不能取代人的直接接触，管理者对员工的家庭访问、握手寒暄和感情沟通肯定比今天更为重要；而一些丰富多彩的企业风俗、典礼、仪式和业余文化活动，更成为未来企业的动人画面——凝聚人心的感情纽带。

综上所述，可以得出结论：从科学管理到文化管理是企业管理的第二次飞跃。

二、人力资源开发与管理的兴起

与经验管理、科学管理、文化管理相对应的是对人的管理，对人的管理大体上可以概括为雇佣管理、劳动人事管理和人力资源开发与管理。

在雇佣管理阶段，人们把员工与机器、工具一样，看成简单的生产手段和成本。实行以录用、安置、调动、退职和教育训练为中心的劳动力管理，管理的主要目的是降低人力成本。

在劳动人事管理阶段，重点放在劳动效率的提高上。例如，如何挑选和招聘第一流的工人；如何培训员工以提高生产效率；如何建立员工档案，以更科学地调配和使用员工；如何正确进行考核和给付薪酬；如何妥善处理劳资纠纷；如何维护劳动力以维持再生产；等等，都是劳动人事管理的重要内容。

在人力资源开发与管理阶段，有几个明显的变化。

（1）员工不仅仅是生产的成本，还是投资的对象、开发的对象，是企业赖以生存和发展的首要资源。

（2）正如著名经济学家舒尔茨所说，人力资源是效益最高的投资领域。

（3）教育和培训是人力资源开发的主要手段，也是人力资源部门的重要职能，即对人的开发重于对人的管理。

（4）人力资源开发与管理，不仅仅是人力资源管理部门的事，更是直线部门经理的事。各级经理首先是人力资源的经理，要担负起管理人、培养人的重任。

（5）随着文化管理的兴起，人已经成为企业管理的中心，人力资源开发与管理的重要性日益增强，人力资源部已经同财务部一起，成为企业的战略支持部门。

（6）对人力资源的管理重点已经从直接管理人的行为向直接管理人的思想，进而间接影响人的行为方向转变。

（7）人力资源开发与管理的主要目的是提升人力资本。

第六节　从改革开放看中国企业的人力资源开发与管理

改革开放使中国企业的内外环境发生了巨大变化，其变化之深刻和广泛，可以用天翻地覆来形容。相应地，中国企业的人力资源管理也经受了严重的冲击和挑战。

一、世界竞争力排行榜的启示

每年相关国际机构都要公布各主要国家和地区（46 ~ 48 个国家和地区）的竞争力排行榜。中国在榜上连续几年徘徊在第 33 名左右。1995 年，在 48 个国家和地区中，中国竞争力名列第 34 位，1999 年为第 29 位，2000 年为第 31 位，2001 年为第 33 位。

1995 年，8 项分指标的排名分别为：国内经济实力第 12 位，国际化程度第 27 位，政府政策导向第 21 位，财政金融第 44 位，基础设施第 45 位，管理水平第 47 位，科学技术第 26 位，人员素质第 40 位。

值得注意的是，中国的人员素质第 40 位，其中子项目：劳动力特征第 46 位，教育结构第 45 位，生活质量第 45 位，劳动力的心态第 42 位，这都说明中国的人力资源开发与管理是比较落后的。

更值得关注的是，管理水平名列倒数第 2 名（第 47 位），其中子项目：生产率第 38 位，企业效益第 45 位，企业家精神和管理效率均为第 47 位，即倒数第 2 位！这说明中国企业管理水平较低，特别是企业经营者素质不高，企业家精神十分缺乏，这也是中国人力资源开发与管理的瓶颈。

应当指出：上述情况在日益好转。以 1999 年的数据为例：中国在 47 个国家和地区中，公司创新列第 16 位，股东价值列第 19 位，工人动机列第 21 位，人员称职水平列第 41 位，雇员培训列第 23 位，劳资关系列第 30 位，高级经理人员的获得性列第 40 位，营销文化列第 17 位，企业家精神列第 17 位，社会责任感列第 18 位，最落后的是雇员生产率，仅列第 46 位。

随着中国改革开放的深入开展，以及中国经济连续多年的高速成长，中国在世界竞争力排行榜中的位次也不断攀升。2000 年以来，中国在世界竞争力排行榜中基本上在 15 ~ 20 名徘徊。近年来由于世界金融危机的影响，以及中国经济转型和结构性改革，2012 年中国竞争力排名第 23 位，2013 年中国竞争力排名第 21 位。

以 2010 年的数据为例进行深入分析：中国在世界竞争力排行榜中居第 18 位；2009 年实际国内生产总值（GDP）增长 8.7%；2009 年人均国内生产总值为 6436 美元。在世界竞争力排名的分指标中：经济表现第 3 位；政府效率第 25 位；企业效率第 28 位；基础设施第 31 位。在进一步细分指标中，中国在就业、劳动力市场和体制框架方面得分较高，但是在商业立法、管理方法、健康和环境等方面相对落后。要想进一步提高全球竞争力排名，中国需要克服这些弱点，同时改善财政政策，并实施公平的收入分配政策。

除了上述"世界竞争力排行榜"外，还有一个《全球竞争力报告》，其排名依据的是全球竞争力指数（GCI），该指数由世界经济论坛在 2004 年推出，从 12 个方面衡量一个国（地区）综合竞争力状况，即采用 12 个衡量指标，分别为制度、创新、宏观经济环境、医疗卫生、基础教育、高等教育与培训、商品市场效率、劳动力市场效率、金融市场发展水平、技术就绪度、市场规模、商业成熟度及创新。每年由世界经济论坛对全球 140 个经济体在促进生产力发展与社会繁荣方面的全球竞争力指数进行考量与排名。

2015 年 9 月 30 日，世界经济论坛发布《2015—2016 年全球竞争力报告》。虽然中国经济正经历转型升级期，但在最新出炉的全球竞争力排行榜上，中国仍排在第 28 位，与 2014 年持平，继续领跑金砖国家，保持最具竞争力新兴市场的地位。值得一提的是，中国的创新水平排名为第 31 位，在连续两年停滞在第 32 位后前进一位。瑞士连续第七年蝉联榜首。新加坡和美国分别排在第 2 位和第 3 位。紧随其后，德国排名较 2014 年上升一位，至第 4 位；荷兰经历三年的下滑后重回第 5 位；日本和中国香港表现稳定，分列第 6 位和第 7 位；芬兰下降至第 8 位，是该国历年最差排名；瑞典和英国分别位居第 9 位和第 10 位。

世界经济论坛创始人兼执行主席克劳斯·施瓦布认为：第四次工业革命正在加速催生全新的行业与经济模式，与此同时，这也导致一些现有行业和模式的快速衰落。要在新的经济环境中保持竞争力，人们在此时需要特别重视促进生产力增长的关键要素，如人才与创新。

《2015—2016 年全球竞争力报告》指出，为了进一步提高竞争力，当前各国的可行对策是推行长远的结构性改革，提高生产力，释放人才潜力，以此提振经济增长，并创造就业机会。分析发现，一个经济体培养、吸引、利用和支持人才发展的能力与其竞争力高度成正相关。这对我们从战略高度认识人力资源管理的重要性是一个深刻的启示。

二、中国企业人力资源开发与管理的现状

大量调查资料表明，中国企业人力资源开发与管理现状可以归结如下几方面。

（一）总量过剩与结构性短缺并存

在企业中，普遍存在冗员，经常是 5 个人干 3 个人的活。但在一些关键岗位、重要岗位，又缺乏合适人选，结构性短缺严重。

（二）人才缺乏与人才浪费并存

中国企业的人才状况存在两极分化。一方面，缺乏具有管理专业知识和远见、魄力的合格经营者、企业家，以及拔尖的技术人才和熟练的骨干技术工人；另一方面，大量人员闲置，或者用非所学，用非所长，造成极大的浪费。

（三）关系导向与市场配置并存

中国企业的人力资源在使用市场杠杆配置的同时，也存在凭关系、托人情、走后门的现象，未实现人员配置的公平、合理、有效。

（四）以罚代管与讨好主义并存

一些企业通过严格的惩罚措施对员工进行控制和管理，内部气氛紧张。也有部分企业一团和气、人情至上，通过各种方式讨好员工，以至于造成效率低下。

（五）"一支笔"考核与多维度考核并存

我国一些企业内部的人员考核路径单一，员工的业绩评价仅凭上级领导"一支笔"决定，但也有部分企业开始实行了诸如 360° 考核等方式，从而提高评价的科学性。

（六）随意性与科学性并存

随着人力资源管理实践的发展，科学的测量量表、管理方法和信息系统被逐渐应用，但同时也存在人才培养缺乏规划，企业决策仅凭直觉和经验，政策制定缺乏深入的调查研究和预测支持，以及人际关系干扰等现象。

（七）过度竞争与竞争不足并存

部分行业和企业人才竞争激烈，过分关注结果，压力较大。而也有些企业内部缺乏竞争机制，仍然是大锅饭，员工懒散，效率不高。

（八）只顾效率与只讲公平并存

有些企业制定的人力资源政策具有鲜明的效率导向，如完成任务获得奖金，完不成任务下岗走人；而与此相反，有些企业尤其是部分国有企业仍具有平均主义的倾向，过分强调公平，实行大锅饭。

（九）精英论与主体论并存

随着高科技企业的成长，高技术、高学历、高绩效的精英人才的作用日显突出。因而，出现了不同的企业对人力资源的不同定义：有的企业该定义专指精英，有的企业该定义指包括精英在内绝大多数的员工。

（十）工具论与目的论并存

员工是实现企业目标的工具，是股东赚钱的工具，或者员工的成长、幸福本身就是企业的目的之一。这是两种截然不同的员工观。目前，中国企业界这两种员工观并存。

（十一）员工缺乏劳动热情和工作积极性

作为中国企业人力资源开发管理的难点之一，是员工缺乏劳动热情和工作积极性。其原因有三：一是在改革开放中，广大企业职工是经济上受益最小的阶层之一，下岗工人更成为改革成本的主要承担者；二是由于广大企业职工的政治地位相对下降，在实行劳动合同制后，原来的主人翁大厦已经土崩瓦解，新的主人翁机制尚未形成；三是许多企业尚未建立起科学的现代薪酬绩效管理体系，以及充满活力的公平竞争机制，这极大地限制了职工积极性的发挥。

（十二）中国企业员工缺乏精神支柱

在计划机制下，艰苦奋斗、无私奉献这种以主人翁精神为核心的价值体系，至今已风光不再。而新的、有效的价值体系尚未建立起来，因此一些企业存在信仰真空、信念危机，企业内部的精神发动机难以正常启动。

（十三）缺乏激励约束机制

中国企业缺乏强有力的主要经营者激励约束机制，旧有的无私奉献机制大多失灵，而新的以年薪制、股权、期权为特征的物质激励机制也至今尚未完善。法人治理结构的不到位，党和工会的监督作用弱化，导致企业内部约束机制乏力。

（十四）如何实现文化融合

有越来越多的中国优秀企业走出国门，实行跨国经营，但对于如何解决文化冲突问题，如何实现文化融合，还缺乏经验，以及不够重视的问题。

以上问题，是沿着改革开放道路前进中出现的，因此也必然会在改革开放的继续实践中一一化解，前提是企业坚定不移地按人力资源开发与管理的客观规律办事。

第二章　大数据时代的人才管理

第一节　大数据时代的人才管理发展趋势

进入 21 世纪后，人们常说的一句话是知识经济时代，信息时代，经济全球化时代。人力资源管理理论被引入中国已逾 30 年，这是中国企业发生巨大变化的 30 年，在经济新常态和结构性变革的背景下，中国企业的人力资源开发与管理应该走向何方呢？

一、由人治走向法治——科学化趋势

科学管理使企业管理摆脱经验管理的束缚，走上规范化、制度化和科学化的轨道，极大地推动高效化伴生的是人的工具化，以及工人对工作的厌烦、劳资矛盾的激化。于是文化管理应运而生。

尽管实现文化管理是当今企业的普遍向往，然而对当前我国的大多数企业而言，当务之急不是登上文化管理的台阶，而是进入科学管理的殿堂。因为许多中国企业，特别是中小企业，还处在经验管理阶段，随意性大、规范性差、质量不稳、效率低下，而现时期，解决效率问题，仍是企业生存和发展的关键。

当然，对不同行业，科学管理阶段向文化管理阶段过渡的时机把握是不同的。一般而言，对制造业，科学管理的重要性更突出；而对服务业，文化管理的优势更大，因此服务业从科学管理向文化管理过渡的时机会早一些。

华为公司董事长任正非把科学管理概括为：基于数据和事实的理性分析，建立在计划和流程基础上的规范的管理控制系统，以及客户导向和力求简单的产品开发策略。他把华为公司 30 年来取得的巨大成就，归结为对西方科学管理恭恭敬敬地学习和始终如一地贯彻。

他在 2014 年的一次讲话中指出：西方公司自科学管理运动以来，历经百年锤炼出的现代企业管理体系，凝聚了无数企业盛衰的经验教训，是人类智慧的结晶，是人类的宝贵财富。我们应当用谦虚的态度下大力气把它系统地学过来。只有建立起现代企业管理体系，我们的一切努力才能导向结果，我们的大规模产品创新才能导向商业成功，我们的经验和

知识才能得以积累和传承，我们才能真正实现站在巨人肩膀上的进步。

中国企业没有经过科学管理运动，我们在企业的运营管理中习惯于依靠直觉和经验进行判断，决策的随意性很大，总愿意创新和尝试新事物、新概念，缺少踏踏实实、'板凳宁坐十年冷'的持续改进精神。因此面对不确定的未来，我们在管理上不是要超越，而是要补课，补上科学管理这一课。

被公认为中国最好的高科技制造业公司之一的华为，至今仍强调对科学管理"不是要超越，而是要补课。"这对广大的中国企业无疑是一个启示。

要实现中国企业人力资源管理的科学化，关键是从人治走向法治，加强人力资源管理的制度建设，特别要夯实以下四项基础工作：

（1）组织结构的精简和优化；

（2）重视工作分析，编写完善的职位说明书；

（3）搞好职位评价，建立以薪点为基础的薪酬制度；

（4）采用规范的方法和手段，进行正确的人力资源评价和绩效管理。

在此基础上，还要建立科学的劳动用工制度、员工培训制度、干部选拔与任用制度、职业生涯管理制度等。

互联网给企业人力资源管理插上了大数据的翅膀，使人力资源管理真正进入了"量化"管理阶段。人力资源管理决策将日益依赖大数据及数据背后的知识，需要及时获取大数据并对其进行有效的分析、组合与应用。这是人力资源管理科学化的最新内涵。

人力资源管理科学化的另一个关键问题是树立制度和数据的权威性。中国企业往往犯这样的错误：企业的制度成百上千条，然而做起来不是无视制度的存在，就是有太多的"特殊情况"，结果又退回到"人情大于王法""一个人说了算"的人治旧轨道。至于数据，在人力资源管理领域历来不受重视，"心中无数"，仅靠直觉和经验决策已经成为习惯。可见，树立制度和数据的权威，是实现人力资源管理科学化的保证。

二、由以物为中心走向以人为本——人性化趋势

过去以物为中心的传统人事管理导致人成为物的附属品，更是低成本的牺牲品。随着中国经济的崛起，广大员工的需求结构发生了深刻的变化，经济人逐渐向社会人、自尊人、自我实现人和观念人转变，他们不再是只会工作的机器或工具，这就要求人力资源管理转变到以人为本，而这正是现代人力资源管理的重要特征。

以人为本要走出两个误区：其一，以人为本不是以官为本；其二，以人为本也不是以精英为本。以人为本的真正内涵是以员工为本。也就是说，只有企业以员工为上帝，员工才会以顾客为上帝；只有企业为员工创造价值，员工才能为顾客创造价值。要从尊重员工的权利人手，在此基础上再增加人力资源开发的投入，促进员工在岗位上成才，与企业一道成长，激发员工们的主人翁意识，这是实现以人为本的首要工作。

以人为本的另一背景是知识经济的兴起。诚如著名管理学家彼得·德鲁克所说："一场新的信息革命正在悄然兴起。""这不仅是一场在技术上、机器设备上、软件或速度上的革命,更是一场'观念'的革命。"那些如海涛般汹涌扑来的信息和在互联网上迅速传递的信息,向人类发出了新的挑战,如何组织信息、管理信息,并用来做出正确决策,是所有经营管理者、技术人员必须下功夫解决的问题。

在经济全球化和信息化的同时,世界进入了知识经济的时代,知识继劳动力、资金、自然资源之后成为第四大资源,或最重要、最活跃的资源。学习新知识、创造更新的知识的能力,成为各个国家和组织之间竞争的决定性因素。而知识是由人掌握和由人创造的,因此,人力资源成为日益重要的战略资源。

人力资源的管理重点将由"手工工作者"转向"知识工作者"。彼得·德鲁克在《21世纪对管理的挑战》一书中指出:20世纪最重要的,也是最独特的,是对管理的贡献,即在制造业中手工工作者的生产力提高了50倍。21世纪对管理最重要的贡献同样将是提高知识工作与知识工作者的生产力。

管理知识工作者,提高其生产力应该注意六个方面:

(1)确定明确的目标和任务;

(2)合理授权,满足知识工作者自我管理的需要;

(3)"不断创新"应列入知识工作者的任务与责任;

(4)要求知识工作者成为"自觉学习的人";

(5)知识工作者的生产力,需要的是质量,而不仅是数量;

(6)知识工作者不是"成本",而是一种宝贵的"资产",他们所掌握的知识,是最具战略性的"资本"。

在知识经济社会,组织的资本结构发生了革命性的变化,已由传统的以机器资本、货币资本为主,转向以智力资本为主。智力资本主要包括三个方面的内容:

(1)人力资本,这既包括一流的员工,也包括一流的团队;

(2)结构资本,这是指组织所具有的一流的数据库(信息系统)、电脑网络和适宜的组织结构,从而具有完善高效的沟通协调机制;

(3)顾客资本。现在的顾客比以前拥有更多的选择权利,而且其自身素质的提高使他们对商品或服务的质量有清晰的判断,因此,建立并发展一种忠诚的顾客关系就显得既关键又有难度,而与协作厂商之间保持良好的合作关系,则更适合虚拟组织日渐增多的市场背景,也是重要的为组织创造价值的资本。

由此我们可以看出,人力资本是智力资本的基础,因为一流的顾客资本和结构资本也需要依靠一流的员工和团队去设计建立和运作,这也是许多组织提出了以人为本的宗旨的基本原因。所以我们必须对组织的员工,特别是其中掌握稀缺知识的骨干员工,更加关注,不仅要关注他们的成长,更要用心发现和满足他们的需要,从而有的放矢地改善组织的激励和领导工作。

以人为本的另一个驱动力量是互联网。大数据时代实际上是人的一场革命，这种革命是人的能力的革命、人的价值创造的革命。一方面，老板和首席执行官（CEO）不再是组织的唯一核心，组织的真正核心是客户。谁最贴近客户，最了解客户，谁就拥有更多的话语权和资源调配权，如腾讯的项目制管理，小米的合伙人负责制与去关键绩效指标法（KPI）都是在淡化组织自上而下的权力中心意识，使组织整体面对市场和客户需求的反应最快、距离最短，内部交易成本最低。

同时强调组织的资源调配不再简单依据 KH 指标的权重进行预先设计，而是依据客户与市场需求动态配置；另外，随着组织扁平化、流程化、数据化，组织中人的价值创造能力和效益效能被放大，一个小人物或非核心部门的微创新就可能带来商业模式的颠覆式创新，如微信这一创新产品的产生就不是来自腾讯的核心部门与核心人才。

企业人力资源产品与服务的设计不仅要关注核心人才的价值诉求，还要关注小人物，如"屌丝""意见领袖"的心声，否则小人物所搅动的群体行动会使企业的劳资矛盾与冲突陷入困境，最终影响企业经营绩效。

大数据时代使人与人的沟通距离与成本趋于零、信息的对称与信息的透明，使员工更能自由地表达自身的情感变化和价值诉求，并在员工社区形成共识，企业的人力资源产品与服务的研发设计与提供要更关注员工的情感需求和价值实现需求，并增加人才对人力资源产品与服务的价值体验。

增加价值体验并不意味着更大的资金投入，而是要将人力资源产品更精益化、更个性化。人力资源管理更需要对人性有透彻的了解。在某种意义上我们从事人力资源管理的人，既是数字大师，又是人性大师。既要尊重数据事实，同时又要对人性有感悟，还要有理解。

所以，在大数据时代，人力资源管理很重要的任务是实现情感的链接和提升人才的价值体验。

总而言之，知识经济使人力资本地位陡升，以人为本成为崭新的管理理念；而大数据时代，则使以人为本成为在实践中唯一正确的选择。人力资源管理的人性化将是一个长期的趋势。

三、人力资源管理由事务性部门走向战略性部门——战略化趋势

随着市场竞争的白热化，通信手段的现代化，世界变小了，企业决策加快了，决策的复杂程度更是大大提高了，这使战略管理的地位空前重要。经济进入全球性竞争，战略思维进一步拓宽。此时，企业战略要用系统的方法处理企业内的各种要素，检测它们是否具有更大的竞争力和适应环境突变的能力。如今，战略管理出现了鼎盛时期，不仅涌现了大量的研究成果，而且有了大量的企业实践活动，企业进入了战略制胜年代，这相应地也要求企业人力资源管理部门转换角色——从事务性部门走向战略性部门。

组织中具有战略支持作用的职能部门有两个：一个是财务部门，另一个是人力资源部

门。这两个部门的负责人经常成为公司董事会的参会者。

人力资源开发与管理的战略地位越来越高，还由于知识经济时代的到来，人力资本成为组织的主要资本、战略资本；也还由于经济全球化、信息化带来了一个直接后果——全球范围的人才争夺战愈演愈烈。

在激烈的人才争夺战中，正在显示出一个朴素的真理——得人才者得天下，要获得人才的心仪，必须学会攻心，最终是"得人心者得天下"。

2000 年《财富》杂志世界企业 500 强评出后，在其总结中指出：最能预测企业各个方面是否最优秀的因素是企业吸引、激励和留住人才的能力。企业文化是他们加强这种关键能力的最重要的工具。

让我们牢记这些见解，将中国企业的人力资源开发与管理沿着正确方向提高：人力资源部门不再是整天忙于招聘人、发工资、统计出勤、发放福利、办理人事调动、组织内部培训等的事务部门，而应成为预测人才需求、人才供给，从战略高度制定人力资源补充和结构优化方案、重点骨干人才的获取和培养方案、通过企业文化建设提升企业凝聚力和构建人力资源动力体系的战略支持部门。在大数据时代，有了大数据的支撑，上述这些战略功能将得到进一步强化。

现代人力资源战略是企业发展战略的重要组成部分。这不仅为企业决策提供重要的人力资源，成为企业成长的坚强后盾，而且作为一个有效增值的环节，它为企业各个直线部门创造价值，支持和促进各部门的发展。可见，转变成战略性部门，无论对提升人力资源部门的战略地位，还是对整个企业的战略决策和战略实施而言都是十分必要的。

实现人力资源由事物部门向战略部门转变的关键点有两个。

一是组织的主要负责人必须实现观念的转变，真正把人力资源看作战略资源，真正认识到人力资源部门的战略价值，并且明确如何发挥其战略功能；二是要解决人力资源部门的人员素质问题。

作为人力资源管理的对象，人是最复杂的，他们不仅有物质需求，更有精神需求；他们不仅需要与人交往，还需要得到别人的尊重与友好对待；他们不仅需要胜任工作，取得成就，还需要不断得到培训，不断自我完善与自我超越；他们不仅与企业有一定的联系和感情，还往往被外界诱惑所左右。特别是在大数据时代，这种诱惑前往往伴随着价值观多元化的影响。因此，人力资源管理的难度越来越大，要求其管理科学化程度越来越高，要求人力资源管理人员的专业化程度越来越强。换言之，要求人力资源管理的工作人员，具备更多的人力资源管理专业知识，并逐渐成为人力资源专家。

在欧美发达国家的组织中，人力资源部的工作人员，大多由各类人力资源开发管理专家、组织行为专家等专门人才构成，社会上也流行各种人力资源专家认证制度。近十几年来，人力资源管理师资格认证工作也正在中国展开，随着这种认证工作的进一步完善，必将促进我国人力资源管理专业化队伍的形成。

传统人事部门的员工往往不具备相应的专业知识，只是普通的办事员，已经不再适应现实的变化。因此，可以通过两个渠道解决这个问题：

（1）人力资源部门招聘人力资源专业的大学毕业生，或工商管理硕士（MBA）；

（2）把缺乏专业知识的现有职能人员送到高校进修，补充专业知识。

在未来的组织中，人力资源部门是一个专业化程度很高的部门，坐在办公室的职能人员都是各类专家：人力资源战略策划专家、人才测评专家、绩效评估专家、薪酬管理专家、人力资源开发培训专家、劳动关系专家、职业生涯管理专家及企业文化专家。专业化的人力资源职能人员不仅能促进科学的制度化管理，更重要的是可以为员工提供内部的咨询和服务，而这项功能往往比以往的简单管理控制更为重要。

大数据时代对人力资源管理者的知识结构提出了更高的要求：除熟练掌握人力资源管理的专业知识外，还要具有企业战略管理、互联网思维、行业产业链、财务管理、社会心理等知识。人力资源管理通过"跨界思维"逐步实现转型，人力资源管理者也逐步成为企业内掌握复合式知识体系的重要决策者和战略决策参与者。

四、人力资源管理

由封闭式管理走向开放式管理——国际化、社会化趋势，进入21世纪后，经济全球化的脚步加快，经济超越了国界，跨国公司如雨后春笋般拔地而起，企业的经营范围也跟着扩大到了全球，其员工也跨地区、跨民族、跨文化。经济全球化、国际化的趋势要求人才的全球化和国际化，进而要求人力资源管理的国际化，逐步从封闭式管理走向开放式管理，唯有适应这一变化，中国企业才能经得起挑战的冲击。

在全球竞争的压力下，原来靠地方保护主义才得以生存下来的中国企业，如果不从观念到机制，从技术到产品，都来一场脱胎换骨的改造，只能落得"无可奈何花落去"的可悲结局；原来在区域性市场中还有一些优势，因此"日子过得不错"的组织，如果没有面对全球化的新谋略，也很可能败在外国公司或跨国公司的刀下；原来靠国内垄断地位而轻松获利的行业，随着经济全球化的进程，其利润空间将被压缩，如果不能从成功的梦境中猛醒，那么"成功是失败之母"的预言将成为现实。许多聪明的组织领导者已充分估计到这种形势，并为此进行了精心策划，他们不是消极地防守，简单地求生存，而是调整战略，放眼世界，用"打出去"的进攻策略，开拓新局面，寻求在全球的发展。在这方面，海尔、联想、华为、中兴、中石油、中石化、TCL等企业做出了有益的尝试。随着中国企业跨国经营的展开，中国企业经理人队伍的国际化也在同步进行。综观全球，一个国际化经理人的队伍正在形成。

不仅企业面临着挑战，各级政府人员同样面临经济全球化的挑战。主管地区或部门经济的政府人员，将不得不面临比过去复杂得多的决策课题。他们不仅无法靠"地方保护主义"和"政府干预"的旧法宝继续施威，而且不得不面对世界各地竞争者的入侵。他们必须有全球竞争的眼光和智慧，必须有全球竞争的知识和能力，否则将在新的竞争格局面前束手无策，甚至被淘汰出局。

科学技术人才同样面临全球化的挑战。他们所研究的新技术、开发的新产品，仅在国内"领先"已远远不够，必须在全球范围内接受考验，只有那些在全球科学技术的前沿上获得研究成果的科学技术才是优胜者；只有那些为全球市场上的顾客所接受和欢迎的新产品，才能获得市场竞争的通行证。也就是说，只有那些具有全球眼光和自主创新能力的科学技术人才，才能在 21 世纪取得辉煌的成就。

简言之，竞争舞台的改变，竞争对手的变强，游戏规则的变化，都要求我国企业、事业单位、政府部门的人力资源管理国际化：要在全球范围制定人力资源竞争战略，要在全球范围的人才市场获取顶尖人才，也要求我们培养出一大批面向全球化的高级人才。同时，要学会人力资源跨文化管理的理念和方法，要学会融合不同国家的文化，凝聚不同文化背景的员工，众志成城，去赢得胜利。诚如体育比赛，在全运会上拿金牌，与在奥运会上拿金牌，其难度的提高几乎是天壤之别，我们各行各业的单位和人员都应做好准备：冲出中国，走向世界，在经济的"奥运会"上与强手抗衡，几经磨炼，最终目的是摘金夺银。

随着人力资源管理专业化的日益发展，一批又一批专业的中介公司诞生了。这显著加强了人力资源管理的专业化分工与合作，大大提高了人力资源管理社会化的程度。

为了提高人力资源管理的效率和效益，许多大中型企业逐渐趋向于将一部分低附加值的工作外包给中介机构，如委托中介机构为其招聘员工、测评人才、考核绩效、结算和发放工资、进行业务技能培训等。而具有战略意义的工作，如高级管理人员的管理、价值观的培训、创新的发动、团队组织的建设等，则由企业自己进行优化管理。中介公司不仅为企业提供了人力资源管理迅速专业化的可能，而且也有利于企业不断增强自身的核心竞争力。不能不说，外包是人力资源走向开放式管理的又一项重要产物，也是人力资源管理社会化的必然趋势。

五、人力资源的激励

由薪酬独木桥走向薪酬与文化并行道——激励非物质化趋势，众所周知，激励是建立在人们需要的基础之上，需要不同，激励的方式或手段自然就不同。改革开放 30 多年来，随着温饱问题得到基本解决，企业员工的精神需要逐渐抬头；社会经济的发展、教育的普及，员工队伍的文化层次迅速提高；知识经济的到来使知识型员工的比例逐步增加，人们除了希望满足物质需求外，更迫切地追求在组织中的归属感、认同感、自尊感和成就感，希望实现自我价值。可见，随着员工需求层次的逐步提高，其精神需求也逐步成为主导需求。

对于已经解决了温饱问题、需求层次提高的员工，满足其生存需求和安全需求的单一物质激励杠杆已越来越乏力。根据按需激励的原则，只有设法满足员工的社交、自尊和自我实现需求等高层次的精神需求，才能有效激励员工提高其工作的积极性和主动性。那么靠什么去满足员工的精神需求？薪酬激励这一独木桥对此已无能为力，唯有靠营造尊重人、关心人、爱护人、培养人、成就人的文化氛围和制度，发挥企业文化的激励作用。因此，人力资源的激励应由薪酬独木桥走向薪酬和文化并行道，企业文化日益成为激励的关键因素。

传统的激励模式除激励手段太过单一之外，激励过程缺乏员工的互动参与，绩效考核滞后导致激励不及时、激励失效及无法吸引、保留人才等弊病也值得关注。将员工激励体系由周期激励变为全面认可激励，是解决这些问题和困惑的有效途径。全面认可激励是指全面承认员工对组织的价值贡献及工作努力，及时对员工的努力与贡献给予特别关注、认可或奖赏，从而激励员工开发潜能、创造高绩效。

大数据一方面使员工的需求和价值诉求的表达更快捷、更全面、更丰富；另一方面，大数据也使企业对员工的价值创造、价值评价与价值分配可以做到更及时、更全面。因此，大数据时代呼唤全面认可激励，并且也为全面认可激励的实施提供了技术基础。企业可以通过大数据让组织对员工的绩效认可与激励无时不在、无处不在。员工所做的一切有利于组织发展、有利于客户价值及自身成长的行为都可以得到即时认可和激励，这甚至可以成为组织文化精神激励的创新点。

全面认可激励可给组织带来良好的组织氛围、更高的绩效产出，提高员工对组织的满意度，为员工提供优秀的企业社交网络平台，实现激励措施的多元化与长期化，提升员工的自我管理能力和参与互动精神，给企业带来更多的协作、关爱和共享，维护员工工作与生活的平衡，有利于组织文化的落实和推进。

在大数据时代，员工年轻化要求更加注重员工的真实体验，员工关系的处理方式趋于灵活和多元。上层的决策和意图被员工接受和贯彻的难度加大。人力资源管理不仅要在短期内满足年轻职场人的生存需求，同时还要有效关注其自我价值的实现及荣誉感、成就感的满足。组织中人力资源管理部门应采用对话和沟通的方法，使年轻员工找到自己生命的意义，从而找到工作的长期动力。互联网带来的快速沟通，还使员工自主经营并参与决策成为未来企业人力资源管理的发展趋势。

腾讯的老总马化腾曾说过："看三国时，我们管刘备摔孩子叫苦肉计。而刘备恰恰是在给君臣宣扬精神，放弃小我，完成大我，这样才能驾驭臣民。而在现实当今中，企业的发展也需要一种精神，一种文化来感染员工，我们不是为了工作而工作，是为了工作使自己更精彩，让自己的生活更有色彩。可能每个人的想法和目标不一样，但是我们在企业文化中得到了自己需要的，让自己有价值感，有成就感。"

六、人力资源管理

由重管理轻开发走向开发主导——企业的学校化趋势，随着企业竞争环境的不断变化，员工受教育程度在不断提高，众多自动化、信息化设备的使用，使员工的组成成分发生了巨大的变化——蓝领员工所占比例下降，白领员工所占比例上升。因此，相应的人事工作的管理思想，也要来一场革命——员工不仅是成本，更是资源，在人力上投资比在物质上投资收益更高，意义更大。

人力资源的工作分为管理和开发两部分：管理是指人力资源的招聘、任用、考核、薪酬、劳动关系和职业生涯管理，是使现有人力资本正常发挥作用；开发则是指通过学习和培训，使人力资源增值，以及使人力资源的潜力被不断地发掘出来。显然，人力资源开发更具战略性，未来将是人力资源开发工作重于人力资源管理工作的新时代。

随着竞争环境的不断变化和员工受教育程度的不断提高，以及劳动分工的日益复杂和众多自动化、信息化设备的大批使用，蓝领员工所占比例不断下降，白领员工所占比例不断上升，并且还出现了新的金领阶层（即直接运用自己的知识、能力和经验为顾客提供服务的劳动者，如律师、会计师、理财经理、建筑设计师、营销策划师、管理咨询师等）。员工的人格成熟度不断提高，使人力资源开发与管理中最基础的人性假设逐渐倾向自我实现人这一端。今天的员工愿意承担责任，迎接挑战，而且他们有能力完成工作。其工作的目标也由单一的物质利益驱动向精神满足发展，或者说，逐步上升到马斯洛的需求"金字塔"的高层。

人的潜力十分巨大，人才是招来的、挖来的，更应该是培养出来的。开发人力资源，一靠学校教育，二靠任职单位的培养。

知识经济时代下的企业，更像是一所学校，它的首要任务是培养人才，一流的企业具有一流的"造血功能"，能够将各类员工培养成各类人才。传统的人事管理把重点放在管理上，普遍轻视开发，一些国有企业的培训经费经常被挤占挪用，就是明证。为了迎接知识经济带来的激烈市场竞争，现代人力资源管理应该实现由重管理轻开发走向开发导向。不再是仅仅关注企业的短期效益，而更多的是以长期战略目标为导向，把人力资源开发和发挥人的潜能当作现代人力资源管理的工作重点。

知识经济时代下的人力资源开发，首先需要每一位员工都成为自觉学习的学习人。因为无论是顾客需要的进一步个性化，还是产品（技术）生命周期的进一步缩短，都使市场竞争进一步激化，无论其速度还是程度，都是传统工业社会所无法比拟的。学习知识，将知识转化为现实的生产力，不断创造新知识，成为人们最重要的活动。开发人的潜能，成为管理的核心问题。只有领导者、管理者、生产者都保持学习的意识和能力，才有可能适应这个千变万化的世界，才有可能为组织创造更多的价值。成为学习人，不仅需要员工自身的努力，还需要组织管理者提供学习机会，加强学习支持，创造学习氛围，培养系统思考，构建学习、变革、创新三位一体的学习型组织，以及实行开发重于管理的人力资源管理方式。

在这方面通用电器公司的做法值得借鉴。通用电器公司每年投资 10 亿美金用于员工各类培训，并且投入大量的资金建立自己的培训学院——克劳顿村（现为韦尔奇学院），进行领导素质的培训。该公司的每一个业务集团，都制定了适合各部门的培训课程，包括公共的和专项的，如时间管理、项目管理、面试培训研讨、六个西格玛质量培训、诚信培训、评估过程、待遇和各种安全健康课程等。除了各种培训课程外，员工还需要在工作当中潜移默化地学习，如每年每个员工和他的上级经理都要填一张表，员工说明完成工作计划情况、强项、弱项、中期发展目标、远期发展目标等，上级经理则填写自己的看法。然后针对短期目标，经理再和员工双向沟通，做出方案，明确下一阶段的任务，然后就要按照步骤实施。更重要的是，通用电器公司的核心价值观中包括"学习，并快速转变为行动""追求完美""热爱变革"等内容，使通用电器公司变成"美国商界的哈佛"了。

在企业学校化的过程中，企业领导者面临着深刻的角色转换。面对无论知识能力，还是人格成熟度都日渐提高的员工，其管理手段、管理风格和管理重点都要发生相应的改变，否则就无法顺利实现组织的目标。

美国学者戴维·布雷福德和艾伦·科恩在《追求卓越的管理》（1985年版）一书中指出，领导者可以分为三类：

1. 师傅型领导

领导对部下，犹如师傅带徒弟。例如，如何待人接物，如何承担任务，如何对待困难，如何面对成功，如何对待荣誉，如何承受失败，如何承担责任，如何面对惩罚，如何与他人合作，如何与团队共享，如何自觉学习，如何不断成长等，都会率先示范，或手把手地教导，这属于经验管理下的师傅型领导风格。

2. 指挥型领导

领导者施加影响的方法犹如乐队指挥。组织的每个成员犹如乐队队员，分工明确，演奏不同的乐器，大家依照统一的乐谱，演奏出优美的交响乐曲。领导者恰如乐队指挥，在同样乐谱的框架内，使演奏的作品具有与众不同的演奏风格。这里的乐谱就是规范，就是制度，具有公认的权威性，这样的领导方式，就属于科学管理下的指挥型领导风格。

3. 育才型领导

把培养人作为领导者的首要工作。这意味着管理者主要通过授权、指导等管理手段给予员工充分的成长空间，使其通过学习提高工作绩效，也就相应提高了组织的整体绩效。领导者的工作重点不再是盯住员工的行为，通过纠偏来实施外部控制，而逐渐转向对员工观念意识的关注和影响，从而间接地影响员工的行为。领导者不仅自己带头成为学习人，还要通过培育重视学习的组织核心价值观，潜移默化地影响员工，从而产生有利于组织目标实现的行为。如果这时的领导者依然固守传统的管理方式，过于强调某种具体行为的规范，如用打卡来考勤，将很难得到众多知识工作者的支持。这是用企业核心价值观和独有的经营理念和管理理念培养人才，是从灵魂深处影响下级员工的领导方式，属于育才型领导风格。

师傅型领导，是经验管理的产物；指挥型领导，是科学管理的成果；育才型领导，是面向未来的文化管理模式的要求。目前，我国中小企业还有许多处在经验管理阶段，它们的当务之急是登上科学管理的台阶，因此应该从师傅型领导上升为指挥型领导。对于那些还处在巩固科学管理阶段的大企业，也应该使指挥型领导精益求精。

对于那些十分优秀的企业，科学管理已经达到很高的水准，正走向文化管理或者已经登上文化管理台阶的企业，则应该坚决地实施育才型领导。

从长远眼光来看，企业的领导方式最终都要登上育才型领导的殿堂，这是不可改变的大趋势。

七、由官僚组织走向团队组织——组织结构的离散化、网络化趋势

在传统的组织中，对人的管理主要依靠权力和责任的分配。"权力的金字塔"是对传统官僚组织的形象描述。组织中的每个人都在权力的架构中生活和工作。他们与上级很难进行平等的沟通，群众的智慧和创造力受到了极大的限制和损害。

在未来的知识经济和大数据时代中，权力的作用越来越小，平等沟通的重要性日益增大，"权力的'金字塔'"已经倒塌，组织的形状更像扁平型的网络，其基本单元是团队，一般的团队人较少，因此总的来看，组织结构离散化了，它由众多的团队（包括虚拟团队）组成。

因而，传统企业上层拥有权力和话语权的局面将极大地改变，每一层级的员工都可以成为企业运作的中心。在这些员工及其所在的团队，大多属于创造性的学习型团队，在学习型的团队组织中，团队成员是完全平等的，这种平等的氛围促进了开放和高效的思想交流，思想碰撞激发出了智慧的火花，于是新的知识诞生了。在这种组织中，大家关心的不是权力的大小，而是知识的多少；大家迷恋的不是地位的高低，而是创造力的强弱。

近年来，互联网的飞速发展加速了组织离散化的趋势，一个人可以同时为多家企业工作；组织的用工方式更加灵活，组织直接面对的往往是个性十足的、追求平等的，以及价值观更趋多元化的个人。

为此，现代人力资源管理应逐步改变围绕上层和核心人物开展工作的管理思路，应构建企业与各层员工的互动渠道，即进行平等沟通和良性反馈，以及促使员工在组织价值体系里找到存在感和激发点，从而进一步放大人力资源管理效应。例如，微软已放弃员工分级制，认为任何层级的人将来都可以变成组织运行的中心，都可以变成组织的资源调配中心；华为倡导让听得见炮声的人做决策；小米科技提出的合伙人组织，扁平化管理，去KPI驱动，强调员工自主责任驱动；近年来，海尔提出企业无边界，管理无领导，供应链无尺度，员工自主经营的新型运营方式，以及倒"金字塔"的组织结构，就是主动顺应大数据时代需要的重要决策。

彼得·德鲁克说得好：现在任何单位已不能再靠权力，而要靠信任。信任并不是要人们相互喜欢，而是要相互信任。这就要求人们互相了解。因此，要把人际关系看作是绝对必要的，这是一种责任。建立良好的人际关系是建设成功团队和组织的前提和基础。这就要求人力资源管理以尊重人和良好沟通为基础。

我们应该养成这样的习惯：尊重他人。每个人都有自己的人格、个性和行事方式。要使团队能够和谐运作，就要使同事之间互相真诚沟通，互相了解对方的长处，他的办事方式和价值观念。在互联网普及之后，人际沟通面临更为复杂的局面，如何在错综复杂的信息沟通中，不断改善同事关系，形成价值观多元化情境中工作方式的共识，是网络化、离散化的组织结构的客观要求，也是一项新的管理课题。

八、由管理绩薪走向管理价值观——人力资源管理的柔性化趋势

通过大量企业的实践可以看出，经验管理把人力资源管理的重点放在降低成本上，使薪酬管理成为重中之重；科学管理把人力资源管理的重点放在提高效率上，因此其特别重视绩效、薪酬、职位管理的制度安排。这两种模式，都把管理的重点放在人的行为层次上。展望未来，在知识经济和大数据时代，原本依附于组织的员工，具有越来越强的自驱力和自我意识，也享有更大的自主权，改变了以往被约束的地位。这推动了组织内部协调机制的变化，组织管理者更多地通过授权而不是命令以及通过沟通而不是控制，来协调员工的行为和观念，从而达到既实现组织目标，又培养一流员工和团队的双重目的。在控制手段上，更多的是实施思想和文化的影响，而不是行政和行为层次上的控制。换句话说，柔性控制取代了刚性的控制。

如果说，经验管理的特点是人治，科学管理的特点是法治的话，文化管理的特点就是文治，即通过组织文化来治理组织，组织文化建设成为带动经营管理全面工作的"牛鼻子"。组织文化的核心是共同价值观，因此管理价值观应该是未来人力资源管理的重中之重。

管理价值观大体上包括五个环节：

（1）创造和倡导高尚完美的组织价值体系，正如美国著名管理学家罗伯特·沃特曼所说："组织价值观的特征之一是，它来自高瞻远瞩的领导者。"

（2）认同组织价值观是录用和培训新员工的关键一环。发达国家的优秀公司，普遍把认同组织价值观作为是否录用新员工的重要标准。而新员工的培训内容，除一些业务技能培训外，就是组织价值观培训，在联想公司，曾把这叫作"人模子"，即要求新员工按联想价值观塑造成型。

（3）将组织价值观渗透到组织制度、行为规范和经营管理活动的各个环节，使这些组织制度和行为规范成为推行组织价值观的主要杠杆，从而促使组织价值观真正成为组织的灵魂。

（4）任何奖励、惩罚和业绩考核，都以组织价值观为基本准绳。在实施考核和奖罚过程中，不断强化组织价值观。

（5）各级管理者，特别是组织的主要领导者应该身体力行，率先示范，成为组织价值观的人格化载体。

美国管理学者沙因曾说：领导者所要做的唯一重要的事情就是创造和管理文化，领导

者最重要的才能就是影响文化的能力。通用电器公司的 CEO 韦尔奇也认识到：思想和人是至关重要的，通用电气公司应该借思想来获胜。因而通用电器公司制定了个人与组织价值观匹配和业绩两个维度的人才评价标准。只有那些认同组织价值观，并能在工作中体现组织价值观的员工才能被保留下来，并给予培训和晋升的机会。如果组织价值观考核不合格，业绩再好也必须离开企业。

科学管理依靠强制性的制度和物质手段的投入，以及在定量分析基础上的技术理性措施，这是刚性的管理；而价值观管理则依靠思想的引导，价值观的认同，感情的互动和风气的熏陶，即依靠春风化雨和非物质手段的投入，这是柔性的管理。

值得注意的是，在大数据时代，过去某些带有一定强制性的价值观管理方法（如"人摸子"和"价值观考核一票否决"）已变得不合时宜。组织的话语权在大数据时代是分散的，过去组织的话语权在上，是自上而下的单一的话语权链。但在大数据时代谁最接近客户，谁最接近企业价值最终变现的环节，谁就拥有话语权，谁就可能成为组织的核心。

大数据时代的员工呈现更多的个性化趋势，而个性化的一个重要表现就是个体的"社交化"。每个员工都将成为一个自媒体和宣传平台，在表达自身情感和诉求的同时，通过微信朋友圈、QQ 群等社交平台，与社会文化直接对话和交流，这一方面造成员工价值观的多元化；另一方面造成员工接受组织价值观的障碍。

因此，正确的价值观管理，一是应该坚持平等沟通，在不同价值观的互动中，引导员工自觉选择认同组织价值观；二是领导者率先示范，以榜样的力量吸引员工跟随；三是把组织价值观渗透到组织各种制度和流程中，潜移默化地使员工接受组织价值观；四是对各层次员工和团队的亚文化持一种包容的态度，容忍一定程度的价值观多元化，只是确保组织价值观成为组织文化的主旋律。

价值观的管理是柔性的管理，是提高组织软实力的管理活动。相比科学管理下的制度化管理，从长远来看，人力资源管理的柔性化趋势彰显无疑。

中国企业家也越来越认识到管理价值观的重要意义。腾讯老总马化腾说："每当有人评价说工作是乏味的，必然在他的团体里，缺少文化，缺少对人民对社会的无私，可能说为人民和社会有些大了，但起码是对一个小小团体的无私精神，只有当自己感觉到一切都是无私奉献的时候，文化才真正地体现了它的价值。当然，这样的无私是自愿的，没有驾驭在诱惑的基础上。必然，这样的无私也是公司长远稳定的坚实基础。"

阿里巴巴非常重视对企业文化的宣传。它把企业文化做成卡片，放在员工的口袋里。同时阿里巴巴建立了一个员工内部沟通的信息和邮件平台，借助这个平台，可以更加频繁和具体地把公司价值观和相应事例告知给员工，并且互相交流。马云还亲自担任企业文化的宣传员，甚至在参加员工婚礼的时候，还在强调和宣传企业的价值观，他主婚时对新郎说："结婚前和结婚后永远要记住，客户第一。花了这么多时间把对方娶来，结婚之前的话和结婚之后的话是不能改变的，永远记住：客户第一，老婆第一。"阿里巴巴对新员工还有专门的培训，该企业每年都会进很多人，所有新来的销售人员，都必须去杭州总部，进行为期一个月的学习、训练，但主要学的不是销售技能，学的是价值观、使命感。因为马云的企业文化建设得好，所有他常说："天下没有人可以挖走我的团队。"

第二节　大数据时代的人才管理变形

大数据时代，是电商（EB）时代，是人力资源变革的时代。人力资源走向电商或许将成为这个时代的选择，人力资源 EB 时代或许正在来临。人力资源电商，意味着人力资源要更加娴熟和透彻地驾驭互联网和移动互联网，需要将自身的所有工作过程和价值过程变形，与企业的价值创造过程全面融合，实现工作效能的持续提升。人力资源 EB，将是一个聚合人、社会资源、资本的平台和模式，将会为企业全面赢得移动互联时代的商机而聚集和释放能量。

一、人才管理的老问题和新学派

在《管理的实践》中，德鲁克提出了著名的三问：我们的事业是什么？我们的事业应该是什么？我们的事业将是什么？这三个经典问题已成为管理者的重要逻辑框架和指路的灯塔。面对风口和潮流，人力资源管理者借用德鲁克三问，或许可以找到所有关键问题的密码。①我们所从事的人力资源管理是什么？②我们所从事的人力资源管理应该是什么？③我们所从事的人力资源管理将会是什么？

其实，德鲁克已经在《管理的实践》中给予了答案或者答案的线索。

企业是由人创造和管理的，而不是由"经济力量"创造和管理的。经济力量限制了管理者所能做的事情。经济力量创造了新机会，让管理者能有所作为，但是经济力量本身不能决定企业是什么或做什么……"管理就是设法让企业顺应市场的力量"是无稽之谈，管理者不仅要发现这些"力量"还要靠自己的行动，创造这股力量……任何企业都有两个基本功能，而且也只有这两个基本功能：营销和创新……我们只能从外向内看，从顾客和市场的角度来观察我们所经营的事业……我们的事业将是什么，牵涉四个问题：市场潜力和市场趋势，经济发展、流行趋势和品位的变化，或竞争对手的动作、创新，今天还有哪些顾客需求无法从现有的产品和服务中获得充分满足。

由此，我们可以得出关于人力资源管理的根本性的看法：

（1）人力资源管理所管理和服务的对象，是企业所有的人，目的就是要创造市场力量，也就是价值，就是营销和创新，其他的都不重要。

（2）只有从顾客和市场的角度出发，才能真正看清所有管理，也包括人力资源管理的成效。从社会和市场等变化趋势中，才能真正懂得我们的事业将会如何，也才能懂得我们的人力资源管理将会如何。

另外一位管理学大师，亨利·明茨伯格在《战略历程》这本"纵览战略管理学派"的著作中，将战略管理学分为十大学派，分别是设计学派、计划学派、定位学派、企业家学派、认识学派、学习学派、权力学派、文化学派、环境学派和结构学派。这一划分方法，无形之中为我们提供了一个透视当今人力资源管理的攻略或技法，可以给当今的人力资源管理做个分类，其具体分类如下。

（1）功能学派，"人力资源管理工作就是六大模块"，六大模块理论的拥护者；

（2）结构学派，"人力资源转型升级就是建设三支柱"，国际商业机器公司（IBM）三支柱的践行者；

（3）经验学派，"人力资源管理至少要五年以上的经验，越长越好"，资深管理者；

（4）人际学派，"人力资源管理就是与各个部门搞好关系"，非专业出身的从业者；

（5）企业家学派，"人力资源管理者是老板的助手"，资深管理者；

（6）定位学派，"人力资源管理要成为业务伙伴"，人力资源的拥护者；

（7）传统学派，"人力资源管理就是企业的职能管理，是职能部门"，传统企业；

（8）人力资本学派，"人力资源管理要升级转型到人力资本管理"，前沿管理者；

（9）文化学派，"人力资源管理的最高境界是人的价值观"，高级管理者；

（10）转型学派，"人力资源管理者转型升级就是去做业务、做咨询师、做讲师"，资深实践者。

这些学派看上去更像是垂直细分，不过，我们显然需要一个"生态圈"式的观念。

腾讯认为，大数据时代的新特征和新用户对于人力资源管理的需求主要体现在以下几个方面。

（1）业务需求对效度和程度的提升，多变性要求更高，人力资源管理需要更富有弹性；

（2）员工个体主义与自我管理的实际诉求，需要人力资源管理研究人性，管理人心；

（3）大数据时代对信息、智能工具的深入使用；

（4）人力资源管理要能够通过服务促进公司战略落地。

因此，人力资源管理应该具备三合一的能力和绩效：前瞻性业务变革活动的加速器、管理问题快速诊断的顾问、人力资源管理工作高效交付的专家。人力资源管理需要具备三大作用，分别是前瞻牵引的作用、体系支撑的作用、紧贴业务的作用。为更好地呼应需求实现人力资源管理自身的价值，腾讯在三支柱模型的基础上，进行了相关调整和完善，并建立了符合自身商业模式和生态特色的人力资源管理体系。

腾讯的人力资源创造性地提出："人力资源是一个很好玩的工作。"人力资源专业是玩人的工作，也是很好玩的专业，他们认为，实现这个"好玩"就是要让人力资源具备用户属性，即要有"互动性、针对性、易触及"，又要有产品属性，人力资源的产出要有产品化思维，就是要实现端到端的可定制、可自选，产品要不断升级、不断打磨，不断迭代。

（SDC 微信号，有缩编）

大数据时代，人力资源管理不仅仅要考虑"转型、转化、转变"的三转问题，更要考虑在社会、技术、商业、管理（STBM）框架下的变形问题，要能够根据社会、技术、商业、管理四大要素的自身变化和相互之间互动所构成的新组合，不断进行自身的变形，以自身的柔性和弹性来应对和适应 STBM 的变化。人力资源管理不能固守某个引进的形态或者某一种引进的模式，而要首先回归根本，从人力资源管理的三个核心问题出发，进行深入的思考。人性和人心是最为根本的立足点和出发点，同时人力资源工作结果变形为产品，人力资源管理者变形为产品经理。

二、大数据新时代的人才管理双首长制

无论人力资源顾问的 fashionandfans 如何炫目，人力资源顾问的第一核心永远在人，而不在事，更不在工具。即便人力资源顾问成为所有业务的伙伴，人力资源顾问所真正着力和关注的，是业务中的人及这些人的状态和动态。

阿里巴巴的管理工作中引入了"政委体系"，组织结构上分为三层，基层的称为"小政委"，与区域经理搭档；往上一层是与高级区域经理搭档；再往上直接到阿里巴巴的人力资源总监，可向最高层汇报。"政委"懂业务，代表企业进行价值观宣传，观察业务之外的情况，看"士兵"的状态是否良好，看"司令"与"团长""连长"的沟通是否到位。

按照这个架构，用人和做事这两条线就都立起来了，而且力道均衡。很多企业往往做事的力道够强，但是用人总是有着各种不足。用人的核心不仅仅是选拔和招聘，更重要的是人与事是否在各个层次上匹配。

做"政委"，要"闻味道、摸温度、照镜子、揪头发"。其四个关键词的解释如下。

（1）"闻味道"：组织都有自己的气场，要有敏感度和判断力，要懂得望闻问切。望，透过现象看本质；闻，感受，闻气味：问，沟通：切，以小见大，切中要害。"闻味道"就是要闻一闻具体的人与阿里巴巴的主流企业文化是否一致，要和团队深度交流，感知团队的温度，是高烧了还是体温过低？"政委"需要及时为团队解决团队中的各种问题，如沟通、支持、次情感宣泄。所有这些，在阿里巴巴没有现成答案，也不会有人给出标准答案，需要自己体悟，去找到心中的答案，才算合格。

（2）"摸温度"：及时感知这个团队，如果团队士气低落，则需要设法振奋一下；如果团队士气高烧不退，则需要降一下温。

（3）"照镜子"：认识你自己，即认识真实的自己，肯定优点，发现不足。美人之美，美己之美，懂得欣赏！"照镜子"要照下属、照自己、照同事和照老板，并及时交流，定期反馈。

（4）"揪头发"：上级现在想什么？上级的上级在想什么？至少要上一个台阶看问题，把问题揪出来，揪上去。多方位、多角度地考虑问题，要有全局观。这样才不会陷进去，

不会陷到具体的细节里而丢失大方向和大感觉。

阿里巴巴对"政委"的工作要求中，多数是模糊的要求：懂业务、爱团队、重执行、善合作。阿里巴巴的业务指标会随时根据各种情况进行调整，人力资源顾问的各种计划都需要调，定性和定量的指标都会随时来调整，人力资源顾问要有灵活性。例如，如何进行销售人员考核呢？去年销售业绩为 5 亿元，那今年目标多少？ 10 亿元？ 10 亿元完成后绩效成绩是 A 吗？

在阿里巴巴，人力资源顾问要参加所有的业务会议，业务方面的时间占到人力资源顾问工作时间的 10% ～ 30%，有多少企业可能做出这样的要求呢？业务人员往往都只看自己的业务板块，但是，"政委"是站在业务团队周边，同时看多个业务，把业务逻辑穿起来，帮助大家从更高的、全局的角度看企业业务（其实也就有生态的概念和感觉了）。

阿里巴巴的"政委"会随时找员工谈话，了解员工的各种情况，家庭动态，业务动态，团队成员间的状态，如他要买房子吗？他妹妹要买房子吗？他的孩子要读小学还是上幼儿园？他现在工作中是否遇到困难？是否需要支持？他和团队中的其他人配合如何？这样的沟通和了解是全方位、立体化的，必要时也需要给出解决方案或者提供支持，要达到什么样的境界呢？团队中上百人，随机抽到任何一个员工，有什么困难，出于什么样的心理状态都要非常了解；面对面碰到的时候，互相是否可以丢一个很默契的眼神，觉得他很懂你，你很懂他。人力资源顾问参与到全部业务会议里面，这在阿里巴巴是个硬性要求，阿里巴巴人力资源顾问对业务的理解有着阿里巴巴企业文化的强支撑。

阿里巴巴的老"政委"有一个四段论的要求："懂你、懂我、你懂我懂你、我懂你懂我懂你。"意思是，"政委"和员工，两个人之间可以达到完全背靠背的程度，员工信任"政委"在任何时候的任何决定。

阿里巴巴的"政委"还要能够做诊断，这个难度比较高，"政委"要能够判断在业务环节中，业务人员对业务的判断是否正确，业务进行中是否发生了什么问题，尤其是大"政委"，在业务变革过程中，如果不能发挥作用，那基本就是不合格。

阿里巴巴的"政委"还要介入推动工作，尤其是业务发生变化的时候，在业务人员还没有做好准备的时候，要和公司管理层配合，提前做好准备，在更高的位置上思考和解决问题。

阿里巴巴的"政委"所有的这些要求中，几乎没有文字或者明确的要求，都是靠自己总结，不会有人明确地告诉你你该如何做。这也是阿里巴巴所强调的悟性，不会有清晰明确的要求，如果试图寻求明确的要求，那就不够"阿里味"。

有两个标准可以检验人力资源顾问管理是否真正到位，一是人力资源顾问对自己的人力资源到底了解多少？二是人力资源顾问对自己的人力资源所做的工作到底了解多少？第一个问题的本质是人力资源顾问的脑子里有没有人情观念，这个人情不是人际关系意义上的人情，而是资源价值上的人情。人都是具体的、历史的、现实的，有了正确的人情观念，人力资源顾问就会真正知道每个岗位上的人（员工）能够把多少精力用在工作上，就会知道他有多少精力没有用在工作上，了解了这些，人力资源顾问眼睛里的所谓绩效才是活的，才能将员工读懂、读透、读到根儿。这是因为人力资源顾问掌握着无比丰富的信息，对员工具有穿透一般的了解。

我们再来看一个传统企业的"政委"案例。

中国航发商用航空发动机有限责任公司（简称中航商发）的"政委"体系：愿景与价值观要变成员工的信仰、习惯和行为。

"政委"的主要职责：①从人力资源视角出发参与业务部门管理工作，给出有效的业务部门的人力资源解决方案；②向人力资源职能部门反馈人力资源政策、人力资源计划进程和有效性；③协调员工关系，反映员工诉求，调查培训需求；④制订并执行业务部门的人力资源年度工作计划；⑤参与所在业务部门的领导力发展和人才发展通道建设；⑥建立所在业务部门的岗位说明书、职位、人员管理等的基础性人力资源体系；⑦支持企业文化变革并参与变革行动；⑧~⑪党员和党务工作。

中航商发"政委"的组织体系，在管理层级较少的时候，选择"业务隶属"型模式，在管理层级增多时，将考虑"派驻"形式。为避免"政委"成为业务部门经理的附庸，在制度设计上采取交叉任职的制度设计方式，部门经理兼任副"政委"，"政委"兼任部门副部长，既可以有力地实现与业务的高度融合，也可以作为制衡机制。"政委"与业务部门行政经理、部门技术经理们成为领导集体，重大决策必须采取民主集中制的方式。"政委"在行政上由业务部门经理领导，业务部门考核，在人事业务上由人力资源与党群工作部指导，实行双报告线管理，即实报告线是业务部门经理，虚报告线是人力资源与党群工作部经理。

传统行业、国有体系的"政委"模式，与阿里巴巴的"政委"模式不同，但是，"政委"与业务主管式的"作用力和反作用力"的关系相同，"政委"要经常站在业务主管一号人物"对立"的立场来想问题，这个"对立"不是制造矛盾的对立，而是遇事想想"行不行""对不对""妥不妥"的对立，是论语所说的"如之何"的对立，相当于扭力，"拧麻花"（华为）。

妥善运用"政委"体系，不论是互联网的场景，还是其他行业和体制的企业场景，均会形成"一个组织或部门最大的、契合市场和发展阶段的最佳团队与文化特质"。这个文化特质，就是本书所总结的"强文化"，而人力资源自身的变形，一旦与"强文化"相融合，就会牢牢把握核心：人与人的匹配。

三、解决新任务的管理方法微创新

有个"大海盲龟"的故事，是说大海里有一只乌龟眼睛看不见，在大海里游来游去，只有遇到一块木板，并一次把头伸出水面且从木板的孔中穿出，才能变成人。

很多时候，人力资源管理，从知识到实践不易，但是这些实践可能大都是没有遇到"木板"之前的实践，做了功，但不够。要实现创新，得遇到创新的"木板"，找到创新的"洞"，还要钻过去，只有找到了木板的洞，穿过去，乌龟才能变成人。管理创新是一种实修，这种实修，要放下陈规，放下旧的念头，甚至放下习惯性的优秀绩效，才能去除创新过程的烦恼，取得结果。

所有人力资源创新的核心，从最朴实的角度看，就是对两个核心点的解答，以及这些解答的变化。这两个核心点就是问题和方法。本节给出问题-方法矩阵，列举四种基本分类，分别是：①新问题、新方法（新理念、新方法论）；②旧问题，新方法；③新问题，旧方法；④旧问题，旧方法。若是①，则涉及新理念和新方法论的范畴，舍此，产生不了真正有意义的应对新问题的新方法。问题的新与旧，并无特别的判别标志，但是我们可以从时代的角度看，符合 STBM 新趋势、新现实、新常态的问题，基本上都算是新问题。问题和方法通过转变实现多样性。

某大型互联网公关传媒公司的人力资源总监（CHO）认为，传统的素质模型，虽然可以用数据测评人才的长短优劣之处，但是人在过了 25 岁之后，其短板很难通过培训改变，与其坚守传统的"能力素质测评—判断短板—针对性培训"的方式，不如转换思路，让人去匹配工作，即调整工作职责，让人去做他们擅长的事儿，"让每个人都绽放"。这位 CHO 本人就是能力素质测评专家，他的看似矛盾的观点却更加正确，更符合人性。

面对旧问题，一是可以用新方法，即新的培训方式去解决；二是把旧问题转换成为新问题，即把人的短板问题转换为岗位职责匹配的问题，再找到方式解决。此时，问题成功转型，而解决的方法无论新旧皆可，等于增加了解决路径。这就是典型的"通过转变问题来增加方法"的做法。

人力资源管理创新，要超越人力资源管理来思考，以往我们常说，要贴近业务来思考，甚至用业务语言来思考，以求得某种位势，以提升人力资源管理的力度。不过，在新时代，在大家常说的 VUCA（V 指易变性，U 指不确定性，C 指复杂性，A 指模糊性）时代，仅仅贴近现有的业务已经不够了，未来的业务在很多时候并不十分确定，并不能提供一个坚实的参照系或者架起人力资源管理望远镜的平台。我们需要超越性的感知和思考，超越人力资源管理本身，超越以往仅仅贴近当前现实业务的思维，更加贴近商业模式，更加贴近战略，更加贴近那个"资本、用户、人才"的联动市场。

海尔建立了各类自主经营体，本质上是自组织，一个系统的自组织能力越强，其保持和产生新功能的能力也就越强，海尔的人力资源管理也是自主经营体。随着时间的推移，海尔的自主经营体进一步演化，现在的组织形式是平台与"小微"，即人直接对客户，更扁平，更网络化，越来越契合人类社会组织中那些隐含的丰富结构。海尔人人创客的理念和人力资源实践，使得人力资源管理首次从职能管理的藩篱中破局而出，成为一种"经营管理"。人力资源管理者，本身就是"小微"，要抢单上岗，没有单就失业，人力资源管理变成了市场主体，而不再是所谓基点（BP），这对于人力资源管理理念和工具的颠覆性意义，可能还需要许多年后，才能被人所理解和采用。

大数据时代的创新工作，从本质上讲是"人类的智能任务"（HIT），这个时代的人力资源管理工作，也可以称为人类的智能任务。我们在工业时代被学习和被继承了很多人力资源管理"工具套装"，如人力资源管理思维模式，这些"工具套装"和思维模式是"傻瓜版"的，让我们容易失去对核心问题的判断力和解读力，从而失去感知和思索新时代的能力，同时也造成了人力资源管理的严重抄袭和不断山寨，即标准化的 N 时边缘化。

无论是海尔还是腾讯，其人力资源管理和服务已经初具"人类智能服务"的影子了，因为他们将运用问题 - 方法矩阵变成了工作习惯，海尔的做法是人力资源管理变成经营者，腾讯的做法是人力资源管理变成产品经理，无论是经营者还是产品经理，都是在不断地寻找着新问题、新理念、新方法，不断地生态化。

不过，最新的理论是，产品经理的思维已经不够了，还需要再提升到模式经理的高度，从人力资源管理价值模式的角度思考和入手，或许，在不远的将来，会有很多模式的人力资源管理实践涌现出来。

四、大数据启动人才管理电商时代

著名的质量管理专家戴明说过："我们信赖上帝，但所有其他的皆需要数据。"有人于是接着说道，戴明的这句经典名言却没人告诉人力资源管理，整个组织都因此遭受损失。我们早已经进入数据时代，在数据时代里，人力资源管理并没有被"数据化"。在这个时代，人力资源管理将如何选择？

人力资源管理大数据本身不再只是个概念，人力资源管理大数据是已经存在的事实，而这个概念不过是把它描述出来而已。不同的是，人力资源管理大数据的确有了新的形态和形式。

第一，它能够真正透视人性中那些隐藏的东西。例如，可以超越背景调查的地平线，告诉面试者，什么东西让一份优质简历的拥有者坐在你的面前，什么东西能够真正点燃他的激情（重激励）。

第二，它是互动、关联、多维的，不是孤立、静止、平面的。传统的人力资源数据是点和点的组合（报表），仅仅如同一张摆在桌上的照片，大数据则是轨迹、环绕视角、质感、可以触及，如同一件可以拿在手里把玩的器物，如可以告诉用人者，一份优质简历的持有者是否真正能够在本组织的特定情境中移情并创造绩效（绩效力）；企业将要对它进行的所有人力资本投资是否能够产生更好的回报（生态位）？

第三，它可以使人力资源管理者得以在新场景中重新建构人力模型。大数据不单单是数据本身，而是人力资源在实体真实和数据真实的世界中的重新建构。因为，当全部关联得以用全部数据展现的时候，会是什么样的图景？例如，自组织是当下的新组织模式，不过，各种自组织多多少少带有自试错的特点，因为我们对自组织的本性依然缺乏了解，不能进行自组织的重建，不能游刃有余地进行人力建模。

在同一篇报告中，有相关学者还提出了一个具有四个层次的人力资源大数据框架。不过，这依然不足以昭示全部方向。我们用这个框架思考时，依然隐约感到需要说的话还有很多。

集合人力资源管理大数据和管理智能系统，将全部人才纳入数据网络中，成为全息节点，人力资源管理由此构建以生态模式为核心，以生态位为基础，以人才生长为目的的，包容多种价值评价机制和人才发展通路的，高效高能的内外部人力资源赋能、赋值体系和人才交易体系，人力资源管理成为生态化的人才电商平台（人力资源管理 EEB），这一切的第一推动力，似乎就来自人力资源管理大数据。所有不增值的外包，所有增值的做精做透，只有大数据能够告诉人力资源管理如何寻找价值。

五、人才管理生态化，业务协同伙伴

德鲁克大师三个石匠的故事广为流传：一个过路人问三个正在凿石的石匠在做什么。第一个回答说："我在挣钱过日子。"第二个说："我在做全国最好的凿石工作。"第三个石匠抬起头来，眼中闪烁着光芒，说："我在建筑一座大教堂。"对第一个石匠来说，工作只是为了挣钱。第二个石匠则有更高目标，他要做到最好。而第三个石匠却有梦想，他要建筑一座精神家园。在这个故事中，梦想可以让人眼中放光。

按照传统的观点，这个故事似乎可以这样解读：第一个石匠是人力资源（劳动力），第二个石匠是人力资本，第三个石匠是人力资源管理者。这个故事广为人知，这是我们所在的线性人力资源世界的经典现象。在这样的经典世界里，第三个石匠激励着第二个石匠，管控着第一个石匠。

人力资源管理正在形成新框架，人、数据、迭代性、群组成为新的结构要素。人力资源管理要有自己的生态位。人力资源管理直接面对一线的问题，直接对接模式，这不是企业规模大小的问题，而是商业模式的问题；去中心化、去隔断化，如果三支柱成了新的隔断，就要去掉。否则，给人力资源管理带来的不会是福音。

逻辑思维 CEO 脱不花说：其实，对于创新来说，大多数人真的是想得太多了。最佳方案只有一个——到用户那里去，和用户待在一起，尽可能多地把权利放到用户手中，然后让创新的种子慢慢长出来。只要企业愿意放弃自己的控制欲，用户的群体智慧就将涌现。

人力资源管理首先要做的是，学会快速反应，学会轻足迹，即人力资源管理应该从重装部队转型成为轻装"快反"部队。无论是业务伙伴还是战略协同，首先必须有"快反"能力。业务伙伴是战术层次上的，协同则是战略层次上的。

腾讯的《跨界》中，提出互联网时代机构变革的四个阶段，本节借用这个模式，对人力资源的发展和自身的变形做个"四阶段推演"。

看到一段颇有意思的文字。前几日，跟朋友聊天，朋友是个健谈客，且时常有惊人妙语："不会开车的编辑不是好厨子；不会跳舞的演员不是好老师；不会木工的 CEO 不是好丈夫。"这些看似无厘头、逻辑混乱的语言，放在一定话语系统里，却充满了辩证的禅机，在逗大家一乐的同时，还会让人大有嚼头。作为一个电商人，也应很快参与其中，并在脑中闪出一个概念："不会互联网传播的电商不是好媒体。"管理亦然。本书也照此逻辑做些人力资源管理变形："不会电商的互联网人不是好人力资源管理"，"不会构建利益生态的老板不是好人力资源管理"，"不会做人力资源管理的电商不是好互联网人"。创新生态比创新规划更重要，构建创新生态，人力资源管理的创新自会涌现出来。

第三章　大数据时代的人力资源管理

进入 21 世纪以来，互联网从为少数研究机构、公司所使用，逐步"飞入寻常百姓家"，并进入亿万人的日常生活中。特别是最近几年，随着移动互联终端设备的快速发展，给人力资源管理也带来了新的机遇与挑战。

互联网最主要的特征是大量信息的实时、准确分享，信息的储存、整理和分析变得更加容易，这也就便于人们利用大数据的统计技术，对恰当的研究问题进行有效的数据分析并得出对应的结论。其中，很多信息的记录、获取与分析，都与人力资源管理密切相关，大数据为人力资源管理提供了新的手段，也提出了新的挑战。优秀的人力资源管理工作应该能够顺应这样的大趋势，有效地利用大数据的技术来提高企业的人员效率，服务于企业的经济和社会效益。

第一节　大数据与人力资源管理的基础性工作

互联网的信息分享功能令很多工作不再局限于同一个企业、同一个地点、在领导的统一带领下开展。利用互联网，很多新的工作形式也给企业的组织边界、组织结构设计、工作分析和人力资源配备、员工招聘等方面都带来了新的变化。

一、开放的组织边界、更高的人员效率

在组织边界上，互联网更加便于企业采用开放的边界、通过外包等方式完成工作。过去很多工作都需要在组织内部进行安排，只有少量的，如后勤服务等可以采用外包的方式。在互联网时代，诸多开放平台提供了更多、更方便、更灵活的服务手段，企业不必在很多专项工作上招聘、保留员工，而可以充分运用外部的人力资源来完成这方面工作。例如，过去很多企业要设计企业的标识系统，往往需要宣传、外联等部门很多员工来参与，这些员工虽然非常了解自己的企业，但是对这些具体的工作往往并没有专业水准。互联网的兴起可以方便地帮助企业进行外包，而不必专门招聘这方面的员工，从而提供了更多的人力资源管理的灵活性。

如今，越来越多的工作都在以外包的形式开展，而互联网为外包的繁荣提供了更加便

利、高效的条件。实际上，互联网基础上的外包已经发展到了非常红火的地步，这些业务本身就足够建立平台并营利。例如，近年来兴起的猪八戒网等提供服务的平台，为企业节约了大量的人力成本。基于互联网的外包工作安排，能够在某种程度上模糊了组织边界（承担外包任务的人才并非组织的员工），从而有效地提高人力资源的效率。组织的人力资源管理部门应该善于利用这方面的技术和平台，加强与外部在人力资源管理方面的合作。

不仅一些相对独立的工作可以外包给组织外的成员，甚至组织更加本质性的工作也可以在互联网基础上来邀请组织外的人员参与。有的企业甚至利用互联网技术，与用户进行零距离的接触，引导用户更密切地参加到产品的设计过程。例如，小米手机在设计过程中便吸引很多"发烧友"参加，使用户对产品的期待能够尽可能融入产品的设计中。这些参与设计过程的"发烧友"并不是企业的员工，但是他们对产品设计有贡献，体现了个人参与的价值，等到产品上市以后，他们就成为最早的消费者和产品的积极推动者。这种用户参与产品设计的思路，与传统的在组织研发机构里面反复测试，只有公司技术和市场人员参与，而且研发过程高度保密的设计完全不同，其颠覆了产品设计的传统思路，也打开了组织的边界，这在欧美被称为无边界管理。对大多数组织而言，无边界管理只有在大数据时代才成为可能。

二、更加扁平的组织结构促进员工创新

在组织结构上，互联网有利于企业采取更加扁平化的结构，从而提高管理效率。在企业发展的旅程中，"大企业病"越来越常见，如层级越设越多，职能越分越细，跨部门、跨层级的沟通和各职能部门的协作变得越来越困难，造成文山会海，效率低下。因此，如何强化企业的信息传递和团队协作就成了企业竞争胜败的关键。基于互联网的企业，如小米在 4 年时间里，迅速成长为近千亿级公司；相比之下，那些传统的强势企业运用直线职能制或事业部式组织架构，凸显出了巨大的劣势。

在传统的层级结构中，很多来自基层员工的创新性观点被压抑，因为员工提出新的想法往往隐含着对领导现有做法的否定。于是，有创新思路并想尝试实现的员工被迫离开，留下的往往是对创新没有兴趣、满足于现状的员工。其结果是组织的创新和改变非常艰难。在层级制度下，只能通过组织最高领导的大力推动，来促进管理团队认知的改变，以及突破各级管理者的阻力，来促进整个组织实现经营管理的创新。

在大数据时代，这样的问题往往更容易解决。借助互联网，组织可以搭建一个平等的沟通平台，在组织内部以开放、合作、分享的思路来让各种新想法都展现出来，经过员工的讨论来形成一些新的工作方法。这有助于打破过去层级组织结构里逐层管控、权威至上的做法，给具有新想法的员工一个发言展示的平台。

例如，海尔提倡企业无边界，管理无领导，供应链无尺度，实际上就是对传统层级组织的扬弃。海尔多年前便开始利用互联网思维来变革自身组织，通过尝试人单合一、自主

经营体、员工创客化、利益分享等方式，在企业内部开展"砸碎组织"式的变革，打造"倒三角"形的组织。这种做法的核心，是让一线的员工通过互联网等手段，与用户尽可能紧密接触，一线员工得到充分的授权，直接来服务用户的需求，而且用户的满意程度直接影响一线员工所在的自主经营体的业绩。这种对层级组织的颠覆，在大数据时代以前是不可想象的。

与海尔类似，韩都衣舍也利用大数据时代消费者对服装品牌、款式个性化的需求，打破传统服装公司的组织架构，实行"以产品小组为核心的单品全程运营体系"。也就是说，围绕某一个产品的想法，企业成立产品小组，而产品小组对设计、生产、销售、库存等环节进行全程数据化跟踪，所有公共资源与服务都围绕着小组去做。一个产品小组中，组长实际上就是在运营一个微型企业，利用韩都衣舍的平台去设计符合用户需要的服装，而且在产品小组内的奖金分配中具有决策权。这样的产品小组就实现了在相当规模的企业内部保持创业活力、管理扁平化的目的。

三、应用大数据手段设计人员素质模型

在大数据时代，网络上的行动在貌似无形的同时却保存了大量的信息，信息爆炸因此是互联网一个典型的特征。正因如此，才会有近年热炒的所谓"大数据"的概念。实际上，所谓的大数据技术，很多管理优秀的企业一直都在运用，并非新鲜事物。但是，大数据时代大大提高了数据的总量，使基于数据的管理、基于数据的决策获得更雄厚的数据基础。

就人力资源管理来说，在大数据时代，组织关于员工及潜在员工的信息来源多样化，信息成本来源低廉，信息的真实性和可靠性更好，信息的关联性和相关性开始得到管理者越来越高的重视。于是，利用这些数据来对在职员工的某些可以观测的行为特征与其工作绩效、对组织的贡献等数据进行分析，即可得到基于实证数据的素质模型。这种做法，比以往基于专家、任职者、管理者乃至客户等的主观评价而得来的素质模型，显然更加可靠。

例如，组织管理者如今可以看到很多员工在社交网络中的行为，通过组织的内部网站服务器可以得到员工平时的上网记录。在合法的前提下，组织可以存储、读取和利用这些信息。而且，因为这些信息都是基于实际发生的行为而非自我报告或者他人评价等主观测量的，所以信息的准确性更高。举一个简单的例子：如果组织能够从实际的工作绩效中区分出给企业带来成功和失败的员工（或者业绩优异和落后的员工），然后分析两个群体在实际工作行为上的差别，很可能找到下一步招聘时的重要关注点。在这样的背景下，组织如果能积极存储、分析这些信息，并将这些信息与组织的发展战略、人力资源管理战略紧密联系，则可以开发出各类职位的胜任力模型，且在未来的招聘中就可以更有目的性地去挑选能为组织带来贡献的候选人。

四、互联网为组织提供传播雇主品牌的平台

互联网的普遍应用使网络招聘更加普及，各类组织也广泛地应用网络、移动互联媒体等来推广自身的雇主品牌。互联网令信息传播更快，用户在互联网上透露的信息量更丰富。最突出的实例是，美国社交媒体中的佼佼者领英公司（LinkedIn）依据其在广大用户中的美誉度，逐步转型成为人力资源招聘、猎头服务公司。因为领英公司提供了专业人士表达、展示个人专长的网络平台，而用户数量积累到一定规模时，领英公司即可利用这些数据来为很多企业的招聘服务。实际上，领英公司已成为美国最大的人力资源服务公司之一，为企业进行人力资源服务而得到的收益远远超过其为用户免费提供展示平台的成本。

为了吸引越来越多的优秀人才，组织人力资源管理部门的重要任务是塑造和传播本组织的雇主品牌。互联网为此提供了非常高效的平台。很多公司通过公司官网、官方微博、官方微信账号等方式，吸引更多求职者，也借此传播自身的雇主品牌。展望未来，组织的人力资源管理者需要与时俱进，深刻理解组织的人才战略，精心地打造自身的雇主品牌，选择合适的网络平台，准确地推广自身的雇主品牌，在潜在的求职者中间有效传播组织作为雇主的口碑，定会收到事半功倍的效果。

第二节 大数据与日常人力资源管理工作

在大数据时代，组织与员工之间的交流更容易、更顺畅。于是，人力资源配备、招聘、日常监督、绩效考核、薪酬福利等方面的工作，也都有了新手段、新挑战。

一、虚拟团队等新型人员配备方式的兴起

在工作分析与人力资源配备方面，互联网为企业提供了手段以达成员工之间远程合作、虚拟团队，甚至全球协调。一些跨国公司在全世界的不同重要地区分别建立研发中心，它们可以各自发挥其优势，各个团队、员工在公司的研发平台上协同工作，彼此不见面即可了解其他团队成员的工作成果，在这个平台上能实施更有效的合作。这种虚拟团队只有在互联网平台上才能有效运作。

在工作设计方面，弹性工作制、远程工作、在家工作更加容易。互联网便于把不同人的工作更方便地整合起来，特别适用于整合研发、服务等类型的工作。

例如，联想集团在收购IBM的电脑部门以后，其美国、日本和中国的研发中心发挥各自优势，共同开发了新型的电脑，积极促进了收购后公司的整合。有些软件公司在软件开发的冲刺阶段，其全球不同时区的研发人员通力合作，研发工作可以不分昼夜地推进。

类似地，作为一家网络安全技术的服务公司，趋势科技虽然起初最主要的市场在中国大陆和中国台湾地区，但是把总部安排在日本东京和美国硅谷，在 38 个国家和地区设有分公司，拥有 7 个全球研发中心。这样，在其业务扩展至全球的过程中，全球任何地方的客户只要发现有新的病毒报告，其在世界各地的团队总能携手尽快反应，给客户提供最迅速的服务。

特别有新意的例子，如携程旅行网就进行过实地研究。其关注通过网络、电话手段为客户提供预订机票、酒店等核心服务的员工。他们随机安排部分员工如往常一样在公司工作，另外一部分员工在家里通过网络、电话来接待客户。经过将近一年的实验，发现与在公司工作的员工相比，在家工作的员工工作效率更高、对工作的满意度更高、离职率更低。这都为现代企业通过灵活的方式来安排员工工作提供了借鉴意义，而且只有在互联网等基础设施发达的背景下才可能实现。

二、人力资源管理更加依赖与组织全面信息系统的融合

在互联网兴起之后，组织的各个职能部门之间的联系愈发方便、紧密，人力资源管理与组织全面的信息系统之间的融合度更高。

组织可以通过人力资源管理系统进行创新，使更多的员工与网络连接。其目标是使员工与组织内部的办公网络随时连接，且都能进入组织内部管理的信息系统，包括人力资源管理的信息平台。这样，员工便可以随时随地开展可以通过网络来完成的工作。

在执行中，组织的内部办公网络及对应的信息平台可以提供远程协议、网络会议等方式。这些虚拟办公方式将随着网络通信、录像会议、虚拟可视平台等手段，大幅度节约组织的差旅费用、时间成本，从而提高效率。

不过，当前多数组织的信息系统尚不够成熟，尚不能全面地满足这些需要。随着基于互联网的通信、会议等平台的发展，以及越来越多的组织认识到这方面的必要，组织人力资源管理也将迎来一个崭新的时代。

三、基于网络的招聘提高了招聘效率

互联网便于传播和分享信息的核心特点，为人力资源的招聘工作提供了便利。用人单位可以在互联网上张贴空缺岗位的招聘要求，包括在自己组织的官方网站及在专门的招聘网站上。求职者也可以在这两种网站上去搜索对应的岗位信息，并与组织负责招聘的管理者联系，或者求职者也可以把自己的简历、求职目标等信息发布在招聘网站上，用人单位可能会与求职者主动联系，也可能取得从事人力资源中介服务的企业（猎头公司、招聘网站等）的帮助，熟练地应用各类职位的胜任力模型，从而在众多求职者中挑选出更适合的候选人。这可以有效提高人员招聘的效率，以及提升员工与组织之间的匹配度。

于是，在大数据时代，网络招聘成了最主要的招聘手段。对应地，专门从事这方面业

务的企业也逐步做出特色，如中华英才网长期从事这方面的工作，已经成长为行业里面的领军企业。近年来又出现了一些其他的专业公司或者一些公司推出的新应用，有的提供一些特别的服务种类，如招聘短期兼职员工、临时工作等。所有这些，都为各类组织灵活用工、提高人力资源管理的效率和效益提供了可能。

四、互联网提高培训针对性和效率

大数据时代的技术发展给了组织诸多改进员工工作感受的手段。例如，美国《计算机世界》评出的一百家最佳雇主中，它们的人员流动率显著低于其他公司。这些企业有一些共同点，如重视员工培训，及时给员工提供在公司内部晋升的机会；给予员工最大限度的各种自由（实行弹性工作制，员工可以自订日程，让员工在家可以通过互联网远程工作；采取特别的奖励办法，鼓励员工互相推荐工作出色的人；加强部门之间的沟通，形成愉快的企业内部合作）。

互联网丰富了组织进行培训的手段，包括网络课程、在线应用软件等。例如，虽然大型开放式网络课程，即慕课仅仅出现几年，但是其用户和课程数量经历了指数级的增长，数千万的学员在享受着质量优秀、费用低廉的学习过程。一些组织也开始根据自身的需要，给员工提供推荐课程的清单，并资助员工去参加网络化的学习。还有一些组织与大学合作，针对组织实际情况开发网络课程，并置于组织的内部网上，为本组织的员工提供定制的课程学习，从而方便本组织员工随时随地地进行学习，且将学习效果、学习时间等通过网络手段来进行考核。

互联网还提供了培训需求分析的崭新手段。通过对条件类似的员工的培训需求分析，组织可以为员工提供更精准的培训课程。例如，通过对各个公开课参与人数的统计，组织可以分析员工对不同课程需求的程度，并据此来购买或开发类似的课程，使组织提供的培训更加有针对性，从而更好地满足员工的不同需要。

五、互联网促进便捷的沟通与协调

在沟通方面，互联网大大丰富了信息沟通的手段，基于互联网的沟通更便捷、更及时、更具有个性化。基于互联网的沟通，可以令员工不拘泥于传统层级制的等级，可以跨部门、跨级别地表达和传递自己的想法，相互沟通也完全平等。其结果是丰富了信息的传播渠道，每个人既可以"一对一"沟通，也可以"一对群"沟通，还可以同时在不同的"群"里沟通，个人获得的信息量很大，组织内部的反馈效率大大提高。

这样沟通的结果，可以突破传统层级组织的沟通局限，从而方便了各团队、各群体内部人与人的平等沟通，也促进了不同团队、不同群体之间的沟通。在充分沟通的基础上容易实现各种工作共识，促进了相互合作和协调。

当然，基于互联网的沟通，也可能导致面对面沟通减少，对于人与人之间的情感联系产生不良影响。

六、为人力资源考核提供新手段

互联网还催生了很多崭新的人力资源考核手段。例如，互联网使大数据普遍应用成为可能，组织更有条件对员工的贡献进行更加精准的分析和评价，绩效考核可以按照更加集中于员工工作结果的方式来进行。具体例子如，海尔公司全员推行自主经营体的管理方式，每个自主经营体都相当于一个独立核算的公司，每个部门（包括人力资源等职能部门）的贡献也都体现于从其服务的自主经营体中获得的收益；于是，每个员工的贡献都可以按照内部核算的方式计算出来。这样，"赛马不相马"成为非常方便的选择，也符合企业整体的业绩要求。

基于互联网提供的各种技术手段，组织可以从员工在一线工作的场合采集到与绩效有关的数据，包括基于结果、行为等各方面特征的基础信息。在这些大量信息的基础上，组织可以进行深入分析后制定合理的考核定量标准。而且这些数据还可以与实际业绩、用户满意度等信息对照，并将其挖掘和利用，将绩效考核深入组织的发展中，这样组织可以更好地实施和达成战略目标，也可以提高长期的运营绩效，增加自身的核心竞争力。应用这些信息，还可以对绩效不佳者进行有针对性的辅导，帮助员工提高业绩水平。

七、使薪酬管理有可能建立在大数据的基础上

通过基于大数据的职位分析，可以更准确地评价出不同职位的职位价值。而这是薪酬分配的基础。互联网使这一基础工作更加科学，更加扎实。

组织可以基于各个员工对组织的贡献，通过各种数据的分析和调整以后，制定出更符合实际的薪酬结构和标准，使组织薪酬管理的思路得到更准确地表达。

大数据时代的技术手段，令菜单式的个性化福利更容易管理。组织在给员工提供福利的时候，如何做到投入-产出最大化，一直是一个难题。有些福利项目，组织投入不少，但是员工却未必认可，甚至认为组织所提供的福利不能满足自身的需要，这样的福利项目就失去了应有的作用。菜单式的个性化福利可以满足"按需激励"的目标，但是其执行过程中的管理很复杂。例如，在常见的个性化福利"甲组""乙组"的选择中，可能有的员工对两组的具体内容都是有部分喜欢、另外的部分并不喜欢。但是如果任由员工自选，就大大提高了管理的成本。

在大数据条件下，组织可以给不同的福利项目赋予一定的权重数字（也可以用金额来标称），同时根据不同职位的价值来确定各个员工的福利总额。这样，员工就可以在互联网技术的支持下，更方便地选择自己最喜欢、最能满足个人需要的福利项目，从而使组织的福利支出获得最佳的激励效果。

此外，大数据也提供了分析员工福利需求的崭新手段。组织的人力资源管理者可以借

用外部已有的、针对与本组织员工相似群体的研究成果，更准确地推测本组织员工的福利需求；也可以根据本组织员工的行为数据，来直接分析、测算本组织员工的福利需求。这样则可以从设计福利菜单这个源头上实现"少花钱、多办事"，确保在同样的福利投入下获得最大的激励效果。

八、日常工作中的纪律和监督遭遇挑战

如今互联网已经成为人们生活的一部分，员工在工作时间做私事、滥用企业资源也成为对管理者的新挑战。例如，有的员工在工作时间内进行网上娱乐，有的员工在工作时间内通过网络手段处理个人事务，有的员工在工作时间玩手机，有的员工利用组织的网络来传输个人的内容，等等。这些行为，不仅令组织损失了有效的工作时间，而且这样的不良气氛往往会传播很快，令企业内的敬业精神受损。

传统的监督手段此时遇到了强有力的挑战。组织应该如何应对这些挑战呢？第一，需要制定恰当的考核标准。正如本书在绩效管理一章所介绍的那样，对员工的考核应该尽量集中到工作的结果上，令员工个人的薪酬、激励效果与工作的结果密切相关。第二，在工作行为上，组织可以明确一些"红线"，说明哪些行为是本组织不可接受的。这样先宣布规定、后执行惩罚的做法能够确保程序上的公平。第三，组织也应该善用互联网的技术手段，告知员工在工作中的哪些行为组织是有记录的，并提醒员工注意，虽然互联网貌似无形但实际上保留了大量的记录。

第三节 大数据与员工职业发展和企业文化建设

大数据时代信息在网络上大量分享，给员工职业发展带来了新的机遇和诱惑，也给企业人力资源管理带来了机遇与挑战。恰当地进行对应的企业文化建设，有助于组织尽可能抓住机遇、避免弊端。

一、离职更加常见

在员工的职业成长方面，大数据时代员工所掌握的信息量更大，员工流动更加常见。这一现象在"80后""90后"员工中尤其明显，因此他们被称为互联网的"原住民"，而且他们没有计划经济时代"工作单位"代表了一个人职业生涯全部的那种经历。智联招聘做的一项调查表明，在8年之内，45.7%的"80后"员工跳槽三次或更多。时代的变迁令员工对离职的看法、对职业生涯的看法都与此前不同。例如，离职不必成为组织与员工之间"翻脸成为仇人"的导火索，反而可能出现彼此愉快分手的场景。

大数据推动员工离职的原因有多种。第一，大数据时代的创业热潮鼓舞了一些具有一定工作经验的员工离职创业。虽然创业者中失败者占据了绝大多数，但是占据媒体版面的却更多的是迅速成功的典型，因此激励了不少员工去创业。第二，大数据时代独立工作者更容易找到足够的业务来源，而且在安排工作时间上具有高度自由，吸引了一些员工。第三，即使对于仍旧在组织内做雇员的绝大多数员工，他们因为互联网而获得更丰富的信息，从而更容易找到自己认为更适合自己的岗位。当然，互联网上许多信息并不真实，因此会对一些员工产生诱惑，使他们工作不安心，真跳槽后发现自己上当受骗了，从而又产生新的跳槽欲望。

从总体上看，员工的离职是人力资源更合理配置的必要手段。但是因为在求职的过程中，求职者和用人单位双方之间都存在非常明显的不了解及信息不对称，所以会导致在很多岗位上工作的真实感受都会与求职前的认知存在差别，由此产生离职。频繁的离职也给组织人力资源管理和员工的职业生涯带来了不少问题。

二、员工的职业发展更依赖于职业素养，而不是"忠于组织"

大数据时代员工对离职的行为见怪不怪，于是一些员工会更多地将专业化当成自己的职业成长目标，从过去的"忠诚于组织"转变为"忠诚于专业"。拥有、珍惜自身专长的员工，会更努力地利用互联网的机遇提高专业水平，也会运用自己的专业水平寻找恰当的平台来施展自身的才华。

网络提供的交流平台，也为很多员工在组织以外找到不断提高自身专业水平的机会。近年来，出现了很多专业化的从业者交流平台，而且其具有非常多的忠实用户，该情况就反映了这方面需求的不断增加。

网络也提供了很多员工从事兼职、半时工作，乃至逐步试验以寻找新工作岗位的机会。众多专业的外包公司提供的专业化服务，也为那些从事兼职或非传统工作的员工提供了就业和获得收入的机会。

总之，大数据时代，能够如鱼得水的员工，一方面，还需要依托一个用人单位作为平台；另一方面，若想在任何组织做出杰出贡献，并得到该组织和同事的共同认可，只依赖自身的专业和职业技能是不够的，还必须具备相应的职业操守，包括诚信、敬业、包容、守法，专业技能加职业操守，这就构成了职业素养。

在大数据时代，员工的职业发展更依赖于职业素养，而不是"忠于组织"，但一定的组织承诺也是需要的。而且，从组织角度来看，那些"忠于组织"的成员更值得信任和重用。我们不要从一个极端走到另一个极端，各个组织的人力资源部门和人力资源管理人员尤其要保持清醒的头脑。

三、组织文化在强调凝聚力的同时要尊重个性

大数据时代，组织文化建设需要在营造凝聚力的同时，倡导灵活性、适应性，尊重员工个性。搜狐首席执行官张朝阳认为，搜狐的企业文化是搜狐发展、创新、品牌等一切的基础，是万物之源。这种文化的凝聚力、文化的精神激励促使搜狐的员工可以充满激情地工作。这是因为，即使在大数据时代，仍旧有很多核心的工作内容是依靠个别人、依靠松散的联盟所无法完成的，组织的力量在大数据时代仍旧重要、不可替代。即使是在大数据大潮中最出色的企业，其所雇用员工的人数也在不断增长。

组织文化建设更需要注重本质的内容，如在参与式管理、员工福利等方面需要满足时代的需要。大数据时代信息变化速度快，竞争激烈，先发优势往往更加明显，因此也更需要组织能够鼓励一线员工积极参与到经营管理、新产品开发等工作上来。华为董事长任正非提出："让听得见炮声的人决策"，就是给一线人员必要的决策权。

组织文化还需要尊重个性。互联网的一个重要功能就是令其使用者满足能够表达的参与感。因此，受到禁锢、感觉不快乐的员工很可能在个人的网络交往范围内表达自己的不快，而这种情绪不仅会得到其社会网络内的呼应，也会传染到其他员工，令企业内人心涣散。这说明在大数据时代，组织文化凝聚人心的作用变得更加重要，但是需要采用一些新方法。

在大数据时代，组织文化的建设方法要不断创新。第一，要尊重个人，尊重员工的知情权、表达意见的权利，网络平台就是平等沟通、发布信息、倾听意见的渠道。第二，基于互联网的沟通，是一个多主体、多层次、多方向的互动，其常态是多元化的价值取向。在组织文化建设中，不能简单化地要求员工接受统一的价值观，而要通过充分地交流沟通，逐步地形成价值观上的共识。第三，鉴于价值观多元化的基本特点，组织对各层次、各部门、各群体形成的亚文化，应采取更为宽容的态度，在核心价值观这个主旋律下，允许存在各种不同的"变奏曲"，这不仅不会削弱"主流音乐"，反而会增加整个"乐曲"的魅力。

总之，互联网给组织人力资源管理工作带来很多新的机遇，其中也有一些新的挑战。

人力资源管理者如果能够与时俱进，把握这方面最新的进展，大胆采用各种有益的新思路、新方法，就可以使人力资源管理跟上时代的发展，从而提升到一个新的境界。

第四章　人力资源的测评与科学配置

第一节　科学测评，尽显人力资源的最大价值

人力资源的测评是人力资源管理的重要内容之一。通过人力资源测评，可以提高人员使用的科学性，并有效地实施一系列控制手段。

一、人力资源测评的含义与作用

人力资源测评是指对企业各类人员的德、智、能、绩等素质采用定性和定量相结合的方法所进行的测量与评定。它是综合邻近学科的研究成果而创造和发展起来的一种科学考核方法。作为一种专门技术，它具有相对的独立性，有其特定的含义，其中所涉及的最基本的概念有人员、素质、测评。

人员是指各行各业中的在职者，即具有劳动能力而且正在工作的人。企业人员是指企业全体职工，就一个工厂来说，有工人、学徒、工程技术人员、管理人员和服务人员等。

素质是指人的德、智、能、绩四个方面要素的有机构成。

德，即品德素质，是指人的思想品德，通常包括政治立场、政策水平、原则性、工作作风、纪律性、责任感和事业心等。

智，即智体素质，是指人员的智力和体力。它是先天素质、社会历史与受教育因素、个人努力三方面相互作用的结果，通常包括知识水平、思维能力、判断能力、观察能力、意识、工作持久性和身体健康程度等。

能，即能力素质，是指完成本职工作的本领，包括工作能力、处事能力、组织能力、创造能力、设计能力和评价能力等。

绩，即绩效素质，是指工作的质量和数量，包括工作效率、工作成绩、工作质量等。

测评，即测量和评定。人员素质测评是用多种测量技术和统计方法对人员素质所进行的描述，通常用数字表示。人员素质评定则是按照这些描述来确定素质的价值，对素质进行客观的衡量。例如，某人的工作效率测量得分为 20 分，20 分就是对他工作效率的客观描述。根据评定标准，20 分属于良好级，那么良好就是其素质的价值。

人力资源测评作为一种科学的考核方法，其作用主要表现在如下几方面。

（1）人力资源测评是人员招聘、选拔任用的依据。

（2）人力资源测评是决定人员调配和职务升降及人员淘汰的依据。

（3）人力资源测评是进行人员培训的依据。

（4）人力资源测评是确定劳动报酬和人员奖惩的依据。

（5）人力资源测评是对员工进行激励的手段。

（6）人力资源测评是组织对人员绩效考核的手段。

二、人力资源测评的基本原理

人力资源测评的基本原理是在综合了哲学、系统科学、行为科学、领导科学、心理学、应用数学、模糊数学等科学研究成果的基础上，通过人力资源测评的实践，不断总结和发展起来的。它是对人力资源测评工作中带有普遍意义的客观规律的认识，是指导人力资源测评的理论依据。

人力资源测评的基本原理主要有个体差异原理、测量与评定原理、定性与定量原理、静态与动态原理、模糊与精确原理等。

（一）个体差异原理

个体差异包括能力差异和个性差异。能力差异是指人与人之间在智力和体力两方面的差异，是由性别、年龄、地区、种族、职业、文化的不同而造成的差异。例如，在操纵能力方面，无论是速度还是准确性，一般情况下，女性的能力不如男性；从体力来看，年长者不如青壮年。个性差异亦称人格差异，主要是指人的气质、动机、兴趣、追求、态度、性格、价值观等方面的差异。例如，男性的偏好倾向于理论、经济、政治等方面，而女性的偏好倾向于精神价值、艺术欣赏及关心别人福利等；青年人对新生事物反应敏感，有锐气，而中年人比较稳健，老年人比较保守。

人和人之间客观存在着个性差异，因此，在人力资源测评中，只有摸清人的能力差异和人格差异，才能客观地、合理地测评人的素质。

（二）测量与评定原理

测量与评定是人力资源测评活动中相对应的既相互联系又相互区别的两个方面。测量是评定的基础，评定是测量的继续和深化。没有准确客观的测量，就不会有科学合理的评定；离开了科学合理的评定，即使有准确客观的测量，也难以正确测评人的素质。这两者是一个统一的、不可分割的有机整体。

（三）定性与定量原理

定性是对人与事的本质属性进行鉴别与确定。定量是通过数学符号来表现人的素质的特征。定性通常注重"质"的方面，而定量通常注重"量"的方面。定量是定性的基础，定性则是定量的出发点和结果。定量只能作为阐明定性的客观基础，定性也只能作为定量的前提和归宿。定性与定量原理的实质就是通过人事管理的丰富经验与数学方法相结合，使测评标准和计量方法有机地统一起来，从而提高人员素质与数量之间的一致性。

（四）静态与动态原理

测评各类人员的素质时，既要考察人在一定稳定情况下的行为，又要考察在动态条件下的行为；既要保持测评手段和方法的相对稳定性，又要注意测评手段和方法的动态发展性，即把稳定与发展变化有机地结合起来。

（五）模糊与精确原理

模糊是指由于概念外延的不明确性而引起的判断上的不确定性；精确是指对事物判断的确定性。人员素质测评就是模糊与精确的统一。在人员素质定量化的描述中，既要体现定量化的精确性，同时又要明确地运用模糊原则和方法，使人的素质差异客观地、定量地表现出来。

三、人力资源测评体系的设计原则与结构内容

人力资源测评体系的设计必须讲究科学与实际。如果不讲究科学，那么，该测评体系的结构内容就不可能合理，其测评的结果也就不会准确，这样必然会给人力资源的开发和利用带来不利后果。

（一）设计原则

人力资源测评体系的设计不是盲目进行的，而是需要遵循以下三个原则：

（1）针对性原则。测评目的不同，对象不同，选择的测评要素亦不同。

在选择时应根据实际情况来确定，要有较强的针对性，以便充分体现出所测对象的特点。如果测评对象是科技人员，其测评要素除了应具备的基本要素之外，还应具备一些特殊要素，如设计能力、实际操作能力等。如果测评对象是管理人员，其特殊要素有决策能力、组织能力等。

（2）科学性原则。人力资源测评要素体系应以心理学、管理学、领导科学、人才学等科学原理为依据，以科学的方法，如问卷调查、个案研究等方法为手段，结合我国人事考核经验来确定。

（3）精练明确性原则。每个测评要素都要有明确的内容、定义或解释，从而使测评要素内涵明确。同时测评要素的确定与表达应力求精练、通俗、直观，从而使测评要素既少又精，表达更加规范化、标准化，这样可以保证测评工作顺利进行。

（二）结构内容

人力资源测评体系结构有个体素质体系结构和群体素质体系结构。它们的构成如下。

（1）个体素质体系结构的构成。个体素质体系结构是由品德素质结构、智体素质结构、能力素质结构和绩效素质结构组成的。每一素质结构又由相应的测评子要素组成。

个体素质分值为

$$E_A = E_1 + E_2 + E_3 + E_4$$

式中，

E_1——品德素质分值；

E_2——智体素质分值；

E_3——能力素质分值；

E_4——绩效素质分值。

在这四大素质结构中，针对具体人员又有相应的结构项目和素质要素，与人的自然性、社会性和能动性相对应，从而组成一个整体系统。

（2）群体素质体系结构的构成。群体素质体系结构是由领导素质结构、人群素质结构和创造素质结构组成的。

群体素质分值为

$$F = F_1 + F_2 + F_3$$

式中，

F_1——领导素质分值；

F_2——人群素质分值；

F_3——创造素质分值。

领导素质由权力性和非权力性两项构成；人群素质由群体合理组成、交往程度、交往效果三项构成；创造素质由创造意识、创造能力两项构成。在这三大素质结构中，针对具体对象可设相应的素质要素。

四、如何建立测评机构及选择测评人员

合理建立测评机构及选择测评人员是提高企业人力资源管理的一个重要方面。那么，要保证测评工作的科学实施，就应做好以下几方面的工作。

（一）测评机构的建立

测评机构是企业进行人员素质测评的组织机构。它不是一级权力机构，而是人事考核的工作班子，进行人事决策、参谋咨询的组织。建立测评机构的原则是：测评机构应同人事管理的权限相一致。例如，测评厂长的机构应由任命厂长的上级机关负责组织，吸纳厂长代表、群众代表参加；测评中层行政干部的机构应由厂长负责组织，吸纳厂级干部、人事部门和有关科室的代表参加，以此类推。但是，也不能绝对强调干部是哪一级任命的就一定要哪一级测评，因为管理某一级的干部机关不一定直接了解测评对象，应具体问题具体分析。

（二）测评人员的选择

选择测评人员时，应从测评角度、测评条件和测评数量等诸多因素来考虑。

1. 测评角度

为了能够全面地、立体地观察了解测评对象，以获得合理的测评结果，应选择多角度的测评者对被测对象进行测评。测评角度通常包括自我测评、同级测评、下级测评、上级测评和组织测评。

（1）自我测评。自我测评是指被测对象对自己进行测评。它能充分调动被试者的积极性，并能从数据分析中得出其他角度测评所不能获得的信息。

（2）同级测评。同级测评是指与被测对象共同处事或联系密切的同级人员对其进行测评。这种测评能够比较真实地反映实际情况。

（3）下级测评。下级测评是指被测对象的下级对其进行测评。这种测评的局限性大，应视具体情况侧重某几方面进行测评。

（4）上级测评。上级测评是指被测对象所在单位的上级领导及直接领导对其进行的测评。

（5）组织测评。组织测评是指被测对象所在的人事组织部门对其进行的测评。这种测评通常可以通过日常的有关原始记录和参照标准进行评定。

2. 测评条件

测评人员应具备的条件如下。

（1）有事业心，勇于改革。

（2）作风正派，办事公道。

（3）有主见，善于独立思考。

（4）坚持原则，大公无私。

（5）熟悉被测对象情况。

（6）具有一定文化水平。

（7）有一定实际工作经验。

3. 测评数量

由统计学原理可知，测评人员数量越多，个人的偏见效应就越小，测评得出的数据越接近客观值。然而符合测评人员条件并熟悉被试者的人数总是有限的，而且，不符合条件的人占的比例越大，测评结果的可靠性就越低，所以，应尽可能选择符合条件的人员进行测评，人数以 20 ~ 30 人为宜，最少不能低于 10 人。

五、测评要素体系的设计方法

测评要素体系的设计方法有多种，现介绍以下几种方法。

（一）素质图示法

素质图示法就是将某类人员的素质特征用图表描绘出来，然后加以分析研究，从而确定测评要素。这种方法一般将某类人员的测评素质要素按需要程度分档，然后根据少而精的原则进行选取。分档可以是三档（非具备不可、非常需要、需要），也可以是五档（非具备不可、非常需要、需要、需要程度低、几乎不需具备）等。

（二）问卷调查法

问卷调查法是设计者以一种书面形式将项目和问题表示出来，然后分发给有关人员填写，并收集、征求不同人员的意见。问卷调查法的程序如下。

（1）根据测评的目的、对象等具体情况，调查测评要素，调查要素的数目以 20 ~ 40 个为宜。

（2）给每个调查要素一个定义，以明确它的内涵和外延。

（3）根据研究的目的和单位的具体情况，确定问卷采用的形式、调查对象、范围及方法。

（4）编制调查问卷，将需要调查的内容以一定格式编制成问卷。

（5）分发问卷，通过一定的渠道给调查者分发问卷，选择的渠道应是可靠的。

（6）统计分析，问卷回收后，可按一定的方式进行统计分析。

（三）个案研究法

个案研究法就是通过选取若干具有代表性的典型人物或事件的素质特征进行分析研究，来确定测评要素和要素体系。

个案研究可分为典型人物研究和典型资料研究两种形式。典型人物研究就是根据典型人物的工作情况，通过对其工作情况的观察分析，确定出其代表的测评要素体系，具体表现为研究的直接对象。典型资料研究就是以表现典型人物或事件的文字资料为直接研究对象，通过对这些材料的总结分析，归纳出测评要素体系。在实际应用时，应根据研究情况和条件而定，若能同时具备则更好。

选择典型人物和资料时，可以选择成功的典型人物和资料，也可以选择失败的典型人物和资料，还可以将两者结合起来。

（四）面谈法

面谈法是通过与各类人员，如被测对象的上级领导、人事干部、被测对象及与被测对象有较多联系的有关人员，进行访问和谈话，从而收集有关资料，以此作为确定要素的依据。它分为个别面谈法和座谈讨论法两种形式。

个别面谈法是指通过走访有关人员，进行面对面地谈话来了解被测人员的各种情况，然后将收集的材料进行归纳总结，找出其中共性的特征，以此作为测评要素。

座谈讨论法就是召集有关部门的具有一定知识和经验的人员，来讨论被测对象的工作性质，根据所需要的知识、能力等，通过讨论集思广益，为要素确定提供依据，参加座谈的人宜为 5 ~ 8 人。

（五）经验总结法

经验总结法就是根据特定时期的用人政策及本单位的具体情况，以及测评单位所积累的经验来确定测评要素，或者参照总结一些较为权威性的测评要素，以及兄弟单位的测评要素，再结合本单位的具体情况及研究的目的来确定。

（六）多元分析法

多元分析法是通过因子分析和聚类分析等方法，从较多数量的初选要素中，找出关键性的要素及其某类人员素质的基本结构。这是一种结论性的定量设计方法，它是统计学中的一个重要方法，主要用于对测评信息数据的处理，是一种用于分析较多复杂数据的统计技术，用于研究设计多个自变量和因变量之间的数量依存关系。

六、人力资源测评的基本技术与方法

人力资源的测评技术与方法是影响人力资源测评准确性或客观性的一个重要因素。因此，要圆满地完成人力资源的测评任务，就必须掌握测评的基本技术与方法。具体来说有如下几个方面。

（一）纸笔测试

在人力资源测评中，标准化的纸笔测试的应用最为广泛。顾名思义，纸笔测试就是一般不借助其他工具和手段，只用纸和笔就能进行的测试。标准化的纸笔测试一般有事前确定好的测试题目和答卷，以及详细的答题说明。测试题目往往以客观题居多，也有不少主观自陈评价题。纸笔测试可以限定时间，也可以不限定时间。被试者只需按照测试的指示语回答问题即可。

在知识测试中，一般主要采用纸笔测试；大多数的智力测试、人格测试、成就测试、能力倾向测试等，也可以采用纸笔测试的形式。纸笔测试方便易行，主试者和被试者都易于接受，尤其是可以对团体施测，从而可以节约大量的精力和时间，在较短的时间内获得被试者的大量信息。

（二）人机对话

标准化的纸笔测试给测评结果的评定带来很大的难度，尤其是有大量被试者时，要达成测评评定的客观性、全面性，必然要付出更多的工作量。这样，人们便自然地想到了在测评过程中引入计算机技术的问题。而且，计算机介入测评过程，也可以使被试者处于较为轻松的环境下，这就为改善测评结果的可靠性奠定了基础。人机对话就是引入计算机后所进行的一种测评方法。人机对话也称系统仿真测评、人工智能专家系统等。人机对话一般要求被试者置身于由计算机技术构成的近于实际系统的动态模型之中，让其扮演特定的角色，用人机对话的方式进行；计算机根据其在规定时间内的全部答案或"工作实绩"来预测其各种潜能。人机对话为测评数据的综合分析提供了很大的便利，而且，人机对话的测评题目主要是标准化的客观题，计算机可以科学地管理时间。需要说明的是，一般的标准化纸笔测试都可采用人机对话的方法进行，只是需要将纸笔测评的计分系统、解释系统、常模等用计算机技术整合在人机对话中。

（三）心理测试

从医学上讲，心理测试有多种方法，这里主要介绍两种。

1. 投射测试

投射测试主要用于对人格、动机等内容的测试。投射测试要求被试者对一些模棱两可、模糊不清、结构不明确的刺激做出描述或反应。通过对这些描述或反应的分析来推断被试者的内在心理特点。被试者主要是进行主观评价和自我陈述，其回答并无正误之分。投射测试的逻辑假定是，人们对外在事务的看法实际上反映其内在的真实状态或特征。这种类型的测试通常用于临床鉴别。

2. 测试量表

测试量表主要包括以下几种。

（1）自陈式量表。自陈式量表是测试量表的一种形式。自陈式量表是由被试者自己作答的，是将主观式的自我报告进行客观化和标准化，使其易于评分。自陈式量表的题目一般都是关于人格特征的具体行为和态度的描述。

（2）评定量表。评定量表是测试量表的另一种形式。评定量表是以观察为基础的，由他人做出评价。一个人的人格特征可以从它所产生的社会效果上去观察，这样，通过他人的评价，也可以转换成对被试者的测试结果。

（3）社会测量。社会测量就是通过测量团体中人与人之间的关系，来确定一个人在团体中的地位，并评价他的人格。

（四）行为模拟与观察

行为模拟与观察的测评方法可以尽可能接近和观察被试者的各种行为或反应，其是一种有效的测评方法。一般来说，对处于某种情景下个体的真实行为的观察最能反映个体的综合素质。这种方法可以有效地测评被试者的素质和潜能，同时察觉被试者的欠缺之处。

行为模拟与观察的测评方法的技术核心是行为观察法。它是通过安排一定的情景，在其中观察特定个体（或群体）的特定行为，并从中分析所要考察的内在素质或特征。行为观察法又可以分为自然观察法、设计观察法和自我观察法。

1. 自然观察法

自然观察法是指观察者在真实的生活或工作情景中对个体的行为进行直接观察的方法。在自然观察中，观察者不应该对情景做任何干预和改变，被观察者也不应该意识到自己正在被观察这一事实。观察者在观察的过程中对被观察者的行为进行详细的记录，包括利用各种观察、记录设备，如摄录像机，事后根据记录对被观察个体的行为进行分析和评估。

2. 设计观察法

设计观察法是指在需要对真实生活中不易随时观察到的行为进行评估时，采用设计观察。例如，我们通常会想知道一个应聘者在紧张压力环境下的表现，但我们一般很难有机会在自然状态下遇到这种观察机会。这就需要采用设计观察法，即在人为设计的环境中观察特定的行为或反应。

3. 自我观察法

自我观察法是由被试者自己对自己的行为进行观察，并记录自己行为的方法。自我观察有利于被试者对自己行为的监控。企业中常采用的"工作日志"就是自我观察的一种应用。对工作行为的自我观察有利于观察者对自己的工作进行总结和改进。另外，自我观察法也可以用于对员工的考核。有些企业要求处于试用期的员工对自己每天的工作内容进行详细的记录。在试用期结束时，这些记录成为考察员工工作能力的重要依据。需要注意的是，采用自我观察法对员工进行考核，必须建立在员工如实反映情况的前提下。

（五）面试

面试是人力资源管理领域中应用最普遍的一种测评方法。面试主要用来评价应聘者与组织的适合程度，而不是预测应聘者的工作绩效。一般来说，面试考官与应聘者面对面交谈的是自己感兴趣的、与工作有关的各种问题，以此收集有关信息，从而达到了解、评价应聘者的目的。但是，面试的结果往往不能定量化，对结果的评价也不够客观。不过，面试确实可以给测试者和被测试者提供双向交流的机会，尤其能使人了解到从纸笔测试的卷面上看不到的内容。

（六）调查法

调查法是指就员工的某些意愿、态度、观点或感受等认知性或情感性心理状态或行为倾向进行一定范围的信息搜集，并就相应状态或倾向的特性、程度、广泛性等做出分析评价的方法。调查法在实际调查时通常由一系列问题构成，可以是纸笔形式，也可以是访谈形式。

（七）评价中心

评价中心是一种综合评价方法。评价中心是近几十年来西方企业中流行的一种选拔和评估管理人员尤其是中高层管理人员的一种人力资源测评方法。

评价中心技术有以下一些突出的特点：

（1）采取多种测评手段，综合各种测评手段的优越之处，从不同的角度对被评价者进行观察，进而能对被评价者的各方面特点进行较为全面的观察与评价。

（2）多采取一些动态的测评手段，对被试者的某些实际行动进行评价。对实际行动的观察往往比被试者的自陈更为准确有效。而且，在这些动态的测评当中，被评价者之间可以进行相互作用，被试者的某些特征会更加清晰地暴露，从而更有利于对其进行评价。

（3）所采取的测评手段很多是对真实情景的模拟，而且很多情景是与拟任工作相关的情景。

（4）主观性程度较高，制定统一的标准化的评价标准比较困难，对评价者的要求也较高，需要对评价者进行比较系统的培训。

（5）费用较高，在时间及人员上的花费较大，不够经济。

一般来说，评价中心中的测评人员是由企业或其他招聘部门内部的高级管理人员和部门外部的心理学家共同组成的，主要是对应聘者进行选拔及对现有人员进行评选考核。其目的是：测评被试者是否适宜从事某项工作或胜任某一职位；对被试者的能力、潜力和未来的工作绩效进行预测；评价每一个被试者的优点和缺点，为其培训奠定基础。

七、人力资源测评工具的选择

各种测评技术和测评工具都各有所长，功能不同，适用对象和解释范围不同。如何在人力资源测评的实际业务中合理、灵活地选择适当的工具，解决实际的问题，是提高人力资源测评工作质量的关键环节。

（一）人力资源测评工具的选择及其组合运用

虽然有很多人力资源测评的工具，但实际应用时，就像岗位本身对素质的要求是多元的，工具也很少是单独使用的，而往往是组合在一起共同使用的，以满足实际人力资源测评的需要。

具体来说，需要针对组织的需求，适应个人、组织和职位的特点，通过测评专家对各种测评技术和工具的熟练把握、灵活运用，选择出最全面、有效的测评组合。现实中的测评工具组合有以下三种形式：

（1）针对人力资源管理目的的组合。针对不同的人力资源管理目的，如招聘、选拔、培训等，组合不同的测评工具。例如，招聘可能采取淘劣策略，也可能采取择优策略，这要取决于特定职位和人才市场的供应情况；而一般的晋升都是采取择优策略的，策略不同，测评的内容、工具的选择就可能不同；至于培训，既不必考虑择优或淘劣，也不必过于求全，因此测评内容与工具的组合又是一种类型。

（2）针对岗位与职务的组合。要评价的岗位、职务不同，评价的内容也就会不同，选择的测评工具同样会有所不同，或者即使工具相同，设定的标准也可能不同。很显然，针对管理者的测评不会与针对普通员工的测评完全相同；针对商场售货员的测评肯定不同于针对生产流水线员工的测评等。

（3）针对组织文化的组合。由于许多组织都有自己独特的历史，形成了自己独特的组织文化，因此，各个组织对于员工素质的看法和侧重点有所不同，不同组织即使针对同一个层次的同一个职位的评价，也可能会设定完全不同的内容和标准。

对基本测评工具的组合运用，是人力资源测评的高级技术。任何一个完善的人力资源测评系统，应该具备两种功能：第一，提供足够数量的，满足实用选择的工具。这是人力资源测评系统的基本功能。第二，提供如何组合各种测评工具的技术。这是人力资源测评系统的高级功能。得到一组工具，并不等于就懂得使用这些工具，更不等于就能用好这些工具。要在理解每一个测评工具真正功能的基础上，根据实际诊断、评价的需要，恰当地选择、组合各种工具，满足测评的实际需要。

（二）针对不同目的的测评工具的设计

要建立一套完善的人力资源测评工具，目标设定是第一步。测评目标是指测评工具起什么作用。测评目标不同，所设计的测评内容、测评工具的操作形式、采用题目的形式、题目的范围和难度都会有差异。

在确定测评内容之前，先要确定测评目的是显示个体的行为特点，还是用来预测其将来的行为表现。例如，成熟测试、态度测试就是显示性测评工具，它反映被试者具有什么知识和特点，能完成什么任务。相对而言，许多观察法、调查法都是显示性测评工具。而预测性测评工具可以帮助预测一个人在不同情景下的行为。例如，各种能力倾向测试可以帮助预测个体未来的工作绩效。部分人格测试可以预测个体未来的工作风格。而角色扮演、公文处理测验能够更加直接预测个体未来在同样的工作情景中的工作表现。

根据测评目的的不同，测评工具可以分为以下三种情况。

其一，对于有选拔和预测功用的预测性测评工具，它的主要任务是要对所预测的行为活动做具体分析，被称为任务分析。这种任务分析包括两个步骤：首先，要确定使所预测的活动达到成功所需要的心理特质和行为。例如，职业能力倾向测试的编制，若某项工作包括打字，那么测评工具的编制者可以假定手指的灵活性、手眼协调等能力是必需的。这种确定可以通过参阅前人的工作从理论上分析，也可以通过对在某项活动中已经录用或已经成功的从业人员的行为进行分析。当测试编制者确定某项工作需要哪些能力、技能或特质之后，就可以编制测评这些能力、技能或特质的测评工具。其次，还要建立衡量被试者成功与否的标准，这个标准称为效标。例如，用以确定一名运动员是优秀运动员的标准，就是效标。效标可以作为鉴别测评工具的预测是否有效的重要指标。

其二，如果测评工具用于测评一种特殊的心理品质或特质，那么首先就必须给所要测评的心理和行为特质下定义，然后找出该特质往往通过什么行为表现出来。例如，创造力的测评，有人将创造力定义为发散性思维的能力，即对规定的刺激产生大量的、变化的、独特的反应能力。根据这个操作性定义，创造能力则应该从反应的流畅性、灵活性、独创性和详尽性这四个方面来测评。

其三，如果测评工具是描述性的显示测试，则它目标分析的主要任务是确定所要显示的内容和技能，并从中取样。成就测试就是一种典型的描述性显示测试，它的内容分析可以利用双向细目表来完成。双向细目表是一个由测评的内容材料维度和行为技能维度所构成的表格，它能帮助成就测评工具的编制者决定应该选择哪些方面的题目及各类题目应占的比例。如果要检查新员工培训班的培训效果如何，就需要采用成就测试。这种成就测试的内容就可以利用双向细目表来确定。

八、人力资源测评的实施

人力资源测评的实施是一项专业性和应用性较强的工作。它是人力资源管理中必不可少的重要手段之一。其过程主要包含三个阶段。

（一）人力资源测评的准备阶段

（1）测评决策。就一个现代组织而言，要在其人力资源管理中引入现代化的测评手段，首先要做的是测评决策。测评决策主要是指组织管理者对于测评重要性的认识，以及在组织中实施人力资源测评的决定。

（2）建立测评机构。测评决策以后，接下来就要在组织中建立测评机构。建立测评机构应考虑以下两条基本原则：

其一，测评机构的建立要与组织人力资源管理的权限相一致，即人力资源测评不能超越组织人力资源管理的权限，因为人力资源测评毕竟只是人力资源管理现代化的一种手段。

其二，测评机构人员的构成要符合一定的质量和数量要求。对测评人员的质量要求主要包括：一是有高尚的测评道德，并具有一定的人力资源测评实践经验；二是懂得和掌握心理测试、人力资源管理学、人才学和计算机基本操作等有关基本知识和技能；三是经过严格的测评技术训练。测评机构人员的数量按测评的实际情况而定，一般为 4 ~ 8 人。

（3）调查研究与岗位分析。调查研究与岗位分析是人力资源测评工作的基础。人力资源测评是一项有针对性的专业化工作，要根据测评对象的构成和工作岗位的要求建立测评的要素体系和标准体系，并选择相应的测评工具和测评方法。因此，旨在了解测评对象基本情况的调查研究和工作岗位基本状况的岗位分析就显得特别重要。

（4）设计测评要素体系和编制测评标准体系。设计测评要素体系和编制测评标准体系是人力资源测评准备阶段的一项基础工作。这项工作是一项专业化的复杂工程，测评要素体系要素设计要反复修订、试用，测评标准体系要借助于大量的被试人群来完成。在实际操作中，测评专家一般借助于成熟的测评技术，成功组合各种测评工具，从而实现测评的功能和目的。

（5）选择测评方法和测评工具。人力资源测评准备阶段的最后一项工作就是选择测评方法和测评工具。就现有的测评实践来看，可以说，确定合适的测评工具是决定测评效果的关键因素。一般来说，知识水平是通过纸笔测试的方法来获得的；智力、推理能力、性格等要素是通过心理测试来进行测评的；而组织能力、决策能力等要素通过评价中心则可以得到更有效的测评。另外，自我认识等要素，则在面试中可以得到更准确的评价。还有些要素如工作绩效等，可以通过人员评定加以考核。

（二）人力资源测评的实施阶段

1. 宣传动员

宣传动员工作主要考虑两方面：一方面是向施测人员介绍测评的内容、要求、注意事项，目的是让他们全面把握和了解测评的方向与程序；另一方面是向被测人员宣传测评的重要性、目标和用途，以得到他们的理解和配合。

2. 选择测评的时间与空间

选择测评的时间时应考虑以下几个方面：第一，各项准备工作的进展情况；第二，测评要与其他工作相互协调，不要相互冲突；第三，把测评放在被测人员精力旺盛的时候（例如，上午8：30～11：30）进行；第四，根据测评方法和目的，合理安排各种测评方法的先后顺序，如先笔试测验，后面试或情景模拟等；第五，尽量安排在被测人员的空余时间进行。

选择测评的空间时应注意以下几个方面：第一，测评环境要安静、舒适；第二，测评场所要采光好、卫生整洁；第三，测评场所内无潜在的干扰源，如电话等；第四，空气新鲜，通风良好，温度适宜；第五，所需设施齐全、好用；第六，租价低，交通方便；第七，有些测评方法需要专门的场所；第八，测评人数要与测评空间相一致，空间不宜太大，也不宜太小等。

3. 实施测评

测评过程的组织实施应注意以下几个基本问题。

（1）做好充分的准备工作。

（2）测评的组织机构要对测评过程的各环节进行指挥、协调、监督。

（3）制定测评全过程的进度表，并遵照执行。

（4）明确每个测评人员的任务与职责，测评人员要行为举止文雅庄重、仪态端庄，测评过程中不能有任何多余的或暗示的语言。

（5）制定相应的操作规则和奖惩措施。

（6）保守测评秘密，遵守测评纪律。

（7）统一测评要求。

（8）防止一些事故或干扰因素发生。

4. 收集测评数据

实际测评完成以后，测评数据要由专业人员负责及时全面收集、保存，不得遗漏；与此同时，测评人员还要注意测评数据的保密问题。此外，对测评数据要及时取样抽查，检查测评是否符合要求。如果发现测评数据出现异常，那么要及时检查原因，能够排除的，要尽量及时排除。

（三）人力资源测评结果的统计应用阶段

1. 数据处理

按处理工具来分，测评数据处理主要有两种方式：手工脑力处理和计算机软件处理。前者主要适用于数据少且统计过程简单的测评数据的处理；后者适用于数据多且统计过程复杂的测评数据的处理。随着计算机科学的发展，目前，测评数据处理和管理的计算机化已经发展成为人力资源测评数据处理的主要方法。一般来说，测评数据处理的主要步骤如下：

（1）测评数据的整理。这一过程主要包括数据的分类、编码、排序、核实等工作。

（2）数据文件的建立。数据文件目前可以利用数据库软件数据库管理系统（Foxbase）或统计软件包统计产品与服务解决方案（SPSS）、统计分析软件（SAS）等编辑建立。

（3）处理程序的编制与调试。必须根据数据处理的需要来编制程序，处理程序初步编制好之后，需要用小批量数据进行预试检测与修改，直至输出结果符合所需要的功能要求为止。

（4）数据的统计处理。这一过程即程序的运行过程。在处理时，要检查输出结果是否达到了全部测评的目的，有时还需要增加新的功能块。

（5）测评结果有效性与可靠性的鉴定。这是人力资源测评工作的自我检验和反馈，由测评的组织人员对测评的评价结果进行效度和信度的分析，检验测评的目的是否实现。对于失真的测评结果要主动舍弃，并考虑重新设计测评要素和测评标准进行测评。

2. 测评结果的解释与应用

解释测评结果的方法大体上有顺序解释法、能级解释法和特征解释法三种。

（1）顺序解释法及其应用。顺序法是对测评分数按其大小顺序进行排列，从中进行比较和选择。它主要适用于人力资源调配、人才选拔和人才流动。

（2）能级解释法及其应用。能级解释法是用一定的临界点将测评得分划分为若干等级，并对此进行评价的方法。能级的划分可以是测评总分，也可以是结构分或要素分。区分能级的目的是可以依据不同层次的个体和群体进行不同的调整、开发和管理，因而它更加适合于人员素质的调查、培训和后备干部的选拔。

（3）特征解释法及其应用。特征解释法是根据测评得分的构成特点将被测人员划分成各种类型，并予以评价的方法。它同能级法的区别在于，能级法以一定的临界点划分等级，而特征法则以分数特征来区分类型。它适用于区分被测人员的主要素质特征和类型。

3. 实际应用

实际应用这一工作是测评的最后工作，主要有形成测评报告、将测评结果反馈给有关部门和个人、根据测评结果做出有关人力资源决策、测评总结、跟踪测评的效果等。

九、人力资源测评实施存在问题的解决思路

（一）人力资源测评实施中存在的问题

人力资源测评在中国的实施还处于启动阶段，在实施的过程中还存在这样或那样的问题，尤其是很多人经常有这样或那样的疑问，如"测评准不准啊""测评有没有权威性呢""测评测出我的缺陷怎么办"等。这些问题或疑问的存在，在一定程度上使得人力资源测评的实施经常遇到意想不到的困难。为解决这些问题或疑问及其对人力资源测评的实际影响，保证人力资源测评的有效开展，我们必须从教育体制、人事制度、社会观念、思维和行为模式等多方面入手，以解决实际问题。

（二）解决测评实施问题的技巧

要解决测评实施问题，除了从宏观上和社会角度努力创造有利于测评实施的社会环境以外，还需要在具体测评实施工作中解决以下一些问题：

（1）保证测评的权威性。人力资源测评是建立在多学科的基础之上，并经过实践的检验所形成的一套科学的、系统的理论体系；而且，每一种测评工具和测评体系的形成（测评的要素体系和标准体系）都是经过长期的专家论证、大量的实验而逐步完善的。因此，人力资源测评绝不同于"算命"，它是一种科学的工具。当然，要保证这种工具的科学性，就要求在实施中要绝对按照各种测评工具使用的实际要求来进行，据此来保证测评结果的权威性。

（2）正确对待测评自身的优缺点。每一种测评方法、每一套测评工具或测评工具组合都有自己的优点和缺点，都有自己的适用范围；而且，测评方法、测评工具本身也有一个准确率的问题。这种现实告诉我们，不能绝对夸大测评结果的可靠性；否则，可能会给人力资源管理者以误导，也给被试者造成不必要的损失和心理负担，从而给组织人力资源管理工作带来负面影响。正确的做法应该是，一方面坚信测评结果的一定程度的可信性；另一方面结合其他考察手段，包括档案分析、绩效评估、证明人等，共同对员工做出合乎实际的综合评价和鉴定。

（3）正确对待人力资源测评的结果。人力资源测评可以全面反映一个人的素质，可

以为人力资源的决策、管理、培训提供辅助手段。但是，从组织和人力资源管理者角度而言，要正确对待人力资源测评的结果：一方面要依靠测评结果实施人力资源管理的有关措施，另一方面也不能绝对局限于测评结果来对员工实施相关的人力资源行动。有时，还需要以发展的眼光来看待测评中相对不理想或不适合现有岗位的员工，并通过一系列手段对这些人进行深度培养和重新塑造，以发挥组织人力资源工作的最大效用。

（4）提高被试者对人力资源测评的认识。从组织和人力资源管理者角度正确对待人力资源测评的结果固然很重要，但是，光强调组织和人力资源管理者的认识是不够的，还需要提高被试者自身对于人力资源测评的认识。这主要包括两方面的内容：一是要提高被试者对于人力资源测评可靠性和权威性的认识，让他们主动配合和积极响应组织实施的人力资源测评工作；二是提高被试者对于人力资源测评结果的实际承受力，使他们以一种平常心来对待测评结果。具体来说，要让被试者做到：若测评结果对自己有利，或测评结果显示了自己的长处，则要坦然处之，并努力保持和发扬；若测评结果对自己不利，或测评结果显示了自己的短处，也要能够勇敢面对，并努力改进或完善。

第二节　实现最佳配置，挖掘人力资源的潜能

人力资源的最优配置是人力资源开发的重要手段。它通过人与事的协调，实现人力资源与物质资源的科学结合，从而提高企业的运营效率。

一、人力资源的科学配置及其依据

人力资源的配置是根据经济和社会发展的客观要求，科学合理地分配人力资源，使其实现与生产资料合理结合，并充分发挥人力资源作用的过程。人力资源的配置可以划分为人力资源的宏观配置与微观配置两个不同的层次。

人力资源的宏观配置是指一个国家把全部人力资源按社会经济发展的客观要求，通过一定方式分配到各地区、各部门的过程。人力资源的宏观配置的客观依据有以下几点。

（一）各地区、各部门经济发展的客观需要

各地区、各部门经济发展的客观需要是人力资源配置的基本依据。一个国家的各个地区和各个部门之间的经济发展往往是不平衡的，人力资源的分布应力求和经济发展的水平相适应，以及与产业结构相适应。

（二）自然资源的分布情况

自然资源的分布情况是宏观人力资源配置的重要依据。在一个国家范围内，各地区的

自然资源分布是一个不以人的意志为转移而客观存在的。现代科学无法改变自然资源分布的格局，因此只能按照自然资源分布的客观要求去分配人力资源。

（三）社会文化发展的客观要求

社会文化发展的客观要求也是人力资源配置的重要依据。一个国家，不仅经济发展具有不平衡的现象，连社会文化的发展也是不平衡的。这是由于受经济、政治、地理和历史的影响，各国都形成了一些中心城市。这些城市往往设施先进，文化教育、科学研究机构比较集中，工业、商业、交通运输发达，因而人力资源分布密集，人力资源质量也很高。而中小城市和农村，社会文化发展水平较低，人力资源不太密集，人力资源的质量也相对较低。

人力资源的微观配置是指一个企业、一个单位如何科学地把人力资源分配到各个部门、各个岗位的问题。任何一个组织都要追求组织效率。组织效率取决于各个部门的效率，而部门的效率又取决于每个岗位的劳动者个人效率及各岗位是否主动、合理、科学地协作。组织内部人力资源配置，其最终目的是提高组织效率。

二、通过人力资源配置实现人与物的有效结合

人力资源与物质资源在运动过程中既有各自的特性，也有共性。

首先，人力资源是作为主体资源，自动参与到社会运动过程的各个环节的，这是其区别于物质资源运动的最显著的特性。

其次，人力资源本身也是一种客体，也具有对象性，它的运动过程的各个环节也都有客观性。例如，人力资源需要经过开发、配置等环节才能发挥作用，在这方面又体现出其与物质资源运动的共性。

人力资源配置是为了更充分地利用人的体力、智力、知识力、创造力和技能，从而促使人力资源与物质资源的完美结合，以产生最大的社会效益和经济效益。合理的人力资源配置是使企业保持活力的基本要素之一，它不但可使企业组织内的人力资源结构趋向合理，而且可最大限度地实现人尽其才、才尽其用，使每个人的才智和潜能都能得到充分的发挥。

人力资源是生产与管理的主体，其素质如何，结构是否合理，直接关系到社会经济发展的水平和质量。因此，合理的人力资源配置是保证国家、地区、行业、部门和单位达到既定目标的基础条件。而要实现人力资源配置的合理化，并不是一蹴而就的，它需要有个过程。在这个过程中，对于人力资源的地域和行业分布、结构状况等，都需要进行不断地调整。人力资源的配置过程，实际是一个处于动态变化的过程。保持人力资源配置的动态性，是保证人与物随时处于有效结合的必要条件，也是人力资源自身发展变化的客观要求。它有利于调整组织内部的人际关系和工作关系，也有利于更新员工队伍，优化组织内的人力资源结构，激发员工的工作热情，从而达到人与工作的最佳匹配。

人力资源配置的基本任务是谋求人与事的协调，实现人力资源与物质资源的科学结合。

因此，必须注重人力资源客观存在的不同层次和类型，在进行人力资源配置时，必须全面考虑各种有关的因素。

从客观的角度出发，人力资源配置必须随着社会、经济、生态环境的变化，把原有的不能适应新形势要求的人力资源结构加以调整和重新配置。这种调整和重新配置的需求主要来自以下因素的变化。

（一）社会发展

随着社会的发展，社会结构在不断发生变化，各种社会机构也在不断进行调整。因社会功能的改变而需要增加和发展一些行业、机构和部门的同时，另外一些不适应发展需要的行业、机构和部门则要压缩或撤销，从而引起社会上各种相关工作岗位的变化。因此，必须对原有的人力资源结构进行重新配置或调整，以适应社会发展和社会结构变化的需要。

（二）经济调整和产业结构的升级

随着经济的不断调整和产业技术结构升级，经济的科技含量也在不断提高，新兴的高科技产业和服务业不断涌现，旧的产业逐渐被取代。一方面，经济结构的变化，使那些不适应发展需要的企业倒闭或破产，企业员工失业或转岗；另一方面，产业技术构成的变化，对已经参加生产活动的人力资源和新增补的人力资源有了新的更高的要求，在需要提高所有这些人力资源的素质水平和层次构成的同时，还需要对其中部分人员进行岗位调整。因此，无论是失业人员的重新就业，还是在职人员的工作变动，都必须对原有的人力资源结构进行调整和重新配置，以适应经济与产业发展和升级的需要。

（三）人力资源本身的变化

随着时间的推移，人力资源会出现新增人力、自然减员、人员流动、岗位变化、优胜劣汰等情况。劳动者在不断追求自身素质水平的提高，脑力劳动与体力劳动的进一步分化，以及相应的从业人员比例的变化等，都使人力资源的整体结构、层次、类型等有关方面出现了许多新的情况。因此，需要对不同类型和不同层次的人力资源余缺等状况进行调整，以达到不断优化人力资源结构、解决人力资源供求矛盾的目的。

三、人力资源科学配置的基本原则

人力资源的科学配置是企业高效运转的重要保证。一般来说，企业人力资源素质的合理配置应坚持以下原则。

（一）个体素质与岗位要求对应的原则

个体素质是指个人的年龄、体质、性别、性格、气质、智能和专业技术等状况。个体素质不仅与岗位要求之间有密切的关系，而且同构成个体素质的各要素之间也存在着一定的制约关系。有关研究和实践证明，人的年龄与体力、能力的关系表现为从某一年龄段体力、能力开始递增，然后趋向平缓，最后又显著下降的过程。从岗位工作来看，一些特殊工种对人员的年龄、体力、性别都有特定的要求，超过一定年龄，其体力就不能适应工作的要求了。不仅如此，人与岗位是否相适，还取决于个体的性格、气质、兴趣、能力、专业是否与岗位要求相符合。几乎每一种职业岗位都对从业者的性格、气质提出了特定的要求。性格、气质适合从事某一职业岗位，并且感兴趣，且具备该岗位所需要的能力、专业知识，那么，就实现了人与岗位的最佳结合，从而为充分发挥个体能力打下了基础。

要实现人与岗位的最佳结合，不仅要全面分析测定个体的素质状况和研究岗位要求，还要有人员能上能下、能进能出、自由流动的配套制度。这是坚持人与岗位相对应原则的基本环境。

（二）群体结构的合理化原则

一个企业的整体效益如何，不仅受个体素质的影响，还受群体结构的影响。所谓群体结构，是指企业各种不同类型人员的配置及其相互关系。企业人力资源的群体结构的合理化是在其专业结构、知识结构、智能结构、年龄结构及生理结构合理化的基础上形成的。

实现群体结构合理化的基本要求有如下几点。

1. 能级原则

能级是物理学中的概念。其原意是指处于束缚状态的微观粒子分别具有一定的能量，把这些能量按大小排列，称为能级。如果把这一概念引申到人力资源开发系统，就可以将每个人具有的能力高低看作能级。所谓能级原则，就是把具有不同能级的人以能力高低为序合理地组合在一起。按能级原则配置人力资源，有利于充分利用人力资源，并且能够使他们的能力在这种合理的组合中得到发展。例如，在一个职能科室中，科长的能力最强，副科长次之，科员比副科长更差一些。他们在不同的岗位上工作，有利于互相协调和学习。人才过于集中，并不都是好事，因为它必然会使一部分人的能力得不到充分发挥，从而影响工作效率和劳动生产率的提高。按能级原则配置人力资源，就避免了出现"一只笼里关两只虎"，导致"两虎相争"，从而影响工作的局面。

2. 互补原则

人的能力不仅有高低之分，而且由于个人生理、心理条件的不同，所受教育培训的程度和内容也不同，因此各人的知识、专长、性格也不一样，即具有质的差异。因此，在人力资源配置中，遵循互补的原则，就是把具有不同技术特点、心理素质、生理素质的人科学地组合在一起，具体来讲，就是通过专业互补、知识互补、智能互补、年龄互补、生理心理素质互补来达到群体结构的合理化。

（1）专业互补。所谓专业互补，是指一个系统内各专业人员应有一个合理的比例关系。由于科学技术的进步，知识的迅速更新，生产工艺越来越复杂，学科越分越细，不可能用一种专业完成一项较复杂的生产工艺；同时，任何一个人都不可能掌握所有知识，精通所有专业。这就需要将不同专业的人员按一定比例合理配置，从而形成一个互补的专业结构。

（2）知识互补。所谓知识互补，是指一个系统内各种不同知识或不同知识水平的人的合理组合。人的知识不可能处在同一水平线上，总是有高、低、深、浅、多、少之分。因此，在一个系统中，不同知识或不同知识水平的人，就有一个合理组合的问题。通常情况下，合理的群体知识结构应表现为不同知识水平的人员按高、中、低三个层次呈梯形分布。

（3）智能互补。所谓智能互补，是指一个系统内各种不同智能类型的人的有机组合。人的智能有各种各样的表现形式，如开拓型、创造型、组织型、实干型等。只有将不同智能类型的人合理地组合在一起，才能发挥出群体智能水平。

（4）年龄互补。所谓年龄互补，是指一个系统内应由不同年龄的人按一定比例组合。合理的年龄结构应表现为老、中、青三者结合的有机整体。

（5）生理心理素质互补。所谓生理心理素质互补，是指一个系统内应由不同体质、性格、气质、志趣的人按一定比例构成，从而使个体之间相互协调，发挥更大的群体效能。

由此可见，坚持互补原则，合理地将不同专业、知识、智能、年龄、性格、气质、志趣的人组合在一起，彼此取长补短，形成一个群体的"全才"，从而发挥出群体结构的最佳效能。正如恩格斯所指出的："许多人协作，许多力量融合为一个总的力量，用马克思的话说，就造成'新的力量'，这种力量和它的一个个力量的总和有本质的差别。"显然，这种"新的力量"就是一种合理的结构效益。

（三）效益原则

效益原则实际上是对前几个原则的概括和总结。把企业人力资源配置的出发点和落脚点归结为一点，就是要提高组织效益，保证目标的实现。为此，在人力资源配置中，不仅要坚持个人与岗位之间的对应，而且要使组织的群体结构处于合理状态，这样才有可能使个人能力得到充分发挥，从而获得较大的组织效益。

四、人力资源科学配置的主要途径

从人力资源的状态来划分，人力资源的配置可以分为两个层次：一是存量配置，二是增量配置。存量配置是指已有人力资源的配置，主要是指已就业人员的重新配置；增量配置是指对新增人力资源的配置，主要是指新就业人员的配置。无论是存量配置，还是增量配置，都可以通过以下途径来进行。

（一）计划配置

计划配置是指根据国民经济发展规划，通过各级计划，将人力资源有组织地配置到各级工作岗位的一种手段。它分两种情况：一种是在职人员通过经济发展规划安排，有计划、有组织调配，它是直接构成存量配置的内容之一，无论是地区、部门，还是行业、职业，都可以采取这种途径；另一种是求职人员按照国民经济计划的安排，进入某种重要行业、职业岗位，这种类型的大多数是在其原居住地区就业，也有一些到其他地区就业，可称为"计划就业"途径。

计划配置曾经是我国传统计划经济体制下唯一的人力资源配置方式，也曾对我国人力资源运营起到过重要的作用。但是，随着市场经济的发展，计划配置已越来越不适应经济的发展，其自身的缺陷使它成为经济进一步发展的障碍。

在社会主义市场经济中进行人力资源配置，不仅要克服计划配置的缺陷，充分发挥市场的配置功能，还要发挥计划配置的优势。这就要求计划必须是建立在市场基础上的计划，充分重视人力资源载体——人的选择，充分遵循价值规律。同时，要对计划与市场进行分工，计划配置主要着眼于宏观人力资源的配置，市场配置主要着眼于微观人力资源配置，只有二者结合，才能保证人力资源配置的效率最大化。

（二）自动配置

具有劳动能力而又要求就业的求职人员自行就业和在职人员受诸种因素的影响而自发流动的过程，称为人力资源的自动配置。自动配置是人力资源能动性的充分表现，它是人力资源供给方自主地寻求实现自身价值最大化的一种方式。从本质上讲，自动配置是一种市场行为，它通常起因于相对利益的比较，如农村的过剩劳动力大量进入城市就业，就是出于城市与农村的比较利益。因此，从广义的市场角度看，自动配置属于市场配置。

由于自动配置发端于比较利益，因而在通常情况下，自动配置会带来较好的微观经济效益和宏观经济效益。

当然，自动配置也有一定的负效用。当通过自动配置实现人力资源配置的规模过大、过于频繁时，将会带来巨大的负效用。因此，我们应该对自动配置加以引导，将其规范化，并逐步纳入劳动力市场（狭义的市场配置）配置中，但是切勿对人力资源自动配置设置障碍。

（三）市场配置

市场配置是指以市场为基础配置人力资源，是现实经济生活中人力资源与物质资本相结合的方式或途径。它既是社会化大生产和市场经济发展的必然结果，又是社会化大生产和市场经济发展的前提条件。

市场配置有广义和狭义之分。广义的市场配置是指供需双方通过谈判实现人力资源配置，它无须固定的场所，只要存在着买卖关系即可。自动配置就是一种典型的广义市场配置。狭义的市场配置是指通过劳动力市场来完成的人力资源的配置。通常，人力资源的配置要由中间机构进行协调、管理与监督，以确保人力资源供给方的权益和劳动雇佣合同的有效性。广义的市场配置通常包括狭义的市场配置，只不过前者还包括自发的、无组织的人力资源配置，劳动力市场配置则更为规范化。

市场配置与计划配置相比较有许多优势。

（1）市场配置是建立在自愿基础上进行的，它充分尊重当事人的意愿，尤其是人力资源供给方的意愿；而计划配置则更注重需求方的意愿，无论供给方是否愿意，强制执行，其结果往往造成供给方的逆反心理，降低配置效率。

（2）市场配置成本低、速度快，只要供需双方满意，即可签订协议，完成人力资源配置，无须复杂的手续。

（3）市场配置效率高。由于市场配置由供需双方谈判而成，因而双方可以进行信息沟通，真正达到将合适的人配置到合适的岗位的目标；而计划配置由于信息的不完备，往往出现专业不对口等人力资源配置的扭曲现象。

当然，人力资源配置不仅要注重经济效益，还要注重社会效益；不仅要注重微观经济效益，还要注重宏观经济效益。这就要求一方面充分发挥市场配置的基础作用；另一方面合理运用计划配置手段，建立计划配置与市场配置的有效结合方式。

五、深化改革，加快人力资源配置的市场化

人力资源配置是实现人与物相结合，提高人力资源使用效率和使用价值的主要途径。加快人力资源配置的市场化，是现代市场经济发展的必然要求。

（一）市场在优化人力资源管理配置中的作用

在人力资源配置中不断加大市场机制的作用，是现代市场经济发展的必然要求。在人力资源配置过程中，面对数以亿计的人力资源和数以千万计的用人部门和单位，要达到对人力资源的全面合理配置，确实是一项错综复杂的庞大社会工程。历史上曾有不少国家企图以高度集权的管理体制来完成这项工程，但效果并不理想。随着社会的发展，已有越来越多的人认识到，在人力资源的配置上必须引入和发挥市场机制的作用。事实表明，与高度集权的劳动人事管理体制相比，人力资源市场机制是最节约、最有效的人力资源配置方式。诚然，市场机制本身也存在着一定的局限性，特别是发展中国家常常存在着市场发育不完全的问题。因此，单凭市场调节来解决人力资源配置问题，其效果确有不尽如人意的地方，这就需要政府的计划调节来弥补这些不足。尽管如此，市场机制作为人力资源配置的一种最主要形式，是必须坚持和发展的。

（二）市场机制对优化人力资源配置的影响

人力资源市场机制在人力资源配置方面所起的作用，主要是通过价格机制、竞争机制等反映价值规律的内在环节的有效运行来实现的。其中，价格机制不但是调节人力资源所在地区、部门和岗位之间合理配置的强有力的经济杠杆，而且也是激励劳动者不断提高自身素质，以适应生产力发展需要的有效手段；而竞争机制则是调节人力资源再生产和择业行为的重要手段，它有利于将人力资源市场上各种自发的、不合理的、盲目的倾向引向积极的方面，从而促使劳动者按照社会经济发展需要不断提高素质，以增强个人竞争实力。

而对企业而言，则可以促使其不断塑造良好的企业形象，努力提高企业的整体水平，合理使用人力资源，增强对高素质人力资源的吸引力，避免企业在竞争中处于劣势。因此，竞争机制无论是对劳动者还是对用人单位的发展都起到了积极的促进作用。

（三）市场化有利于促进人力资源供求平衡

人力资源配置的市场化有利于保证社会的整体人力资源达到供求平衡。因为在社会经济发展过程中，人力资源供求平衡只是相对的。劳动力的再生产和物质资料的再生产的随时变化，使得由它们所决定的人力资源供求关系也必然不断发生变化，从而也使得人力资源供求呈现平衡与不平衡相互交替发展的运动形式。这种动态关系的转换是通过人力资源市场的无数次交换行为和依靠劳动力价格的波动来进行调节的。人力资源市场机制所内含的价值规律作用使人力资源在部门、地区、企业与岗位之间的配置和供求关系可以较好地趋于平衡。

人力资源配置的市场化可使人力资源配置达到最佳状态。如果以社会总产值来表示，则社会整体人力资源的最佳配置就意味着社会上任何一个劳动者的再流动，已不能使整个社会总产值上升，而只能使之下降。如果人力资源的流动还可以再增加社会总产值，那么就说明当前人力资源的最佳配置尚未达到。因此，凡是可以增加社会总产值的人力资源流动，都有助于人力资源最佳配置的实现的，都属于合理的流动。

六、需要重视个人的择业自由

自由择业是市场经济发展的一种必然结果，是法律赋予社会每个公民的权利，是社会进步的表现。人们之所以要选择职业，是要满足自身的有关需要，这包括既为了能够在工作和事业中实现自身价值，同时也希望能够为社会做出应有的贡献。由于每个人的文化程度、家庭背景及所处的环境不同，因此各自对职业的看法和要求也有所不同。有的人特别看重职业的社会地位，有的人则更看重职业的收入。而那些属于闲暇偏好型的人，则更乐意从事较为舒适的职业等。各人的择业动机尽管有异，但总的来看，自我价值的实现、收入高低、社会地位及舒适度是多数人在选择职业时都会考虑的内容。由于实际中存在的每个人的特殊性，人们在考虑上述问题的主次地位时必然会有所不同。对于任何一种偏好的人来说，某一方面满足程度的降低，有可能由另一方面满足程度的增强来弥补。例如，如果改换职业后，导致新的工作收入降低，那么原来由高收入带来的满足感就会降低。但在同时如果新工作带来的实现自我价值的机会更大，社会地位较高，工作较舒适，那么从该职业中获得的总的满意程度仍然是不变的。而这种满意程度的高低，往往是影响个人劳动积极性的重要因素，即这种因素只能由个人来评判，而不可能由组织来确定。

人力资源的配置效益会受物质资源配置状况的影响，而且有时这种影响还是很大的。但是在物质资源的最佳配置已解决的前提下，实现人力资源的最佳配置则意味着：

（1）具有各种技能的劳动力分别被分配到最能发挥专长的岗位上。

（2）各部门的劳动力数量同本部门的生产资料的数量及其生产要素的技术构成能够相适应。

（3）除了对劳动力的质和量的要求之外，最佳配置还意味着每个劳动者的积极性都得以充分发挥。

实践证明，劳动生产的产量与劳动者的工作情绪有关，而工作情绪又与劳动者对职业和单位的满意程度有密切关系，而这种满意程度又成为影响个人择业的重要因素。因此，要实现人力资源的最佳配置，就应该保证劳动者有选择职业和单位的机会与自由。在现实生活中，由于各种约束条件的存在，人力资源配置的最佳状态只能是实现现有约束条件下的最佳状态。而且当约束条件发生变化时，所谓的最佳状态的实际内容也将会发生变化。但是无论约束条件如何变化，保证个人择业自由这一基本前提都是不应该改变的。

第五章 企业人力资源开发创新：教育培训

人力资源作为现代经济增长的战略资源、能动的第一资源和特殊资源，发挥着现代经济增长的新引擎和加速器的巨大作用。有鉴于此，人力资源引起了人们的极度关注。但是，对现代经济增长产生巨大作用的并非一般人力资源，而是凝聚了高人力资本存量的人才资源（或称特殊人力资本）。在世人面前展示的一个事实是，当今时代，高度重视和加大人力资本投资，强化人力资源开发，已成为现代企业制胜的法宝。这推动相关理论研究将人力资源开发从人力资源管理中相对独立出来，并且从教育培训开发、职业开发、激励开发和组织开发等多方面，全面展开了人力资源开发实践创新。本章重点阐述教育培训的开发创新。关于组织开发，因第四章已作论述，故此不再赘述。

第一节 企业人力资源开发

一、人力资源开发的含义

"开发"一词，《辞海》中有解：用垦殖、开采等方法来充分利用荒地或天然资源；启发、诱导。显然，第一种解是相对于自然资源而言，荒地、荒山、荒原可以垦殖，石油、煤、铁、有色金属等矿产和太阳能、天然气等，可以挖掘、开采，开发自然资源不言而喻。当然，我们不能将人力资源简单地等同于自然资源，同样采用垦殖、开采、加工等方式来开发人力资源。但是，若从发现、挖掘、改进和提高意义上讲，开发亦适用于人力资源。至于第二种解，直接可视为是对人力资源的启发、诱发、引导、教育。因此，除自然资源开发之外，还存在人力资源开发。

人力资源开发，是 20 世纪六七十年代以来广泛盛行于西方的流行用语和实践活动。这是伴随人力资源在现代经济中的重要地位和作用逐渐显现而发生的。在当代科学技术信息时代，拉动经济增长的最重要的战略性资源和第一资源，不再是物质资源，而是人力资源，是经过开发的高素质的或高人力资本含量的人力资源。诸多国际知名大企业家对此体会颇深。美国著名钢铁大王卡内基曾言："将我所有的工厂、设备、市场、资金全部都拿去，但只要保留我的组织人员，四年以后，我将仍是一个钢铁大王"。在日本被誉为"经营之神"的松下幸之助总结自己的成功之道："选物之前先选人""要造松下产品，先造松下人"。日本年轻的企业家浅井雅夫意味深长地说："一个企业留下金钱是下策，留下事业是中策，留住人才是上策"。我国许多企业也成功地走上了人力资源开发之路。深圳某高科技通信公司，仅用了 4 年时间，从初创时的 300 万元净资产发展为我国有影响力的电子通信高科技行业的龙头企业，并跻身于全国 300 家重点国企之列，1996 年其实现销售收入高达 6.3 亿元，1997 年其第一季度就创下了销售收入近 3 亿元的佳绩。在总结其成功经验时，一名资深经理杨先生颇为感慨地说："即使厂房设备全部毁去，我公司将依然存在发展；与物化的资产相比，人才才是我们最具扩张力的资本和最大的财富"。该公司总裁侯先生言："高科技企业中，传统意义上的资产经营已降到一个次要位置，对人才资本的经营则是最重要的企业行为"。上述种种话语讲得何等好！何等精彩！何等深刻！它揭示了现时代一条千真万确的真理：惟走人力资源开发之路，企业才能立足与发展。

关于何谓人力资源开发，国内外理论界众说纷纭。从现有的资料来看，国外主要有如下几种不同概括。

第一种意见，人力资源开发旨在培养能力。美国培训与发展协会（ASID）在定义人力资源开发方面颇有影响力。该职业学术团体多年来倡导过多次能力研究，以确定人力资源开发领域。其中，以麦克拉根（Mclagan）为代表，其把人力资源开发定义为：训练和开发、组织发展和职业发展的综合利用，以便改进个体的、团体的和组织的效率。其基本思想是：企业工作需求个体必须具有一定的知识、技能、价值和态度等形式的能力，这些能力主要通过训练开发培养；企业要善于综合利用训练开发、组织发展和职业发展，从而促使个体能力充分利用和发挥，以完成各种行为和活动，达到提高个体、团体和组织的效率的目的。

第二种意见，人力资源开发旨在改变人的行为绩效。美国俄亥俄州立大学的罗恩·雅各布斯（R. Jacobs）在其《人类行为技术》单行本中，提出将人类行为技术作为人力资源开发领域的理论框架。他认为，人类行为技术的目标是应用系统措施，保证个体具有知识、技能、动机，并向其提供一定的环境支持，以使其有效地、富有创造性地完成工作。该理论认为，人力资源开发，就是采用应用系统措施，一是改进个体行为本身，即培养、提高个体，使之具有工作所需的知识、技能，并引发其动机，充分调动其积极性；二是改进个体行为所依附的组织和工作情境；三是改进个体行为结果。就是说，人力资源开发的焦点实质是改进人们的行为绩效，最终促进整个组织绩效的提高。

第三种意见，人力资源开发就是开发人力资本。人力资本训练开发理论以美国经济学家卡内维尔（Camevale）为代表。他认为，人力资源开发是把个体看作一个企业的资本资源的一部分，必须加以训练，以便增加这种资源的价值，这样，便可维持企业的竞争优势。显然，这种人力资源开发概念是以人力资本理论或人力资本观点作为支持的。其基本含义是：①人力资源是企业的一种资本资源，称为人力资本。②对人力资本可以进行教育培训投资，结合现实工作，对其加以训练，以增大人力资本的价值。其主要投资主体一是政府

（在学校毕业生的职业准备工作中给予投资）；二是雇主（在企业人力资本训练开发方面的投资）。这种旨在增加人力资本价值存量而进行的人力资本训练投资，即为人力资源开发。③人力资本训练开发，目的是使员工获得发展（特别是职业发展），增强企业实力和竞争力，从而立于不败之地。

第四种意见，人力资源开发，即工作中的学习。在人力资源开发领域，伦纳德·纳德勒（L. Nadler）是富有创造性和影响的。他认为，人力资源开发是在某一特定时期内，企业雇主所提供的学习经验（内容）导致雇员行为绩效改善和个体成长的可能性。这一开发概念强调：①开发，即工作中的学习，是一种为雇员当前工作服务的学习，所以是真正的训练。学习与工作有很强的相关性。②由雇主根据工作需要，提供学习的资金、机会、条件及学习方式、内容等。③人力资源学习、训练、开发的结果和目标：一是改善雇员行为绩效，结果必然进一步提高组织绩效；二是个体成长与发展。

鉴于这一人力资源开发定义具有强调工作中学习的显著特点，以及强调学习与工作的强相关性，故被认为其类似于成人教育。但是，仅仅是类似，实则二者不相同，人力资源开发不能等同于成人教育。坚持这种人力资源开发定义的学者就是在学习者、期望、目标、人事、基金等方面，对人力资源开发与成人教育作了区分。例如，在成人教育中，学习者大多是主动自愿学习的，对学习的期望大都是自我强加的，目标主要为个体成长，由学习者自筹资金；而在人力资源开发中，学习者却是由组织安排、被动参加训练的，对学习的期望大都是组织强加的，有明确的行为绩效目标，资金大都来自雇主。

第五种意见，人力资源开发是一系列教育培训开发活动或者工作。关于人力资源开发定义，应当说，美国的学者罗斯维尔（Rothwell）具有代表性。他认为，人力资源开发指的是，由企业倡导的一系列有计划培训、教育和开发活动。它将企业的目标与任务和职工的个人需要与职业抱负融为一体，目的是提高企业的劳动生产率和个人对职业的满意程度。美国的蒙迪（Ntody）和诺埃（Noe）所定义的人力资源开发，基本上同于罗斯维尔的观点：人力资源开发是企业方（资方）通过培训和开发项目改进员工能力水平和组织业绩的一种有计划的、连续性的工作。他们的定义包含了如下基本含义：①人力资源开发是企业方（资方）的行为、活动或工作。②人力资源开发是企业（资方）对员工所进行的一系列有计划的、连续的教育、培训和开发活动。③人力资源开发所达目的：一是改进员工能力水平及其工作行为，提高企业劳动生产率或组织业绩；二是个人获得发展（如职业），其需求得以满足。

在我国，对人力资源开发概念亦有不同表述。例如，张文贤、晏姚定义的人力资源开发是，根据人力资源的生理和心理特点，运用科学的方法，充分挖掘人力资源的潜力，合理配置人力资源，力求做到各尽所能、人尽其才，实现劳动投入和经济产出的高效率。它以提高效率为核心，挖掘潜力为宗旨，主体开发为特征。

卢福财所做的人力资源开发定义甚为简明：潜在人力资源向现实人力资源的转化即为人力资源开发。与此相比较，潘金云、杨宜勇关于人力资源开发的界定则较为详尽：人力资源开发是培植人的知识、技能、经营、管理水平和价值观念的过程，并使其在经济、社会、政治各方面不断获得发展并得到最充分发挥，它是一个提高人的素质、挖掘人的潜力的过程。经济方面：人力资源开发是经济发展必须积累的人力投资，目的是提高人力素质，发展生产力，增加国民收入。社会方面：生活幸福，创造有利于社会和经济进步的社会结构、价值体系和工作动机。政治方面：提高参政意识和思想政治水平、政策水平。

陈远敦、陈全明言：人力资源开发主要指国家或企业对所涉及范围内的所有人员进行正规教育、智力开发、职业培训和全社会性的启智服务，包括教育、调配、培训、使用、核算、周转等全过程。

综合国内外有关人力资源开发概念的探讨，我们认为，因为人力资源开发主体不同，应当有宏观和微观之分。

所谓宏观人力资源开发，是指国家和部门通过有计划的投资，利用教育、培训等一系列有效形式，采取得力措施，促进社会成员，特别是其中的社会经济活动人口（劳动力资源）的体能、智力、知识、技能形成和发展，即使其潜在能力现实化，以改进、完善社会成员的素质和行为绩效，从而促进社会生产力的不断发展。

微观人力资源开发，是指公司或企业作为一个独立的经济实体、法人，进行有计划的人力资本投资，即采取一系列教育、培训、开发的有效形式挖掘员工智力潜能，训练、提高其智力、知识和技能水平，培养其企业优秀价值观，充分调动和发挥员工积极性、自觉性和创造性的全面过程或活动，以促进员工发展，改进其行为绩效，保证企业生产经营战略的实施和各项经济目标与非经济目标的实现。

一般谈人力资源开发，大多是就微观而言的。理解人力资源开发，需要把握如下含义。

第一，人力资源开发，首先要确定开发主体（谁进行开发）和开发客体（对谁进行开发，即开发对象）。开发主体有国家、部门、社会团体、行业、企业、个人等；开发客体为主体所辖空间范围内的人力资源全体。

第二，人力资源开发的实质是挖掘人力资源内在潜能，提高人力资源的劳动能力，充分启发、调动人力资源劳动的积极性、自觉性、创造性。

第三，人力资源开发不是静止的现象或事物，而是主体作用于客体，将主体目标和任务同客体的个人需要和职业抱负融为一体的管理活动，是一个动态运行过程。

第四，人力资源开发不是单一的简单过程或活动，其中既有同类别人力资源开发，又有不同类别人力资源开发；既有横向层面上同级别人力资源开发，又有纵向不同级别人力资源开发；既有挖掘潜能的开发，又有提高劳动能力的开发；既有体能的开发，又有智能的开发；既有智力、知识、技能的开发，又有思想理念、价值取向的开发；它既是人力资源管理部门的本职工作，又是其他管理部门及整个组织应担当的工作。因此，从开发内容、客体对象到开发任务担负，均表明人力资源开发是多项过程或活动纵横交错有机联系和交织在一起的，其构成了一个立体交叉的开发系统。

第五，人力资源开发目的是满足个人需要，促进个人发展，改进行为绩效，实现开发主体的各项经济的目标和非经济的目标。

二、人力资源开发内容

人力资源开发什么，因其主体及其需求和角度不同而不同，所强调开发的重点也不相同。例如，张文贤、晏姚从人力资源开发理论体系研究角度，将人力资源开发的基本内容确定为：心理开发、生理开发、伦理开发、智力开发、技能开发与环境开发。

（1）心理开发：针对劳动者的需求和动机，调动劳动者的积极性、主动性，增强劳动力。

（2）生理开发：主要以保护人力资源为目的，按照人体生理规律，科学、适当地安排劳动时间、劳动量、劳动条件及正确合理的劳动姿势。

（3）伦理开发：唤起劳动者的职业伦理道德、精神，激发其无穷的精神力量。

（4）智力开发：主要开发劳动者的创造力，培养其创造意识、创造性思维，发现创造性人才，激发创造冲动。例如，罗曼·罗兰的"一切生命的意义就在于此：在于创造的刺激。"

（5）技能开发：通过职业教育，不断提高劳动者技术素质。

（6）环境开发：主要是改善劳动者的社会环境，协调劳动过程中的人际关系，不断增强团体组织的凝聚力，使劳动者在和谐、友爱的气氛中心情舒畅地劳动。

从企业人力资源管理职能角度看，人力资源开发包括教育培训开发、职业生涯开发、组织开发和激励开发等。此外，根据企业发展对人力资源的需求，还要进行人力资源数量开发、质量开发和结构开发。

人力资源数量开发，企业通过招聘、引进、调配、培训教育等开发形式，满足企业对人力资源、人才资源数量的需求。

人力资源质量开发，主要通过教育培训等各种有效形式，满足企业对人力资源质量的需求。

人力资源结构开发，通过教育培训对企业现有人力资源进行结构性开发，以满足企业对各类人员数量、能力、素质的需求。其主要有以下三种类型。

（1）管理型开发：针对企业管理人员的现状，实施系统化、规范化的基础管理理论教育；

（2）操作型开发：对企业直接从事生产的员工，进行现代知识、操作技能的教育培训；

（3）未来型开发：以超前意识，对目前尚未实行，但发展趋势必然要实行的现代化管理、新工艺、新设备、新材料、新技术等方面的人才进行的教育、培训与开发活动。

以上是从学术研究和企业管理工作角度所述的人力资源开发的基本内容。从人力资源开发主体组织角度看，由于不同组织代表不同人力资源群体的利益，不同组织有各自相异的宗旨、目标、职责和任务，因此强调人力资源开发的方面，或者侧重开发的内容不尽相同。具体实例如下。

国际劳工组织站在劳工立场上，强调人力资源开发主要针对技术职业教育和就业培训，以增强自谋职业的能力，从而可以避免结构性失业。

联合国教育、科学及文化组织以培养、教育人的成长和促其作用的发挥为己任，确定人力资源开发主要针对人的能力与潜能的开发。人的能力包含4个方面：①健康，即身体健康和心理健康；②生存，防御和保护自己；③自主，即有选择的能力，不受压抑，没有依赖性；④个性，具有与他人沟通的能力，能适应社会环境等。

联合国经济及社会理事会则从有利于整个经济社会发展方面来确定人力资源开发内容。从广义看，其认为所有的经济和社会发展过程都具有人力资源开发特征，透过人力资源外表，可集中看到主要相关方面和开发过程中优先发展的方向，即就业和劳动力、科学与技术、生活水平三个主要范畴。

若抛开人力资源开发主体组织特质，立于主体直接作用于客体的运行过程来思考，有的学者主张人力资源开发内容包括两项：能力开发和精神开发。能力开发，即体能与智能（智力、知识、技能）的开发，此为人力资源所具有的实际能力，是其作为资源的基础、实体；精神开发，即人力资源的政治观念、职业道德、敬业精神、合作意识、企业本位意识和归属意识等的培养、教育与开发。

美国的罗伯特L.马希斯和约翰·杰克逊强调，人力资源开发的作用是给员工增添超过他们目前工作需要的各种能力。它是企业为提高员工承担各种任务的能力所进行的努力。它既有利于企业，又有利于员工。企业只有拥有各种具有丰富经历和高强能力的员工与管理者，才能增强竞争力和适应竞争环境变化的能力。同时，通过人力资源开发，员工个人的职业生涯目标将逐渐变得更加明确，职务也得以步步升迁。

从人力资源开发的学术研究角度、工作职能角度，以及开发主体需求角度来看，考察人力资源开发内容会有很多方向。我们认为，真正要确定人力资源开发的内容，还应当立定于主体直接作用于客体的运行过程，从人力资源开发实质内涵考察。据此，人力资源开发有狭义内容和广义开发内容之分。

狭义人力资源开发内容包括四项。

（1）启发、挖掘人力资源已经具有的体能和智能。体能，为身体素质（如力量、速度、灵敏度、耐力、反应力等）和心理素质，即对劳动负荷和一切社会事物的身体、心理承受能力，以及劳动过后消除疲劳、恢复体能的能力。智能，包含三方面：①智力，认识事物、运用知识、解决问题的能力，包括观察力、理解力、思维判断力、记忆力、想象力、创造力等。②知识，从事社会生产与生活实践活动的经验和理论。③技能，在智力、知识的支配和指导下，运用生产资料或推动生产资料的实际操作或运作能力。

（2）在原有基础上，进一步培养、训练、提高人力资源的能力，特别是智能水平。

（3）培养、训练、提高人力资源的思想素质水平。思想素质，是人力资源作为能动的生产要素、经济资源，推动生产资料所具有的思想意识、品德。例如，工作责任心、事业心、敬业精神、创新精神、协作精神、劳动态度、职业道德、价值取向等。

（4）充分启发、调动人力资源的工作积极性、自觉性和创造性，改进习得的行为绩效。人力资源所具备的能力再大，若不发挥出来，不能产生行为绩效，则对个人和企业无益。据美国哈佛大学詹姆斯教授对按时计酬工人的调查发现，一般情况下，工人只发挥20%～30%的能力，若受到充分的激励开发，其能力可发挥到80%～90%。因此，这一项开发内容是十分必要和重要的。

一般情况下，人力资源开发内容是就狭义而言的。其中，第1项内容是挖掘人力资源潜在能力的过程；第2、第3项是训练、提高人力资源的能力和素质的过程，即给人力资源增添超过他们目前工作需要的各种能力；第4项则是促进人力资源全部能力充分释放并获取行为绩效的过程。4项开发内容缺一不可，相辅相成，共同构成一个完整的人力资源内容开发体系。

除人力资源狭义的开发内容之外，有的情况下，特指广义的开发内容。广义人力资源开发内容，除包含上述4项外，尚有第5项内容的开发，即合理配置、使用、调配人力资源，以做到人尽其才，才尽其用。这是在前4项开发内容的基础上，创造人力资源能力充分释放的适宜场所或工作岗位，创造人力资源作用充分发挥的广阔天地。

第二节　企业教育培训开发创新

美国一家管理教育研究中心总裁吉尔 A. 洛丝特（J. A. Rossiter）曾言："员工开发是一个为员工提供思路、信息和技能，帮助他们提高工作效率的过程。"企业教育培训，可以直接提高员工技能，为员工提供新的工作思路、知识、信息、技能，是增长员工才干和激发员工创新精神的根本途径与极好形式，因此其是最为重要的人力资源开发内容。在人力资源开发实践创新中，教育培训创新当为首要目标。适应现代科学技术迅猛进步和知识经济时代的来临，企业教育培训不可避免地发生诸多方面创新。

一、教育培训是企业最重要的投资

传统的观念与实践，从未将教育培训提高到企业投资高度予以认识和运作。实则，教育培训亦为一种投资，是比物质资本投资更重要的人力资本投资。

企业物质资本投资是伴随企业的出现而同时产生的。但是，在企业发展数百年时间里，却不曾有真正的企业人力资本投资。在近代企业发展过程中，虽然出现过零散的、少量的、不同形式的雇员培训，但是，那不是真正的有明确目的、明确目标、自觉的、规范化的专门资本投资。作为企业一项专门的生产性资本而进行的人力资本投资，出现于第二次世界大战以后。

自英国产业革命到第二次世界大战，是自然经济被取替、商品经济文明确立和大发展的时期。在此期间，经济的发展主要依赖于物质资本的扩张和劳动力资源数量的增加，这是以物质资本为依托的传统经济增长模式。第二次世界大战以后，人类进入了现代商品经济文明发展时期。由于第三次技术革命浪潮的涌起，现代经济增长不再主要依托于物质资源和劳动力数量的扩增，而是取决于劳动力资源所具有的科学知识和技能。就是说，现代经济发展所依赖的战略性资源由物质资源转变为经过人力资本投资而形成的高质量的人力资源，这是一种以人力资本为依托的现代经济增长模式。人力资本，特别是专业化的人力资本（又称为人才资本），凭其专业知识、技能和创新能力，进行的是高附加值生产，会明显产生投资收益递增作用，其对经济增长的贡献，明显大于物质资本，成为现代经济增长的源泉和加速器。经济学中著名的柯布 - 道格拉斯（Cobb-Douglas）生产函数表示，人力的产量弹性远比物力的产量弹性大，前者约为后者的 3 倍。联合国开发计划署的相关报告指出：一个国家国民生产总值主要依靠人力资源和资本资源来提升。可见，人力资本是一切资本中最重要、最宝贵、最具能动性的资本。

然而，人力资本非自然生成，人力资源所具有的科学文化知识、技能及其发展水平，乃是教育培训的必然结果。教育培训，是人力资本投资的过程，是人力资本形成和积累的过程，它在现代经济增长中起着关键的、根本的作用。据舒尔茨测定，第二次世界大战后，美国农业生产的发展，80% 竟是教育及其与之密切相关的科学技术的作用。据经济合作与发展组织的许多研究报告，仅职业培训对工资和劳动生产率产生重要的正面影响，其中对工资的影响为 5% ～ 15%。在对美国大型制造业公司的分析中，公司从培训中得到的回报率为 20% ～ 30%。显而易见，教育培训抑或人力资本教育投资，是企业投资的有机构成部分，是企业最重要的投资。

人力资本及其教育投资在企业和整个国民经济发展中的重要地位与作用，引发人们新的认识和实践创新，视教育培训投资为企业的"战略任务"，是企业迅速发展的"秘密武器"，因之，要不遗余力地加大教育投资，加速实现由人才工具化向人才资本化转变。实践告诫人们，一个面向未来的企业，不能仅仅坚持"尊重人才、重视人才"，"培育人才，促进人才成长"才是企业发展的主导战略。因为重视人才、重用人才，实现的是人才工具化，它永远无法将人才同其知识、技能转化为企业的无形资本，而培育人才、开发人才，促进人才成长，则是实现人才资本化，是将人才及其拥有的知识和技能真正转化为企业的无形资本，从而使有形资本保值和增值。这种人才工具化向人才资本化的转变，实际上是企业由传统的资产经营向人才资本经营的转变。对此，深圳某科技通信公司总裁侯先生体会颇深："高科技企业中，传统意义上的资产经营已降到一个次要位置，对人才资本的经营则是最重要的企业行为。"正因为他们注重开发人才，实施人才的资本化，使该公司取得了骄人的成绩。

英国总结自己的人才资源管理，将其升华为两个层次：第一层次是怎样聘用合适的人才，怎样给予正确的报酬水平，这是最基本的；第二层次是怎样实行人才投资，培养人才、发展人才，此为高层次的。人们的眼光投向、工作的重点应当在第二层次。据此，英国政府提出了一种新的投资模式，即"投资于民"，并预测这将是适应21世纪国际人才资源开发的趋势，因此政府应加大对教育的投资力度。政府实施"投资于民"所采取的主要对策是：①政府加大对科技方面的投资（以往几年，英国每年对科技投资占国内生产总值的2%）；②扩大继续教育、成人教育的规模；③政府投资大学，帮助成人学习（1998年政府投资16亿英镑）；④政府在银行设立账户（100万个账户，每个账户1500英镑，共15亿英镑），帮助申请符合条件者；⑤雇主提供与工作有关的培训；等等。

其他许多国家政府和企业，也极大地增强了教育培训的投资力度，并将之作为一项战略措施，加速实现人才资本化。美国企业每年花费约600亿美元，用于员工教育培训，竟与全国全日制四年制大学的教育经费相当。每年大约有800万人在企业中学习，与高等学校录取的大学生人数相差无几。美国诸多大企业着力强化人力资本投资，如美国某公司每年员工培训费用高达10亿美元。美国最大的100家工业企业，用于科技人员专业知识更新和拓宽的经费每年增长25%，有的公司，如IBM、通用汽车公司、西屋电器公司、杜邦化工公司、德州仪器公司和福特公司等每年净增长约40%。全美97%的企业为职工制定了培训计划，另外还选择了5%的职工接受正规大学教育。卡内基教学促进基金会在题为《公司课堂：学习的企业》报告中指出：美国企业内部开展的教育和培训计划如此庞大、广泛，实际上已经达到了与全国公立、私立学校分庭抗礼的程度。除企业内部培训之外，政府和企业还在经费、师资、基建方面大力资助各种类型的继续教育培训中心。据相关统计，1993年底，全美有12 056个工程师协会或大学的各类培训中心。目前，美国每年接受教育培训的工程师约占全美工程师总数的20%，工程师人均教育经费每年超过8000美元。

法国政府和企业同样在全面展开教育培训投资，政府在该方面支付的经费约为全国普通教育经费的25%，企业支付的经费则为职工工资总额的10%左右。由于法国企业人力资本教育投资有保障，经费充裕，1995年各企业有1/3以上的工程师和管理人员进行了脱产或半脱产培训和继续教育。

东盟国家也正在加大人力资本教育投资，开展新一轮的员工培训。新加坡从1994年始，实施全国员工再培训计划，政府每年拨款达3000万新元。为保证该计划顺利进行，政府出台了再培训补贴条例，根据不同培训内容，给接受培训员工以相应的补贴。新加坡政府特别鼓励员工达到一专多能，同时，再培训计划的实施，使新加坡700家公司和近40万名员工受惠。泰国政府也格外重视对员工的教育培训，为了弥补国内员工培训机构的不足，拨款8亿美元设立了员工培训基地；并于1995年2月推出员工培训私有化计划，国家鼓励私人开设培训学校，政府给予低息贷款并协助引进外国教材；此外，政府还同美国、荷兰、丹麦达成实施员工培训合作计划协议，积极吸引和鼓励外国在该领域投资。

二、企业教育培训走上法制轨道

目前，已有越来越多的国家对企业教育培训进行立法，在法律条款中明确规定企业员工享有接受人力资本教育投资的权利和义务，并规定了企业进行教育培训的最低期限、费用和参加培训人员的比例。日本早在 20 世纪 80 年代初即通过法律规定，凡雇用 10 人以上的雇主，必须用雇员工资的 10% 作为对其进行教育培训的费用。现在，日本一些大企业用于员工教育培训的费用，实际已占其工资的 10% ~ 15%，且仍有上升的势头。

德国以职业教育著称于世，包括职业培训（职业的初始培训）、职业进修和转业培训在内的职业教育，被称作是德国实现经济腾飞、创造经济奇迹的"秘密武器"。德国职业教育之所以全面展开，并取得重大成就，发挥巨大作用，职业教育立法功不可没。1969年 8 月 14 日，德国公布了《联邦职业教育法》，1981 年 12 月 23 日又制定了《联邦职业教育促进法》，详尽规定了职业培训合同签订、培训人和受培人各自的权利和义务、教育培训组织、职业培训的管理与监督、培训期限、培训的各种要求、罚则等，甚至对特殊群体，如残疾人员的职业教育和行业教育等，亦做了规定。除总体的职业教育法之外，其政府还制定了诸如《汽车修理工职业培训规章》《工业供销人员的职业培训规章》等单项职业教育培训规章。

加拿大也很注重教育立法，颁布了《教育制度法规》，其认为受过大学教育的科技工程人员的知识在不长时间内会产生老化、落伍现象，有关企业必须制定继续教育方案，报国家高等教育部审批。该法规明确规定，参加继续教育者每年可免去 50 个工作日，离职学习进修期间企业仍应支付基本工资。

美国职业教育培训更是体现了立法领先、法多且细的突出特点。美国国会 1946 年通过了《乔治·巴登法案》，对职业教育经费补助做出规定；1958 年 7 月正式颁布了《政府职员培训法》；20 世纪 60 年代颁布了《人力开发训练法》《职业教育法》《经济机会法》；70 年代颁布了《综合就业和培训法案》《成人教育法》《青年就业与示范教育计划法案》等；80 年代又颁布了《职业训练合作法案》等。其他，如丹麦、荷兰、瑞典诸多国家均有类似的法律规定。

三、企业教育培训开发主体系统创新

企业教育培训开发主体指企业具有教育培训需求和进行教育培训的能力，并拥有相应的权威和责任，在现实的企业教育培训开发活动中起主导作用，并成为企业教育培训开发的主体。现实的企业教育培训开发行为，是一个多层次的综合行为，企业教育培训开发主体，通常是由许多人依一定形式组织起来的有机整体。这种担负企业教育培训开发主体功能的整体即是企业教育培训开发主体系统。

20 世纪 80 年代以前，企业教育培训开发主体系统，是由处于不同职权地位、担负不同管理职能人员相互组合而成。这种传统的企业教育培训开发主体系统，一般由五个子系统构成。

（1）预测子系统。其职能包括①信息收集，即收集企业内部、外部信息和工作环境信息；②通过对信息的处理、分析，了解企业现有人力资源数量、质量与构成，了解企业战略目标实现对人力资源数量、质量及构成的需求；③预测企业对教育培训开发投资数量、方向需求及其未来趋势，为决策子系统提供决策依据。

（2）决策子系统。此为企业教育培训开发主体系统的核心，由负有决策责任的企业领导者组成。其主要职能是根据企业内外环境，在预测子系统的基础上，提出企业教育培训开发目标，制订企业教育培训的中长期计划。

（3）执行子系统。其为决策方案的执行者，主要职能是制订具体的教育培训计划，组织贯彻实施，并进行指挥、协调，以实现企业教育培训开发目标。

（4）控制子系统。对企业教育培训实行监督、评估、反馈，其具体职能包括随时监督和评估计划执行情况，发现问题及时反馈给执行子系统和参谋子系统，直至决策子系统，对教育培训计划及其运行，予以适时调整和修正，保证企业教育培训开发实际行为和绩效与预期目标达成一致。

（5）参谋子系统。一般由专家组成，其主要职能：一是通过与决策子系统互动，向决策子系统提供决策的新理论、新理念、新方法；二是在教育培训计划执行过程中，根据发现的问题和控制子系统反馈的情况，提出修正意见，并及时报告给决策子系统。

这种传统的企业教育培训开发主体系统，是"金字塔"形组织模式在企业教育培训管理方面的具体体现。其主要特征为集权、控制严格、责任个人承担、纪律规范、层级多、信息垄断。但是这种系统的致命弱点在于，忽视了员工的自我开发，也忽视了员工智慧、积极性、自觉性、主动性的充分调动与发挥，抑制了员工对企业的归属感和参与意识，这就从根本上违背了企业人力资源开发的实质，从而严重阻碍企业和个人的发展。

欧美许多精明的管理学家、经济学家、企业家，从现实中已经深切感受到传统企业教育培训开发所存弊端及其危害，在总结日本一跃成为世界经济强国的成功经验过程中，清醒地认识到：

第一，现时代企业发展靠单打独斗获得成功，依靠个人奋斗的个人英雄主义时代一去不复返了；第二，只靠企业领导殚精竭虑，而无员工的积极参与，组织无动力、活力和生命力；第三，知识信息时代，新的权力来源不是少数人手里的金钱，而是多数人手中的信息。及时获取信息和科学地运用信息，是企业成功的重要环节；第四，只提高个人能力，而没有有效的团队协作、共同参与、集体决策，形不成团队合力，在竞争日益激烈的今天，组织不能战无不胜。

正是基于这种认识，20世纪80年代后，欧美发达国家开始了团队建设，团队和团队精神开始风靡全球。尽管欧美的团队建设来自日本，但并非原封不动的"拿来主义"，而是紧密结合本国社会实际，紧跟时代步伐不断创新。如今，团队已成为组织工作活动最流行的方式。美国电话电报公司、惠普、苹果公司、克莱斯勒、萨波公司、联邦快递公司、3M 公司等，团队都是其主要运作形式。甚至世界驰名的圣迭戈动物园也是以团队方式来进行组织重构的。

随着工作团队构建及其成为企业的组织结构基础，企业教育培训开发主体系统也随之变革、创新，其由个体、工作团队和企业决策层三个层次构成。

在这一开发主体系统中，工作团队居于核心位置，它在企业教育培训开发活动中享有充分自主权。英国十分强调团队建设需要进行团队培训。英国桑德兰的尼桑汽车厂推崇一种发展高效团队的信念，团队领导被赋予多种职能。团队有权根据自身内外环境和工作任务性质、特征，预测本团队教育培训投资需求，制订教育培训目标和计划，并执行或者委托企业内外专业机构执行教育培训计划。团队的成员个体通过发挥自身的主动性、能动性和创造性承担部分成本。企业领导层通过控制工作团队的预算、变更工作团队领导、重新分派团队任务、协调团队与环境间的关系、提供信息、提供基本角色标准等方式，来影响、监督、控制工作团队的教育培训开发活动。

创新的企业教育培训开发主体系统，事实上是扁平型组织和工作团队形式在企业教育培训开发活动中的具体体现，相对于传统的企业教育培训开发主体系统而言，它呈现如下特点：①教育培训开发的决策权由企业领导层下放给工作团队。教育培训开发预测、资金预算、计划制订与执行、结果评估等，均由团队决策和担当，领导层起监督、控制、协调、引导作用。②注重个体自我开发。通过责任共担、信息共享、民主参与和充分激励等，充分启发、调动、发挥个体的积极性、能动性、创造性，从而有利于个人发展和团队任务、目标的顺利实现，也有利于整个企业组织的进步。③个体开发、团队开发、组织开发三位一体，便于开发目标协调一致，产生教育培训开发的高效益。

四、企业教育培训开发课题客体创新

企业教育培训开发对象即为教育培训开发客体，它与主体相对应，受主体控制和约束，并且被真实地纳入主体教育培训开发活动领域之中。

由于企业内外环境的变化，为顺应教育培训开发主体的需求，企业教育培训开发的对象或者客体发生了创新。

第一，企业教育培训开发对象从以生产工人为主发展为全员教育培训。传统的企业教育培训开发，更多地关注近期目标，视野一向集中于提高非管理人员在现岗位上的知识和技能。一方面，注重对刚进入企业的新员工的教育培训，以帮助他们了解自己周围的工作环境，接受企业的文化，并尽快接纳和融入组织；另一方面，注重对在岗操作工人的教育培训，从而达到提高劳动生产率、增进产值和提高产品质量的目的。近二三十年来的实践发展表明，仅仅偏重于生产工人的教育培训，已经远远无法适应当今时代经济社会的发展与变化。世界成功的企业家从现实中深切感受和认识到，现代企业发展的链条是靠人才的作用来绞合转动的，人才是经济发展的新引擎、原动力。现代企业管理首要任务就是源源不断地培养、造就人才，实现人才整体优化组合。于是，企业不再仅仅注重对生产工人的教育培训，同时也专注于领导决策者、管理者、专业技术人员的知识、技能水平的提高，即发展企业全员教育培训。仅1992年，美国企业教育培训人数远远超过1960～1990年正式大学注册人数。企业员工人均每年有31.5个小时用来学习有关课程，全美企业员工学习时间总量增加了1.26亿小时，相当于25万名全日制大学生的学习时间。在日本，5000人以上的企业中，接受培训者达96%以上。企业培训教育开发对象多元化，包括有生产操作员工、专业技术人员、监督指导层（即基层管理者）、管理层和最高领导决策层（董事以上，如董事、常务董事、专务董事、正副董事长、副总经理、总经理等），其构成从一般操作员工至总经理、董事长的企业教育培训开发主体系统。

在企业教育培训开发客体方面，我国也经历了一个创新变化过程。20世纪70年代及其以前，我国企业教育培训开发对象主要为生产工人，对其教育培训主要采取了企业技术训练班、学徒制、职工夜校诸形式。70年代末以来，我国吸收国外关于全员教育培训、终身教育、继续教育的新理念和经验，发展了工人的岗位培训、班组长培训、专业技术人员继续教育和管理者教育培训等，形成了企业全员教育培训的新局面。例如，上海宝钢集团有限公司，对工人进行轮训；发展一专多能、一人多岗的"大工种培训"；对新来大学生进行外语和计算机的集训作业长、总检工、财会人员等专业岗位培训；工程技术人员的继续教育；后备干部培训；领导干部研修等。四川长虹电子集团有限公司是我国最大的彩电生产基地之一，其员工文化程度参差不齐，公司斥资1000万元兴建了培训中心，实施了全员培训，先后举办了各种培训班300多期，培训员工达数万人次，培育了一支观念先进、知识先进、技术先进的员工队伍，使该企业取得骄人业绩，这完全依赖于这支队伍。

第二，在企业全员教育培训中，要重点突出"三高人才"的培训。企业全员概括为三大组成部分：经营管理人员、工程技术人员及实践操作人员。于此之中，当前重点培训的客体对象是高层次的管理人才、高水平的技术人才和高技能的操作人才。

一个企业经营好坏，命运如何，企业高层管理决策者常常起关键的决定性作用。因此，在经营管理者的教育培训中，造就、培养、教育企业家居于首位，就是说，要将对企业家及其后备人才的培训放在第一位。国外许多企业十分注重对在职经理的定时培训、专项培训。例如，美国麻省理工学院－斯隆管理学院组织学习中心，从20世纪80年代起，接受了包括荷兰皇家壳牌石油公司、福特汽车公司、克莱斯勒、苹果等数十家公司的富有崇高理想的知名企业家来这里学习。与此同时，许多企业将有潜力、有发展前途的青年管理人才，及时输送到美国哈佛大学等世界著名院校进行培训。

技术人才在企业中是举足轻重的。企业是否有竞争力，关键在于企业智力领域的覆盖范围、技术水平。企业必须具有国际同行一流的技术人才层次，才可能以其现代、先进、创新、优质的产品和服务打入国际市场，立足于世界之林。因此，对技术人才的培训是企业教育培训的重点，许多企业采取种种形式和措施，加强技术人才的培训。例如，日本

YKK、美国电话电报公司贝尔实验室，都通过营造浓厚的学术和学习氛围，从而促进技术人才的培训。美国电话电报公司贝尔实验室用午间系列讲座方法，创造一种上佳的开发智力环境。该实验室拥有千名博士、硕士学位的工作人员，集聚了化学、物理、数学、心理学等方面专家，其和美国多所著名大学合作开发高新技术，既培训了技术人才，又获得显著绩效，几乎每个工作日就能创造一项专利，截至 20 世纪 80 年代中期即已拥有 2 万多项专利。

在企业中，若只有高水平的技术人员，而缺乏具有高水平工艺制造能力的高级操作人才，再好的设计也仍只是空留于图纸上，而不会变成现实的物质产品。因此，高技能的操作工人必然成为现代企业教育培训的重点对象和重要的客体。美国每年用于企业员工的培训费用约为 600 亿美元，传统上，有的培训费用被用于培养专业性的经理人员，有的培训费用被用于培养一线生产工人。近年来，熟练工人短缺，企业从发展实践中逐渐认识到，应当像提高经理人员的能力一样来提高一线工人的技能。因此，企业对生产工人的培训呈现日益增长的趋势，用于生产工人的培训费用比例在增大。

这些年，我国在很大程度上却忽视了对生产工人的培训教育，以致我国技工严重短缺。据中国共青团中央 1994 年对全国 35 岁以下约 8000 万工人的调查，初级工所占比例高达 80%，中级工占比近 20%，高级工占比尚不足 1%。更令人吃惊的是，各级技工平均技术水平还不及 20 世纪五六十年代的水平。这样的技工队伍，怎样迎接 21 世纪知识经济的挑战？加速培养、造就现时代高水平的技工队伍刻不容缓！

第三，驻外人员已经成为企业教育培训开发的重要客体对象。在封闭经济时期，在经济全球化趋势显现之前，不存在驻外人员及其培训，或者对这一客体的培训从未引起人们的高度重视，其作为一特殊的群体，未被真正纳入企业专门培训视线。随着现在经济国际化、全球化的发展，企业走向世界、走向全球的步伐加快，产生了对驻外人员数量和质量的需求，驻外人员不可避免地进入企业教育培训的视野，成为企业教育培训的特殊重要客体。驻外人员面对的是完全不同于母国的环境条件，承受着各种压力，对他们的教育培训工作应当进行专门设计和安排，主要包括以下工作：一是在驻外人员出发前，对员工本人和其家属成员进行前往国的情况介绍和有关的培训。二是将驻外人员始终纳入职业发展计划和企业员工的教育培训计划中，以保持驻外员工的持续发展和提高。三是进行回复性培训和工作安置准备。一方面，驻外人员做好回国和重新适应本国文化习惯方面的准备；另一方面，驻外人员的新下属和新上司在有关方面做好应有的准备。

第四，企业教育培训开发客体，已由企业内员工发展到企业相关人员。这是近年出现的新事物、新现象，即企业教育培训开发客体发生的创新。所谓企业相关人员，即同企业生产、交换、分配、消费整个生产和再生产过程必然发生关联的人员，如顾客、合作厂商的员工等。培训企业相关人员是必要的，如通过培训自己的客户，达到充分展示自己产品的效能与优势，树立企业光辉形象和达到吸引、稳定客户的目的。美国 NCR 公司在自己的培训中心内，专门划出一部分设施，为购买本公司大型电脑的用户免费培训操作人员，如此，不但用户获益，也扩大了公司自身的影响和信誉，树立起了公司的良好形象。

五、企业由一次性教育到持续教育、终身教育的创新

传统的企业教育培训，是在一次性教育理念支配下展开的，因此，不但新员工和一线操作工是教育培训重点对象，而且出于短期目标需要，往往进行应急的一次性教育，如职前教育培训、迎新培训，或者技术操作培训。然而，面对当代瞬息万变的技术和不断创新的世界，以及面对日益加剧的市场竞争和经济全球化的发展与知识经济、信息社会的严峻挑战，一次性教育培训、一次性学习根本无法立足于世。因此，1965 年法国成人教育专家保罗·郎格朗（P. Lengrand）率先提出了持续教育、终身教育的创新理念，并很快为各国教育界、企业界和学术界所接受，从而形成了国际性的教育思潮。美国约翰·奈斯比特在其《再创公司》中写道："在只有变化是唯一不变的新信息社会，我们再也不能期望某种教育是万无一失的了。今天已经没有能持续一生的教育和技能了。"1983 年 5 月，在德国汉堡举行了国际终身教育会议，该会议明确指出：终身教育是"当代社会的绝对必要，是使全体人民在未来得到和谐发展的唯一途径，是更新劳动力知识技术的战略投资。"在当今新时代，终身教育势在必行，与此相对应，"信息社会已经把所有的人都转变成终身学习者了"。

在创新教育培训的潮流中，英国创造了"四个一"，其中之一便是创造了一个与终身教育相应的新的培训理念——终身学习（与其他"三个一"形成了一套新的教育体系，构筑了一种新的投资模式，发明了一种新的学校形式），被称为"21 世纪的新概念"。在创新理念支配下，基于今天工作的英国劳动者中有相当部分的劳动者不能适应 21 世纪工作要求的事实，英国教育与就业部制订和实施了一个庞大的终身学习计划，其宗旨是通过多种方法的持续教育和学习，提高该部分人的知识和能力素质，增强竞争能力；同时，帮助其他群体不断学习，增强技能，提高工作水平。结果，英国的终身学习计划及其实施，取得卓有成效的进展。

终身教育是始于生命之初、终于生命之末，贯穿于人生整个生命周期的教育。体现学前教育、在学教育、职前教育、职后教育，直至老年教育的连续性；体现家庭教育、学校教育、企业（单位）教育和社会教育的结合与连贯性。保罗·郎格朗在其《终身教育引论》中，提出了终身教育的五项原则：①保证教育的连续性，以防止知识过时；②使教育计划和方法适应每个社会组织的具体要求和创新目标；③在各个阶段都要努力培育适应时代需求的新人；④大规模地调动和利用各种训练手段和信息；⑤在各种形式的行动（政治的、技术的、工商业的行动等）与教育目标之间建立密切联系。

就企业而言，重点是强化员工在普通在校教育后的持续教育、终身教育。其基本要求如下。

（1）保证教育培训的持续性。不是一次培训就一劳永逸，必须根据企业内外环境变

化及企业需要，多次培训，持续教育，以防止知识老化，保持企业科学技术的先进性。诸多公司对此十分重视。美国某公司规定每个员工每年必须参加 40 个小时的培训。韩国三星集团始终相信更新的知识是保持企业长期成功的基础。因此，该公司于 1993 年成立了三星行政总监院，为公司 850 名高级经理提供了 6 个月的"再教育"。

（2）持续教育培训、终身教育的全员性，即持续教育、终身教育对象为企业全体成员，包括生产操作层、专业技术人员、管理层和最高决策层，从生产工人直至董事长无一人例外。

（3）持续教育、终身教育的适应性。一方面，企业的持续教育、终身教育内容必须随时随地适应时代发展、环境变化和适应社会需求，以及企业和个人发展之需要；另一方面，企业要针对不同工作群体、不同个人，有的放矢、因人而异持续进行内容、形式相异的教育培训。再者，对每个人的教育应当同其职业生涯发展相匹配，适应职业生涯发展，分阶段开展持续教育，例如岗前教育，职业早期的岗位教育、学历教育，职业中期的专业技术教育、升迁培训、转岗培训，职业后期的人格魅力培训、离岗培训或退休准备培训等。

（4）持续教育、终身教育的超前性。企业的教育培训，既是对人力资源的实际开发过程，又是人力资本形成和积累的过程，它可以针对目前工作所需要的知识和技能，又可以着眼于未来组织的需要、工作的要求。企业的持续教育、终身教育，既要保证企业当前各项任务的顺利完成，从而做好再教育、再培训；同时，更要预测和分析未来环境变化及其引致的企业需求，针对组织和个人发展现状及可能出现的问题，不断进行具有针对性、预见性、超前性的教育培训开发，以为企业未来发展准备好足量的人力资本和必需的人才资本，保证企业持续发展、立于不败之地。而这正是企业进行持续教育、终身教育的实质和根本目的所在。

六、企业教育培训目的和内容的创新

以往的企业教育培训目的单一，即为了使员工适应企业当前需要，适应机器，以达到提高工作效率、提高劳动生产率，实现利润最大化的根本目的。但是，在现代科学技术信息时代，当人力资源成为现代经济增长的战略性资源，成为企业最重要、最宝贵的资产，以人为本成为企业管理的指导方针和理念时，追逐利润最大化不再是企业生产经营的唯一目的。在企业为人的需要而存在，为人的需要而生产，企业是依靠人进行生产经营活动的创新理念支配下，企业与员工利益相关、休戚与共，企业目的由一元演变为多元：①企业利润；②企业全体员工的利益；③员工全面发展。随之，必然引发企业教育培训目的发生创新，由主要适应企业当前生产经营，获取最大利润为目的，转变为适应企业生产经营和员工个人成长，从而达到企业与员工个人同发展的目的。

因为企业教育培训目的的创新，引致企业教育培训内容发生变革。过去基本上将企业教育培训视为学校教育的延伸和补充，加之企业教育培训聚焦点在于满足企业现时需求，因此其偏重于传授知识和训练技能。在高科技化、知识化、信息化、国际化和竞争激烈化的当今时代，企业要立足、要发展，则必须有高素质的员工为依托，企业教育培训内容必然发生创新。

第一，现代企业教育培训内容从战术性转向战略性。其教育培训内容不仅适于眼前短期现实需要，而且放眼未来，注重满足企业长期的需要，故其内容具有战略性、长远性、先进性、超前性、预见性。

第二，企业要顺应时代、环境需要，则必须实现现代化、知识化，而这首先要使企业的人现代化、知识化，即要求员工掌握现代科学知识和技能，具有现代人的意识、行为方式和适应能力。因此，企业教育培训重点内容从适应现实工作需要，补充知识和培训技能，转向扩展知识、提高能力、增长才干，对员工重点进行现代经营管理理念、创新意识和经营管理能力、创新能力的培养、教育和提高。

第三，在以人为本，尊重人性、个性和个人价值的现代企业中，不仅要培育具有现代观念、思维方式、行为和能力的"现代人"，而且要造就忠于企业、心系企业的"企业人""公司人"。因此，现代企业教育培训内容在发展趋势上越来越注重探究一些"软"问题，如工作积极性、发挥潜能、人际交往、个人自尊、压力管理等。特别是企业文化、企业精神成为现代企业教育培训的重要内容，这是企业教育培训内容方面的明显创新，旨在企业内形成共同的价值观、共同的目标和共同认可的行为道德规范，培育员工对企业的归属意识和积极主动的参与意识，造就员工奋发进取、积极敬业、乐群、团结、协作的精神，以保证企业各项目标的顺利实现。

第四，适应时代的进步，企业教育培训客体全员化，同时，企业产生了对复合型人才、一专多能人才和国际型人才的迫切需求，这就决定了企业教育培训内容必定创新。过去，企业教育培训内容是狭窄、简单化、单一化的。现在，其一方面呈现出广泛化、复杂化、综合化、复合化、系统化的特征；另一方面又朝向专业化、精细化和高品质化发展。现代企业教育培训内容甚是宽泛，包括职业技能培训、知识培训、技术培训、能力培训、管理职能培训、安全健康培训、组织发展培训、企业文化教育、学历教育等多项内容，而且每大项内容包含更多细化内容。例如，组织发展培训，包括有关组织变动管理的培训，诸如全面质量管理计划、企业再造工程、团队建设、组织机构的扁平化、无边界组织等，还应包括组织结构变动相关的心理、行为、技能和知识。除此之外，还有按教育培训客体而设置的不同内容体系的培训教育，主要包括：①新员工上岗培训。重点是传授基本劳动技能，进行企业精神、企业文化教育。②操作工人的岗位技能培训、转岗培训。③专业技术人员的继续教育，使之学习新知识、新技术、新技能。④监督指导者的教育培训。对从现场作业工人中提拔的最基层管理者进行基本管理方法的教育，如工作指导方法、工作改善方法、工作中人事关系的处理等。日本产业训练协会专门设计有"班组长训练课程"，作为企业初级管理者的教育培训内容。⑤管理者的教育培训。对职能部门的管理者进行经营管理基本理论、实际运用的业务技能和管理技巧等培训，其还包括业务主管的技能培训。⑥高层领导决策者的教育培训。主要对董事、常务董事、专务董事、正副董事长和正副总经理等进行管理、决策和创新能力的教育培训。

在全面、系统、广博的教育培训基础上，企业教育培训内容进一步向专业化、精深化、现代化和高品质化发展。以能力培训为例，通常即是职业技能内容的训练、提高，然而在现代企业的能力培训中，为适应现时代经营管理的需要，还需深化进行高品质的创新能力、人际交往和沟通能力、压力管理能力及计算机操作能力等方面的培训。企业在进行多方面知识、专业技能和各种能力教育培训时，对企业成员，特别是其中的高中层决策主管、专业技术人员，还要进行包括外语、经济一体化战略管理、国际政治与贸易、跨国经营管理、跨文化管理，以及全球化经济的意识观念等一系列高品质、现代化的教育培训内容，以培养、造就现代复合型人才、国际型人才，从而满足企业经营国际化、全球化发展的需求。

七、企业教育培训方式途径创新

传统企业教育培训方式方法，少而简单，多为课堂教学、车间实习和师傅带徒弟的方式。现代企业教育培训创新了诸多新形式、新方法，形成了方式灵活多样，手段现代的新局面。例如，出现了在职培训、脱产培训、半脱产培训、企业外会议（工作年会、各类展览会、交易会、研讨会、技术标准会等）、基层锻炼、挂职锻炼、职务轮换、工作训练指导、模拟演习、研修讨论，以及电化教学、运用互反馈电视教学、运用国际互联网培训学习等现代化方法、手段。此外，采取一对一培训、分组培训、团队培训，或者分派任务、承担项目、授权等方式培养、训练员工，促进其成长与发展。在此，我们仅列举其中的职务轮换、工作训练指导两种创新的员工能力培训开发稍做论述。

职务轮换，又称岗位轮换或工作轮换。主要指在组织内部，按照大体确定的期限，有计划地让员工轮换担任若干种不同工作的一种培训开发方法。历史上早期出现于日本的职务轮换，是以培养企业主的血缘继承人（如企业主的长子要继承父业）为目的，而非制度化的管理措施。现代被广泛推广应用的职务轮换，一是为了考察员工的工作适应性和潜在能力；二是培养、开发员工多种能力。它成为现代企业员工能力培训开发系统中的一项重要制度。一般而言，职务轮换主要适用于新员工巡回实习，培养"一专多能"或"多面手"员工，以及培养和提拔经营管理者（在日本，这种轮换以系长、课长、部长层级为最多，轮换周期也较长，通常为 2 ~ 5 年），从而消除僵化、活跃思想、增进企业活力和动力等情况。

日本丰田公司对一线岗位员工，注意培养和训练多功能作业员，其采用工作轮调方式，使每位工人进行现场中的所有作业，从而训练、提高工人的全面操作能力，成为多面手。对于各级管理人员，则采取 5 年调换一次工作的方式进行重点培养。每年 1 月 1 日进行组织变更，调换幅度在 5% 左右，调换的工作一般以本单位相关部门为目标。岗位轮换的培训方式，对个人全面发展，以及对企业培养复合型人才和一专多能人才，提高整体工作效率，有十分积极的作用。

工作训练指导是一种指导性的在职培训模式。这一培训模式形成于第二次世界大战期间，当时主要用于培训那些几乎无任何工作经验的人，以使其在生产军事设备的工业部门胜任工作。由于这一培训模式在步骤上采取的是合乎逻辑的循序渐进方式，因此其是指导员工培训的极佳方法，并且创新地引入了现代企业教育培训中。

为适应现代科学技术信息和知识经济的发展，以及适应经济全球化的必然趋势，企业教育培训途径发生了创新，产生了具有开放性、多样性、灵活性、现代性的特征。其主要的创新途径如下。

（1）"双元制"教育。德国的职业教育以"双元制"著称于世。所谓"双元制"是指学校与企业结合，以企业为主；理论与实践结合，以实践为主。若中学毕业就工作，首先要成为企业的学徒，与企业签订培训合同，而后进入相关职校学习。在 3 年的职业培训期间，企业实习与理论课学习之比约为 7：3 或 8：2，学习费用绝大部分由企业支付。

"双元制"教育途径的特色在于，自始至终以立法形式将企业与学校联在一起。然而"双元制"亦有缺陷：其过早的职教定向分流给人们带来心理上的不平衡；学校、企业各分两地，难以充分进行紧密联系。

（2）企业办大学。企业办大学，是当今时代应运而生的新事物、新现象。目前，美国有 24 家知名企业建立了自己的大学，其中可以授予博士学位的有 4 所企业大学，其学位标准等同于传统大学，均要通过美国教育部门的鉴定。例如，美国兰德公司的博士学位水平很高，可以和加利福尼亚大学伯克利分校、哈佛大学、卡内基梅隆大学中的相同学科的博士水平相媲美。在日本，大工厂、大企业都投资办学，建有自己的技术学院、培训中心，培训技术人员和企业管理人员。此外，还设有培训中层领导干部的研修中心。

企业办大学意义颇大，不仅可以大面积地培训企业员工，还可以大幅度提高企业员工素质，保证企业及时适应现代高新技术迅猛发展的需要，从而获得持续进步与发展。不过，这种教育培训途径只适用于实力雄厚的大型企业，中小企业只能采取联合办学方式或委托公共教育机构培训员工。

（3）产学合作。产学合作办教育，是时代的产物、时代的新生儿。它代表了未来 21 世纪发展趋势和方向，各发达国家在加强企业人力资本教育投资时，都十分注重与高校的联合与协作。美国教育理事会的调查证实，早在 1984 年就有半数高校在企业里开设课程。著名的贝尔实验室与麻省理工学院、斯坦福大学等 37 所高等院校合作，高校为其培养研究生。斯坦福大学有一套"出租学生"的教育体系。教授把在校的学生租给当地公司，让学生去了解企业和企业家的含义。当地企业家定期举行集会的"日出俱乐部"邀请斯坦福的教员演讲，这些企业家经常拜访大学学生会，以了解大学里最新研究动态、研究成果。

在法国，产学合作亦很盛行，其形式有：3 个月到 1 年或 2 年的长期进修班；针对企业的需要，从一个技术领域转到另一个技术领域的长期培训；在企业内，针对某一专业领域的新知识、新技术，组织一至数周的短期培训班；组织 1 ~ 2 年的晋级培训班，向受训人员教授担任更高一级职务所需的知识。

在知识经济春风吹拂下，我国企业界已开始与知识界、高校"联姻"，抢占新时代的制高点。上海图书馆和复旦大学、上海交通大学等 30 家的图书馆，与宝钢集团、中石化等 10 家大企业联合推出"知识干线"计划，由这些图书馆组成"知识干线"，向 10 家大企业提供快速信息咨询服务，包括邀请科技界、教育界、企业界人士举办科技知识讲座和提供最新图书资料。中国华中电力集团公司与武汉水利电力大学的产学"联姻"可谓成功的典范。1997 年 2 月，武汉水利电力大学董事会正式成立。中国华中电子集团公司总经理，当场与武汉水利电力大学签订了《科技合作协议书》，由该集团公司投资 1018 万元，学校投入人力、技术，共同开发 3 项攻关项目。武汉水利电力大学某校长说得好："出钱的企业和企业家由以往的捐助者变成了学校的投资者与举办者，而学校则由以往的接受捐助人变成了与企业平等的合伙人——知识作为一种资本已经被企业和企业家所接受，这是中国社会的一大进步。"

产学合作益处颇多，既可以发挥高校科技、人才、信息的优势，也可利用企业基础设施、资金的优势，相互促进，真正做到以产助学，以学兴产。同时，企业可以作为高校科研开发生产基地，产学合作有利于科研成果迅速转化为现实生产力。

（4）国际联合投资教育培训。世界范围的贸易往来、资金融通和技术转让的规模日益扩大，全球化时代正在来临，在这一经济发展趋势的背后是如火如荼的人力资本教育投资的联合与合作。跨国联合进行人力资本教育投资，是新加坡不断寻求人力资本增值的主要渠道。例如，新加坡软件工业学院、日本新加坡技术学院、与法国合办的新加坡电子工程学院、与德国合办的新加坡生产程学院和机器人作业训练中心等。日本为了将生产技术转让给拉丁美洲国家，帮助哥斯达黎加实施了一项培养高级经理人才的宏伟计划，双方共耗资 1200 万美元，又开设了经理和技术人员培训中心。这种途径，不仅有力地支持了企业教育培训，增大了企业人力资本存量，而且对国际的技术交往、信息交流与经贸往来都产生了积极促进作用。

（5）驻外培训。这是企业规模发展扩大，随着经济国际化、全球化发展必然产生的一种崭新的企业教育培训途径。为了使驻外业务人员适应海外文化，以便有力地进行海外市场的开拓，发达国家的大企业都不惜重金竞相开展驻外培训。韩国三星集团主席认为，成功的根本在于公司投入全球化学习和始终不懈的进步。因此，该公司十分注重驻外培训，于是每年派出 400 名业务人员到世界各地驻外培训达一年。此外，公司的三星行政总监院，专门对公司 850 名高级经理进行了为期 6 个月的教育培训，其中有 3 个月的课程安排在国外进行。

德国的驻外培训有一套成功的做法。例如，德国大众公司的驻外培训主要措施有：①加强国际培训教师人事计划；②建立德国本部与海外公司交流干部机制；③发展国际青年交流活动等。

驻外培训途径的开辟，适应了企业对外扩展、进行全球化经营的需要，通过这种跨国培训，提高企业员工的素质，造就国际型的跨文化管理人才，有力地促进企业海外业务的拓展。显然，驻外培训，是企业跨国经营获取成功的基础和前提条件。

八、学习的革命

教育培训，亦为学习。当现代企业教育培训发生诸多创新的同时，也引发了一场学习的革命。

（一）新型学习观

1979 年，国际著名的全球问题研究机构之一———罗马俱乐部，发表了它的第 6 个研究报告《学无止境》。该研究报告的主旨是告知人们如何通过学习，提高解决复杂问题的能力，面对人类困境，迎接越来越严峻的挑战。三位作者都是世界著名的学者和社会活动家：博特金（Botkin），美国哈佛大学教育学院教育问题专家；埃尔曼杰拉（Elmandjra），摩洛哥科学院院士，世界未来研究联盟主席，曾在联合国教育、科学及文化组织任要职；马利察（Malitza），罗马尼亚科学院院士，曾任罗马尼亚教育部长。他们写作的《学无止境》，首先赋予了学习新含义：学习，是广义的，超越了诸如教育、培训等传统内涵，"对于我们来说，学习意味着对知识、对生活的接近，它强调主动精神，它包括获得和实践为生活在一个变化的世界上所必需的新的方法论、新的技能、新的态度和新的价值，学习是预备处理新的情况的过程。"这里，学习主要包含了如下意思：第一，学习，意味着学习知识、学习生活实践。第二，学习，强调积极、自觉、主动地学习，这是一种精神，是真正的学习。第三，学习目的是在复杂多变的世界上立足。第四，学习是一个过程，一是获得应对世界变幻必需的新方法论、新技能、新态度和新价值的过程；二是获得的知识非束之高阁，而是学以致用，应用于实践，付诸行动的过程；三是获得能力，预备处理新情况、进行创新的过程。

其次，改革传统的"适应性学习"为现代的"创新性学习"。在传统上，个人与社会都采用的是一种适应性学习，或称维持性学习。这种学习面向过去，是为了获得处理已知的知识、技能、思想、方法和规则而进行的学习，是一种旨在维持现在固定的生活方式的学习。这种学习，已经远远落后于时代，使个人、企业与社会都没有充分准备，去应对全球问题提出的挑战；使个人、企业、社会都无法面对现代科学技术的迅猛发展，无法迎接知识经济提出的挑战。

持续性或适应性学习，在过去，是成功的学习，但现在却会失败。为了长期生存和迎接未来的挑战，以及应付可能出现的世界震荡，有识之士一针见血地指出："让我们努力用未来拖动现在，而不是希望用过去来推动现在"。于是，传统的适应性学习被革新，一种能带来变革、更新、快速推动社会进步的学习，即创新性学习得以广泛倡导和推行。

创新性学习与适应性学习不同，其呈现出以下特征：①强调未来时态，具有预期性。

预期与常规学习的适应形成鲜明对照。如果说适应性学习是对外部压力的调节，那么，预期则包含了为可能发生的偶然事件做好准备和考虑未来的各种选择的导向。②参与性。参与同预期联系在一起。没有参与，预期就成为空架。若说预期是一种偏重于理性的精神活动，那么参与则是一种直接实践的社会活动。③求新性。适应性学习强调如何学习已有的知识，以及如何去积累知识；而创新性学习则集中于怎样去发现新知识，以及探索未知的事物。由于其面向未来，创新性学习永远是学习最新知识、最先进的技术、技能和新方法、新思想，唯此，才有能力解决可能发生的问题，适应现在，更适应未来，在知识经济发展过程中发挥更大的重要作用。正如《学无止境》中所讲："创新学习是准备个人和社会同新情况，尤其是同人类自身所创造的情况相一致地活动的必要手段"，"创新学习是解决任何全球问题不可缺少的前提"。

（二）全新的学习型组织

毋庸置疑，企业鼓励员工学习、发展，为其提供必要的教育培训，当然十分必要。但是，企业也应该成为一个机构学习者，塑造成为一个学习型组织。这是 20 世纪 90 年代以来，在管理理论和实践中发展起来的一种全新的、被认为是 21 世纪管理新模式的理念，是 21 世纪全球企业组织和管理方式的新趋势。联合国把 21 世纪定为"学习的世纪"。现代企业的发展不能再只靠像福特、斯隆、华生那样伟大的领导者一夫当关、运筹帷幄、统领全局。未来真正出色的企业，是能够设法使各阶层人员全心投入并有能力不断学习的组织——学习型组织。学习型组织是现代管理理论与实践的创新，是企业教育培训开发理论与实践的创新。

学习型组织最初的构想源于美国麻省理工学院弗睿恩斯特教授。他在 1965 年写的《企业的新设计》一文中，运用系统动力学原理，非常具体地构想出未来企业的基本特征，其中包括组织不断学习的内容。作为弗睿恩斯特的学生，彼得·圣吉（P. M. Senge）一直致力于研究如何以系统动力学为基础，构建一种更理想的组织。正是在研究企业管理发展过程中，圣吉提出了一个创新的管理理念：学习型组织，并且出版了被称为管理学界经典之作的《第五项修炼——学习型组织的艺术与实务》。

在进入 21 世纪之际，这一创新的管理理念广为世人瞩目。美国的杜邦、英特尔、苹果，加拿大帝国石油公司、汉诺威再保险股份公司等大企业，纷纷主动要求并赞助麻省理工学院成立学习型组织创建学习中心，请麻省理工学院给自己企业以帮助，依照学习型组织模式改造企业到现在，美国排名前 25 家企业中，已有 20 家改造为学习型企业。世界排名前 100 家企业中，有 40% 按学习型组织模式进行了彻底改造。美国壳牌石油公司总裁亲自关注和推动学习型组织建立。微软公司之所以获取巨大成功，原因之一正是创建了学习型组织。美国《幸福》杂志向全球企业发出呼唤："抛弃那些陈旧的领导观念！90 年代最成功的公司是那些建基于学习型组织的公司。"

学习型组织，是有学习理念和学习功能的组织，即在企业中营造一种热爱学习和交流的文化氛围，能创造空间和正规的机制，为所有成员的学习提供便利，鼓励他们改革、创新，促进个人学习与组织工作有机地、系统持续地结合，同时，组织自身有强烈的学习意识和自我学习能力，而且学习能力不断增强，以保持个人与整个组织系统同学习、同成长、不断创新、不断发展。总之，学习型组织是企业内部发生的创新，核心是组织学习功能的构建和学习能力的培养。学习型组织的基本要素为：①强烈的学习意识或学习理念；②弥漫于整个组织的学习与交流的氛围；③个人学习的条件及创新动力；④组织自身有很强的学习能力，且其学习能力不断发展；⑤个人与组织同学习、同进步、不断创新和持续发展。

学习型组织同传统组织比较，有明显特征，具体如下所示。

第一，高度重视人力资本教育投资，将其视为第一位的投资。凡是学习型组织，教育培训是居于中心地位的工作，企业教育培训部门是位于核心位置的部门。

第二，学习型组织的全体成员，上至最高决策层，下至普通操作层员工，均有受教育、学习培训的权利和义务。组织有义务支持其员工明确自己的学习需求，调动培训资源，为所有员工提供学习和进步的机会与条件。多次被评为美国 500 家大企业中管理最佳的惠普公司在此方面颇为独到。其创始人之一、第一任总经理威廉·休立特制定了一条原则：对职工自愿业余进修深造，无论攻读什么和多少学位，需要多长时间，公司一律全额资助。他之所以这样做，是基于如下认识：员工想要充实、提高自己，实现个人成长，是一个不容剥夺的天赋权利，公司有义务满足此要求。

第三，有强烈的学习意识，从而形成学习进步的浓厚气氛，这是学习型组织的显著特征。在现代科学技术、知识信息时代，学习是企业生命的源泉。爱里克·胡弗讲得好："在激烈动荡变革的时代，善于学习者将继承未来。学而止步的人通常发现自己拥有的知识只适合已经不存在的世界了。"德格斯也明确指出："如果企业学习速度比竞争对手快（或好），就能够使它占有持续性竞争的优势"。正是因为组织与个人充分认识这一真理、这一现实，才能产生出强烈的学习愿望与行动。学习型组织的领导管理者总是带头学习、带头当学生，同时积极鼓励和支持每个成员学习。人人学习，并成为习惯，已成为企业文化的构成部分，从而营造出弥漫于组织内的学习氛围。学习氛围渗透于企业所有的集体活动中去，如会议、集会等，因为在这些场所，员工对组织发展动向甚为敏感，并且有愿望面对机遇和挑战，以及进行新的尝试，从而产生更强烈的学习动机。

第四，学习型组织是不断学习、善于学习的组织。学习型组织的学习是永不间断的，总是力图学得更多、更好，因此，善于向他人学习，经常寻找其渴望知识的企业，与他们交流新观点。把向他人学习作为"基准"，这是一种持续性研究和学习经历，目标是经确认、分析，采取和实施同行业最先进、最佳运作方式。与此同时，采取多种方式和活动来学习和提高。学习组织经常开展 5 项活动：①系统地解决问题；②实验采用新方法；③自我经验的总结；④他人经验和实践的总结；⑤迅速有效地在企业内部传达新知识。

第五，创新意识和创新精神极强，这是其突出特征。学习型组织因为不断学习、不断进取，故思想意识绝不守旧。创新是当今时代的特征，优先吸收、接纳新思想、新观点、新主张、新理念非常受欢迎。与此同时，新技术、新知识、新技能的学习，又使组织成员具有实际改革创新的能力，因此，改革创新为寻常之事，保证了企业的成功与进步。

第六，明确的超前学习意识和行为是学习型组织的另一个突出特征。超前学习，保证组织在科技飞速进步和社会经济大变动之时，能泰然自若，迅速做出反应，跟上变化了的形势，从而获取成功。超前学习，从来是创新的前提条件和先导，没有超前学习，组织便没有创新力，便没有发展；超前学习，是学习型组织的动力或者引擎。所以，超前学习和掌握新知识、新技能，是学习型组织十分关注和特别提出的学习要求。

第七，学习型组织是不断学习、不断进步、不断成长、持续发展的组织。这是上述诸特征作用的必然结果。主要由下述三点予以保证：学习型组织有一种永不停步、勇往直前、绝不服输、力争最好的精神；学习型组织不断学习、超前学习、不断创新，是组织进步、成长和持续发展的基本保证；学习型组织十分注重开放性，即通过扁平型组织、组建团队、明确组织目标与任务等措施，实施权力下放，调动广大员工积极参与，并启发员工积极、主动、自觉的努力工作，这正是企业的活力和动力所在。圣吉曾多次提到有关学者教给他们的诊断企业是否"身体健康"的简单方法，即观察"坏消息往上传达的速度"。如果手烫伤，却不能迅速把这"坏消息"传达给大脑，身体健康状况便可想而知了。这也就是圣吉所说的开放性对组织的重要性。学习型组织创造的是"身心健康"的组织，即"不只是身体健康，还要活出生命的意义"，也就是一种能够不断增进其创造未来能力的组织。

第八，学习型组织是一个个人与组织学习相匹配的运作系统。在学习型组织中，有个体学习，有组织学习。对于组织学习而言，个体学习的重要性不言而喻，因为组织是个体的集合，否则不称其为组织，组织最终是通过它们中的每个成员来进行学习的，而且直接或间接地受到个体学习的影响。但是，组织学习不仅仅是个体学习，更不等同于个体学习，其中的关系甚是微妙，因为组织可以脱离任何一个个体进行学习，但它却无法脱离所有的个体。显而易见，个体学习与组织学习是客观存在，二者不可互为替代；二者是互相依存、互相影响、互相作用的辩证统一关系。学习型组织是将个体学习与组织学习有机结合、相匹配的运作系统。对此，美国的丹尼尔·金进行了专门的研究，并且构建了组织学习的集成化模型。

丹尼尔·金的模型将组织与个体学习的因素和环节集中在一个统一的框架中，他又将之称为 OADI-SNM，即观察、评估、设计、执行 - 共享精神模型。该模型框图外围的线框表明整个模型都代表组织学习，在该模型中，个体与组织学习的相互作用变得清晰了。个体学习循环是这样一个过程：一旦信念变动，个体精神模型则会改变。个体学习循环通过它们对组织共享精神模型的作用，来影响组织学习。个体精神模型与组织共享精神模型之间的联系强度，是特定个体或个体集群影响力的函数。一般而言，CEO 和高级管理人员极具影响力，工人群体鉴于人多也可以产生较大的影响力。总之，一个组织可以仅仅通过它的成员来学习，但是，它不依赖于某个特定的成员，组织学习是独立于任何特殊个体而存在的。该模型框图中多重框架结构代表个体学习，个体可以脱离组织进行学习，而且不是所有的个体学习都会引发组织学习。

在 OADI-SNM 中，包含了个体和组织的单环学习，也包含了个体与组织的双环学习。个体双环学习遵循了个体学习影响个体精神模型与个体精神模型又影响将来学习的原则而被建立起来。组织双环学习在个体精神模型通过共享精神模型与组织发生作用时产生，它可以影响组织的行为。在两种情况中，双环学习都为改进提供了机会，使问题得到了不同的潜在解决方案，也使概念性学习与操作性学习、组织观念与组织规则之间的区别，都通过不同的步骤统一起来。

（三）学习型组织的构建

1. 学习型组织的基本原则

作为现代的学习型组织，一个学习运作系统，有其所依据的法则或标准，有其基本要求，大体来讲，主要有五项学习的基本原则和要求。

（1）人人都是学生。组织中的成员，从董事长、总经理到最下面的普通操作雇员，无一例外，人人都要学习，充当学生。从组织方面讲，不仅要求人人必须不断学习，还要为每个人的学习提供机会和条件，这是学习型组织的责任；从组织成员方面讲，学习是个人的权利和义务，为了组织目标的实现，为了个人全面发展（首先是职业发展），不可不学。

（2）取人之长，补己之短。一个学习型组织，有极强的学习意识和虚心好学的精神，不仅向书本学，向实践学，而且向社会学，向一切可以学习的人与组织学，决不自以为是、故步自封，而是有自知之明，知晓自己不足之所在，还善于发现他人或其他组织的长处；同时，虚心学习和吸取他者之长，用以补己之短，不断自我充实、完善与发展。

（3）学则变、变则通。学习不是为装样子、赶时髦、为好看。常言说得好："学以致用"。组织和个人均有明确的学习目的，所学习的知识和技能，必须运用于组织的各项工作中，提高工作效率，达到组织和个人发展的预期目的和效果。

（4）学无止境。任何一种学习都不是一劳永逸的。学习型组织必须坚持学习、再学习、不断学习，变一次性受教育为终身受教育，变一次性学习为终身学习，只有如此，才能不断汲取最新知识和技术营养，组织和个人才会有所前进，有所成就，有所发展；否则，不进则退，而倒退是无出路的。

（5）学习是投资而非开销。学习不是消费支出，学习是一种投资，是比物质资本投资更为重要的人力资本投资，是一种生产性投资。因此：①可以增值，带来收益；②目的性明确，投资即为获益；③投资即投入，必须做投入产出分析或投资成本收益分析。

2. 构建学习型组织

学习型组织既然是当今时代企业持续发展的必然选择，是 21 世纪最富活力的一种新型组织，如何创建该类型组织必然成为人们关注的焦点，从而使许多构建模型应运而生。例如，约翰·瑞定（P. Redding）从战略规划理论角度，在分析学习型组织基本特征基础上，提出了第四种模型，其有四个基本要点，即持续准备—不断计划—即兴推行—行动学习。鲍尔·沃尔纳（P. Woolner）运用实证研究方法，从企业教育培训活动这一角度，在深入观察和分析为数众多的企业的基础上，提出了学习型组织构建过程的五阶段模型：第一阶段，无意识学习，即组织尚无有意开发学习项目；第二阶段，消费性学习；第三阶段，学习引入了企业；第四阶段，确定企业的学习日程；第五阶段，学习与工作的融合。企业学习一旦发展到第五阶段，就成了真正的学习型组织。彼得·圣吉从组织与个人双方角度，分析了二者如何共同努力修炼，才能构建起学习型组织。彼得·圣吉模型，乃是最具代表性、享有盛誉的学习型组织构建的"处方"。他提出了自我超越、改善心智模式、建立共同愿景、团体学习和系统思考五大方面的修炼，作为构建学习型组织的技能。这五大方面的修炼要全面进行，缺一不可，其中，系统思考是核心，因为该项修炼要求人们能综观全局，形成系统的思维方式，能够思考诸种影响因素内在有机联系，既看到全面，又深谙其实质，从而能够进行科学的整合，融合其他各项修炼为一体，创建卓有成效的学习型组织。

总的来讲，根据学习型组织的要求、原则及其主要特征，创建学习型组织，必须积极主动做好如下方面的工作：

（1）企业最高层领导提高认识，转变观念，必须立足于现代化的新高度，重新审视企业教育培训的重要性、意义、作用与地位。企业的教育培训，是培养造就企业人、企业人才的。在当今时代，可以说，没有企业教育培训，就没有企业的存在与发展。著名的德国西门子公司的座右铭讲得好："企业的前途通过对员工的培训来保障"。它既深刻地揭示出教育培训在企业发展中的重要意义和作用，又深刻表达了企业与员工的唇齿相依的关系。构建学习型组织，从领导管理层这里，必须将教育培训置于企业发展的战略地位，与此同时，将企业教育部门置于企业重要的核心位置。在传统企业内，企业教育培训工作部门是处在企业的边缘位置上。构建学习型组织，必须根本改变这种不被重视、可有可无的状况，把学习培训放在企业战略的中心地位上，把企业教育培训部门作为企业的核心部门。

（2）加大人力资本投资力度，增大企业人力资本存量。工业社会的发展，主要依靠物质资本的投入，现代信息社会的发展，则依赖于凝结在劳动者身体中的知识、技能和创造力，即人力资本。人力资本非天生生成，它是人力资本投资、特别是人力资本教育投资的结果。所以，构建学习型组织，一要充分认识人力资本与物质资本的比较，即谁是更重要的资本，是企业顶重要的资产；二要正视和深刻认识"有竞争力的企业，是有大量人力资本投资、能为员工提供学习和培训条件的企业"，承认这一不争的事实与真理，并自觉地加大人力资本教育投资力度。传统认识上的企业投资仅限于物质资本投资，如今必须树立现代企业投资观：企业投资有两类，即人力资本投资和物质资本投资，而人力资本投资是比物质资本投资更重要的投资。在企业投资运作时，应将人力资本投资列为第一位，充分保证这一投资的实现。三是企业人力资本（教育）投资要持续不断地进行，且根据企业发展情况逐渐增加人力资本投资，增大人力资本存量，扩大人力资本积累。

（3）培养关键性的学习能力。美国教育家亨利·布鲁克·亚当斯说："知道多少东西并不重要，重要的是他要懂得怎样学习"。构建学习型组织，不仅是创造学习机会和条件，还要求组织成员共同学习、受教育，人人当学生，更重要的是要培养和教会组织成员善于学习，会学习，从而具有很强的学习能力：①敏锐洞察和发现新知识、新技能的能力，了解专业知识和技能发展的新动态；②善于根据工作的实际需要，学习、掌握和吸收新知识、新技能的能力；③学以致用的能力，即将所学知识，正确运用于职业工作实践，发挥最大的学习实效，取得显著工作业绩。显然，这种学习能力不是单纯读书的能力，它是学习行为全过程和学习与工作相联系过程中的全面的学习能力。这种学习能力体现的是独立自主、自觉主动地学习行为，它是组织及个人不断发展的保证。

（4）企业的领导者既是学习模范，又是教育家。构建学习型组织的一个最基本的要求和条件是组织及其中的每个人必须参加培训，就是企业的最高层领导也毫无例外。组织的学习从来都是通过个人，首先是企业最高层领导者来实现的。所以，企业领导者必须带头当学生，且要当好学生；同时还要担当教育家。日本松下公司总裁松下幸之助不仅是一位成功的企业家，同时也是一位成功的教育家，他的名言"我们松下电器公司就是造就人才的，此外，还生产电器产品。"在企业里，人的教育、人才的培养在先，产品生产却在后。足见松下幸之助对企业教育的重视。

（5）通过群体组织及其行为与活动，广泛调动组织成员学习的积极性，形成组织内良好的学习风气。这里是运用群体动力学和群体行为学基本原理来构建学习型组织。所谓群体，是为实现某个特定目标，两个或两个以上相互作用、互相依赖的个体的组合。构建学习型组织，就要善于运用群体组织来进行企业的教育培训，组织员工的学习。利用群体的行为准则、目标及其互动关系，对群体中个人的学习、进步产生鼓舞、帮助、督促、制约作用，这是产生于群体中的一种强大促进力量。

群体有正式与非正式之分。所谓正式群体，是由组织机构确定的、职务分配很明确的群体。在这种群体中，一个人的行为是由组织目标规定的，并且是服务于组织目标的。非正式群体，既没有正式结构，也不由组织确定，是个体为满足社会交往需要或某种共同愿望与要求，在工作环境中自然形成的联盟。塑造学习型组织，必须不拘一格地运用各种类型群体，开展培训开发、教育学习，以达到组织既定的学习培训目标，树立起人人学习的新风尚。①利用现实已有的正式与非正式群体，实施组织的教育培训计划与方案。例如，利用工作班组，搞技术攻关、事故分析、新知识和新技能的学习、现场教学、师傅带徒弟等多内容、多形式的学习。其他，如工会组织、妇女组织、共青团组织，以及非正式的同乡会、联谊会等，均是可以利用的群体。②专门建立学习群体组织。各种各样的培训班本身就是一种学习群体。在培训班上还可以建立若干个学习小组，采用学习小组的形式进行案例分析、技术操练、辩论研讨等。③支持、鼓励员工自发地组织各种学习内容、各类形式的学习群体，如车间或班组里的自学小组、研究会等。

第六章　企业人力资源开发实践创新：职业开发与激励开发

第一节　企业职业开发管理创新

一、企业职业开发管理的新观点——职业发展观

（一）何谓职业发展观

职业发展观，即现代企业组织为其成员构建职业生涯开发与发展和度过工作生命周期的职业通道，使之与组织的职业需求相匹配、相协调、相融合，以达到满足组织及其成员各自需要、彼此受益这样一种目标要求的思想、观点和理念。其基本含义：

第一，职业发展观是现代企业职业开发管理的新视点、新观念、新的指导思想，因此，组织是职业发展观的物质承担者和主导因素。

第二，职业发展观意义上的职业范畴有其特殊含义。就一般职业概念而言，一是强调社会劳动分工，此系职业产生和存在的前提与基础；二是强调职业是劳动者相对稳定地担当社会具体劳动分工的角色。然而，当我们考察现代企业职业发展观及职业有效管理时，职业概念则是向组织和个人描述了取得组织成员资格和度过工作生命周期的通道。因此，有了内职业与外职业之说。内职业，是指个人追求的职业。在内职业中，从业者力图使职业工作同他们个人的其他需要（维持生活或提高生活质量、安全健康、社会交往、获得尊重、实现个人价值等）、家庭义务及休闲取得平衡。内职业是从事者所追求的、欲达到的满意的（理想）职业，是其主观内在职业经历路径，故称为内职业。它常常是客观的外职业的主观面。

外职业，是对组织而言的。其意味着组织努力为其员工在组织的作业生命中，确立一条有所依循的、可感知的、可行的职业发展通道。相对于内职业来讲，外职业是外在的客观存在。

第三，职业发展观的本质或核心内容，是内职业与外职业相互作用、互相融合。内职

业是从业者个人的主观心理和个体行为。不同人有不同的职业要求，相异的职业经历，甚至在相同的职位上可能具有不同的生活目标，各异的工作追求。但是，内职业不能脱离外职业，因为个人依靠组织提供工作或就业机会，内职业的追求要考虑组织的需要；此外，员工的职业生涯开发要依赖于组织设置的职业发展通道，否则将一事无成。

同时，外职业作为组织的需求和行为，也离不开内职业。在现代企业经济运行过程中，员工是各个职业岗位的主体，企业各项工作、各项职业任务及整个工作完成的好坏和企业目标的实现，从根本上决定于员工个人职业能力及其积极性、创造性的充分发挥。显然，员工依靠组织，组织也必须依赖于员工。

运用集成观、互动观来促进组织的外职业系统与员工的内在职业追求相互作用、互相匹配、相互协调，一言以蔽之，融合组织与个人的职业需求，便是职业发展观的本质。

第四，职业发展观着眼点为组织与员工双方的利益和需求，其所要达到的目的有两个：①组织与雇员各自的职业需求在双方互动中得到满足。例如，组织方面补充职业岗位空缺或者实现了职业调整；员工个人则定位于自己满意的、理想的或适宜的岗位上。②组织与员工在完成职业任务中均获利益。例如，组织取得高水准的工作绩效，获得最大的经济效益，实现组织目标；员工个人对薪酬收入、安全、人际交往、尊重、个人价值实现，或者平衡工作与休闲、工作与家庭等某一种或几种利益、需要获得满足。

第五，职业发展观是企业的目标追求，是企业职业开发管理的指导思想，又是企业职业动力理论。内职业与外职业是不断的互动过程，二者相互作用，达到有效的相互结合，从而呈现平衡。随后，由于生产技术水平的提高，或者生产任务的变化，组织方面产生新的职业需求，员工个人也会因为信念、价值观、目标、能力的变化而有新的职业需求，于是，内外职业的平衡与匹配被打破，二者的结合必须做新的安排与调整，达到新的有效适应……这种内外职业的不断相互作用，平衡—不平衡—平衡的互动过程，无疑会促进企业和员工的职业发展，推动企业不断前进和员工进步。

（二）职业发展观的意义和作用

职业发展观作为现代企业职业开发管理的新视点和理念，对于企业和员工发展具有重要意义和作用。

（1）有利于组织进行成功的职业开发管理。首先，职业发展观帮助组织认识和分析组织中的各种职业及其职业通道。位于组织内每种职业的员工均有进一步发展的前途，通常有三种情况：一是在企业某项职业工作中发展精湛技艺，成为行家里手，如由普通操作工成为技师；二是某一职业工作的专门化或专业化，成为该项职业工作有贡献的专门人才；三是企业中所有职业岗位上的人员，包括专业技术人员、一线工人和管理者，均是进入管理部门或高层管理决策层的选聘基础。职业发展观帮助组织认识员工因职业缘故所存在的差别，在分析每一员工职业特点和职业经历基础上，为其创造进一步发展的职业通道。

其次，职业发展观使组织很好地认识企业不同职业间的相互作用，并将多样化和专业化职业的贡献加以整合，从而进行有效的职业开发与管理。随着科技飞速进步、市场经济发展和生产社会化水平的提高，企业内职业的地位、作用发生变化，其相互作用与协调合作加强。若在企业职业开发管理中，无视这一变化，便不能对组织的总体效益做出正确评估，从而不能进行有效的职业开发与整合。众所周知，许多企业早期的成长与成功，多源于企业家的创造力，以及以工程和生产部门的技能为基础的一种技术优势。以后，竞争对手出现，要在动荡不定的、激烈的市场竞争中保持优势：营销、推销技能和财务控制系统的作用至关紧要。就是说，营销、财务职业的地位和作用相对上升。这一变化无疑波及不同职业需求的变更。职业发展观促使组织必须依据变动了的实情，及时进行必要的职业开发与整合，从而建立起有效的职业开发管理方式，保证组织的成功。

（2）有利于员工全面发展。员工全面发展，是一种发展趋势和方向，也是现代企业的目标和担负的任务。职业发展观推进这一目标的实现。一方面，从招聘、录用伊始，就为员工尽可能地配置适宜的职业岗位；另一方面，又非一次分配定终身，通过对员工实际工作的考评，根据组织需要和员工个人情况与要求，不断进行调适，或者予以升迁，或者委以重任，或者调换工作，等等。职业发展观这种动态开发与管理和开通的职业通道，对员工发展是极大的激励和推动。

组织虽然设置职业通道，然而，员工欲达到职业目标，获得全面发展，还必须凭自己的实力（智力、知识、技能、体能），脚踏实地走好这条道路，否则，对于不胜任的工作，或者玩忽职守的员工来讲，此路不通。因此，员工必须不断学习现代知识，提高职业技能，必须勤奋敬业，恪尽职守。职业发展观对员工这一特有的压力，显然又是一种动力和激励力量，从而促进员工不断奋进，在实现组织目标过程中获求自身的全面发展。

此外，职业发展观鼓励人们将员工视为全面人。就是说，不能将员工仅仅看作单纯的工作人，他们有思想、有意识、有感情，除去工作之外，他们还要生活、要消费、要休闲、要学习、要发展，要充任各种家庭角色，担当生儿育女、敬老养家等义务，因之，他们是全面人。组织不仅要关心员工的工作，还要关心他们的生活、个人发展及其家庭。与此同时，组织要重新思考和重新设计自己的某些奖酬系统、激励机制和人事政策等，对员工日益增多的需要做出适宜的反映。显然，职业发展观关于全面人的观点极利于员工全面发展。

（3）有利于组织的发展与创新。组织的发展，主要强调创造组织的应变力，造就或发现批评派、改革派的员工或经理，打破旧的现行体制，这也是组织发展的三要素。另外，职业发展观也有助于组织发展与创新。

首先，职业发展观帮助组织发现、培养、造就企业的创新者、革新派。无论是组织应变力的获得，还是旧体制和旧规章的打破，抑或改革派员工和经理的发现与造就，都需要人去承担。所以，组织的发展创新，归根到底是人的发展和创新。职业发展观明示：组织与员工同处于一个社会大环境之中，为适应时代需求，组织必须不断发展、不断进步，同时，相应地需要具有创新精神与能力，以及时代职业道德与风范的经理、员工与之相匹配。因此，发现、培养、造就时代创新者，即组织发展创新主体，既是职业发展观的要求，也是职业发展观所指示的任务。

其次，职业发展观通过组织职业计划，为组织发展或变革计划实施提供人员及其职业工作保证。20 世纪 90 年代，发达国家进行了企业再造工程。面对这样一场深刻的管理革命，职业发展观使组织清醒地认识到，企业若想取得再造的成功，就必须培养进行管理革命的骨干主体力量，还必须有与企业再造工程相配套的职业计划。所以实施再造的企业，应先重点训练和组织起直接主持与从事企业再造工程的队伍，并设置企业再造的领导者、再造工程主任、再造团队、指导委员会和再造总监五种职业角色，并分别赋予他们实行企业再造的职责和权力，这就从组织机构和人员职业工作方面有力地保证了企业再造工程的顺利实施。

最后，职业发展观有利于企业创建一种新的促进企业创新的职业开发与发展系统。任何一次企业发展和创新，必然带来组织业务流程及相关方面工作的变化，随之职业工作发生变动。仅以美国通用电话电子公司（GTE）企业再造中的电话维修业务流程为例。其再造之前，旧流程分四步走，各类人员各司其职：第一步，用户报修，修理科职员记录报修要求，并交予线路检测工；第二步，检测工查检公司总机或电话线路是否有问题；第三步，查出问题，检测工将情况报告给技术员或调度员；第四步，维修工根据调度员的安排，如约上门修复线路或设备。再造之后，维修流程步骤大大简化，从接受报修至修理，由一个人处理完成，原来客户等待诸多小时，甚至数天方能落实的维修预约，如今几分钟即可解决。由于业务流程革新，现在，一个人承担了修理科职员、检测工、技术员（或调度员）及维修工四种职业工作。职业发展观促使人们重新改造、革新作业系统之后，不可避免地会自觉地创建一种适应和保证新作业系统运作的新的职业开发与发展系统。

（4）有助于分析、理解和塑造企业文化。企业文化是企业的精神支柱和灵魂，是企业经营管理的指导思想及行为导向体系。职业发展观在分析和构建优秀企业文化中发挥了重要作用。

第一，职业发展观有助于认识和分析企业文化的形成。一个企业的文化，一般由该企业的创建者和早先的骨干成员所奠定，他们的价值观、个性、态度及职业背景形成该企业的文化基础。大庆油田企业文化的形成即为一例。石油是国家的经济命脉，但是在 20 世纪 50 年代末、60 年代初，我国石油工业尚十分落后，而外国人恰恰以此来卡我们中国人的脖子。于是，以王进喜为代表的一代创业者，凭着对祖国火热赤诚的心、强烈的职业责任感和自尊、自强、誓不服输的坚韧不拔的个性，构筑了代表民族魂的为国为民、一不怕苦、二不怕死、艰苦奋斗的"大庆精神"（又被誉为"铁人精神"）。显然，大庆油田企业文化的形成与其创业者的个性有关，但是更与其职业背景和职业经历密切相连。

第二，职业发展观有助于认识和分析企业文化差异。不同的企业有相异的企业文化，这种企业文化差异同组织的创建者和骨干成员的个性及职业经历密切相关。例如，一个由工程师创办的公司与一个企业家创办的公司有所区别。前者的技能根植于工程技术和生产，是技术型企业家。后者的技能可能根植于财务、营销等管理过程。由于职业经历不同，长期从事某项职业工作而形成的价值取向、认知、观念、态度、行动等会有所差别，管理观念、管理风格、管理行为与方法等也会有区别，于是形成了相异的企业文化。工程师的企业，一般重技术革新与创造，注重人才的培训，往往形成合作、好学、脚踏实地的企业风格。管理型企业家的企业，更注重成本核算和市场营销，其企业风格多为灵活、应变、勇于担风险。

企业文化差异还源于支配组织的实际职业的认知、态度和价值观。例如，化学工业在经历试验室发现、试验，到最后批量生产，变化是根本性的，且历经时间长；而电子技术却不同，一种电路设计一旦定型，即成批投产，不发生根本变化。所以，化学工程师必须比电子工程师更适应高度的不确定性和更长的反馈回路。这样，由化学职业作主体的企业常常形成活跃、创新、不怕挫折和失败、有韧性的风格，而电子职业为主体的企业则多为传统、沉稳的另一种风格。

第三，职业发展观有助于构建优秀企业文化。首先，有助于积累企业文化。企业文化积累是原有企业文化特质的保存和新文化特质不断增加的发展过程。它是在不同特质文化互相接触、交流时产生碰撞、对抗和冲突中进行的。职业发展观帮助人们进行文化判断、分析、评价和选择。一方面，淘汰原企业文化中消极的和与时代不适应的成分，保存、传递和发挥其优秀成分；另一方面，职业发展观在分析不同类型职业所形成的企业文化差异的基础上，进而从异质文化中吸收适于自己企业的优秀文化成分。其次，职业发展观有助于整合企业文化。企业中有多种职业存在，每种职业有其特有的认知、态度和价值取向。就是说，企业中存在不同的文化成分。职业发展观促进组织修正旧的不合时宜的文化，倡导新的优秀特质文化；同时，伴随某些旧职业淘汰，一些新职业产生，组织吸收新职业优秀文化成分，进行企业文化整合与再塑造。此外，职业发展观鼓励内职业发展，且将员工个人目标和价值追求，结合、统一到组织目标和价值取向上，这无疑利于整体企业文化的构建与发展。一个企业有优秀文化支撑，必会立于不败之地，员工个人也必将获得很好的、全面的发展。

二、置于个体总生命空间中的职业开发管理变革

企业由各个个体成员所构成。每一个体员工是有思想、有感情的活的生命体，有其从生到死的整个生命周期，其中，又有不同的生命空间，或经历不同内容的生命周期。将员工置于其总生命空间之中，创造条件，促其发展，乃是现代企业职业开发管理的又一新视点、新的指导思想和原则，也是现代企业职业开发管理的重要任务之一。

（一）员工个体的总生命空间

每一个人都是客观存在的，其有出生、成长至死亡的发展过程。从诞生于世至消亡离世，是一个纵向成长、发展和历经的整个生命周期，亦即整个人生。横向剖析开来，一个人生存要经历三个生命空间周期：生物社会生命周期、家庭生命周期和工作／职业生命周期。

（1）生物社会生命周期。其包含两方面的生命内容，或者说决定于两大因素。①生物力，即人体所发生的生物性变化。例如，一个人身体发生的成长、长大、衰老的自然生理变化；每个人可能发生某种疾病；此外，人有喜怒哀乐多种情绪，因其反映人体化学方面的某些基本变化，故可以被视为与生物性相关的存在。②与年龄相关的预期社会文化准则。例如，儿童被预期是贪玩、好动、耍性子的；青少年被预期是不定型的、精力旺盛、好冲动的，正奋力向成年靠拢；成年人被预期有承担工作和家庭方面的责任和义务；老年人则被预期精力和体力逐渐衰退，且更多地沉浸在自我闲暇与保健之中，接受自己责任水平的减退。我国流传的所谓"三十而立，四十而不惑，五十而知天命"，是典型的与年龄相关的预期社会文化准则。

正是上述生物力和随之而来的与年龄相关的预期社会文化准则，构成一个人的生物社会生命周期。

（2）家庭生命周期。任何人都均生活于一定的家庭关系之中。最初他（她）出生、成长并依赖于父母的家庭中，长大参加工作至独立之前，直接具有了其家庭责任和孝敬父母的义务。这个家庭，对于他（她）来讲，可称作原点家庭。待长到一定年龄（如25岁）被预期结婚生子，于是开始了他（她）自己的家庭周期，这一家庭可称谓他（她）的即时家庭。但此时，他（她）的原点家庭并未消失。就是说，他（她）的家庭生命周期是原点家庭和自己的即时家庭同时存在，承担多重家庭周期任务：①满足自己的配偶及子女的需求；②满足已经年迈且依赖性逐渐增强的父母亲的需求；③养育子女，培养后代。家庭生命周期向他（他）提出的上述要求和给予的压力，同时提供了养育、欢乐和成长的机会。由家庭所产生的许多角色力量（如儿女、父母亲角色等）是不以自我意志为转移的客观存在，是不可逆转的。这些角色不能也不可能放弃，只能设法完成这些家庭角色应担当的任务。

（3）工作/职业生命周期。这是一个人为了个人及其家庭生存与发展，从事职业工作，直至退出职业工作这样一种生命活动过程。它始于早期的职业意向、教育和培训确定的工作预期，历经寻找工作、就业、熟悉工作、建立职业锚、在外职业运行中发展内职业，及至最后的退休。

生物社会生命周期和家庭生命周期，是一个人的必然经历（极个别人没有自己的即时家庭周期），人皆有之。但是，并非每个人都有工作/职业经历。例如，某些失去劳动能力之人；某些不愿意进入社会劳动之人；或者被迫从事家务劳动的人，包括一些国家的妇女至今受民族传统习俗的束缚，不可以参加社会劳动……这些人一般不具有工作/职业生命周期。对于企业员工而言，一般三个生命周期具有，特别是工作/职业生命周期，在其人生之旅中占据重要位置。

在上述每一个生命空间周期内，有其各自相对应的任务，因此是各不相同、相对独立的生命周期；同时，各生命空间周期又相互依存、相互关联、相互影响和相互作用的。这种人生旅程中横剖面上的三个生命空间周期及其相互有机联系，便构成一个人的总生命空间。置于个体总生命空间进行职业开发管理，乃是现代企业职业开发管理的创新与变革。

（二）置于个体总生命空间的职业开发与管理

在企业中，人力资源的职业开发与管理经历了由低级向高级、由传统向现代的发展过程。传统职业开发与管理有两大特点。

其一，组织发展目标一元化，即追逐利润最大化，因此，传统职业生涯开发与管理，以企业目标和任务实现为出发点，为工作导向的发展活动提供机会是组织唯一的考虑。其二，在上述目标和观念支配下，将员工的职业工作及其家庭、个人事务割裂开来，对员工的职业开发与管理只限于其工作时间和场景之内，对员工的家庭及个人事务，认为是员工个人的事，是工作之外的事，因此，不予理解、关心，即不管不问。

现代职业开发与管理，具有崭新的理念和观点，实践发生根本变革。首先，企业发展目标由一元变为多元，由此决定，现代职业开发与管理视线扩展至员工个体利益需要与个体发展。人的发展不再是企业发展的附属物。企业人力资源计划和职业开发与管理系统，不再单纯为了企业或组织的需要，同时也是为了员工个体发展的需要，而且将组织需要与员工个人需要有机地结合，力求双方利益和需要均得以实现。

其二，现代职业开发与管理已超出员工的工作生命空间，而是置于个体总生命空间中进行，在员工的职业工作、家庭及生物社会生命空间的相互作用中，实现卓有成效的职业开发与管理。企业进行职业开发与管理是必要的吗？美国著名管理心理学家施恩教授曾经在麻省理工学院斯隆研究所举办了一个为期 10 周，有 27 名高级经理参加的高级培训班。在课堂上，施恩教授提出：为了寻求管理下属人员的最佳方式，经理详细了解这些人的家庭情境变得越来越重要。这一观点竟遭到班上 1/3 的人的强烈反对。他们认为，这不仅毫无必要，而且侵犯了他们隐私权，违背了全部传统的组织价值观。另有近 1/3 的人认为这不可以，其为严重问题。只有 1/3 的人认为对员工家庭和自我发展问题应当予以关注，企业应当在雇员总生命空间中来进行并不断完善企业的职业管理。实践告诉我们，上述第三部分人的意见是对的，原因如下。

（1）员工自我发展和家庭发展是员工的需要，它包含于现代企业目标内容之中，构成企业工作（包括企业职业开发管理）的一项重要任务。现代企业目标不仅仅为了企业所有者获取最大化利润，促进员工发展和满足员工利益需要也是现代企业追求的目标。而员工个体发展的内容，除职业工作发展之外，尚包含自我发展及其家庭的发展。显然，后两项员工发展内容事实上必然包括于现代企业目标之中，连同员工职业工作发展一起，成为现代企业利润最大化得以实现的必要条件。员工自我、家庭及职业发展的统一，客观上构成了全部企业管理。

（2）企业工作和职业开发与管理不能脱离员工家庭和个人事务要素。通常，传统组织关注的焦点仅是员工直接工作场景，包括工作安排、工作态度、工作表现、工作胜任情况，以及为员工工作支付的报酬等。在传统组织眼里，员工是单纯的"工作人"。事实上，员工是"全面人"，他（她）不仅有工作生活，还有自我生活和家庭生活。员工如何进行工作，还取决于其自我及家庭的种种因素，其超出了员工直接的工作环境、组织政策和管理他们的方式。员工家庭和个人事务，是企业工作决策，如包括职业开发与管理决策的必要因素。如果将之排除在组织视野之外，于企业各项工作的进行是十分不利的。某经理欲交给下属一项任务，这需要到外地出差数日。这位经理只是就工作安排工作，却全然不知道会直接影响下属的家庭情景，如小孩无人照管，或者病人无人照看等，结果给下属造成一种出苦差的局面，他会对离家外出牢骚满腹，工作也会不安心，敷衍了事。正确的做法应如施恩的高级经理培训班一位经理所言："也许你认为这是干涉隐私，不过坦率地说，我只有了解每一位下属的家庭情境，才能判断他们随时接受艰巨任务的心情和准备，也才能管理好组织。如果他们有家庭困难，我要了解清楚，设法解决。"确实如此，家庭对员工的工作影响很大，当某一员工不能胜任跨国公司的一次海外任务时，正是因为他的配偶不适应异国文化。因此，当今公司企业在分配工作任务之时，总是考虑家庭问题，包括进行家庭访问，与员工配偶直接交换意见，帮助员工解决家庭困难，如给员工时间使其能送孩子上学等。显然，家庭问题是员工职业工作活动的必要要素。

职业/家庭问题很重要，职业/自我问题恰恰同样重要。如果员工感情上沉溺于其他个人问题，他（她）就不能有效的工作。试想，一个飞行员与妻子不和，怎么能在感情压力下，在潜在危险条件下继续飞行于蓝天呢？某一员工发现有疾病隐患，思想包袱沉重，大约也难以全心全意、兢兢业业忠于职守。所以，职业/自我问题也是员工进行工作的要素。组织应当知道员工何时有何难处，而后采取相应措施。如果忽视职业/自我问题或者实际上处置不当，组织和个人双方的潜在损失就会增大。总之，来自家庭生活和由个人事务带来的问题，直接影响员工如何从事日常工作和长期的职业决策，这是不争的客观事实。企业的人力资源开发和职业管理，不可对之视而不见，置之度外，必须接受工作、家庭和自我相互作用的现实，在员工个体总生命空间中进行灵活的、有效的职业开发管理。这会提高整个组织的效益。

（3）在以人力资源为核心的现代企业管理中，对人力资源由开发"力的资源"走向开发"心的资源"。作为企业人力资源开发管理重要方面的职业开发与管理，必须立足于员工总生命空间，进行员工"心"的开发与管理。这是职业开发与管理有效运作、企业获得成功的"秘方"。

在以物质资本扩张、劳动力数量增加为依托的经济发展时期，劳动力作为被利用的客体而存在，因此企业劳动人事管理总是想方设法要工人付出最多的脑力和体力，把企业雇员当作纯粹"力的资源"来对待。20世纪初，被称作"科学管理之父"的泰罗和吉尔布雷斯，曾经细致地观察、精细地计算和分析工人劳动部位（如手、腰、腿）及其劳动基本动作与方向，亲自进行测试和试验，改进劳动动作、规定劳动时间和标准动作，以此来提高生产效率。这是典型的对"力的资源"的支配、调动和使用。

第二次世界大战以后，人力资源作为生产的主体成为现代经济增长的拉动力量。于是开发员工智力，提高其劳动技能成为现代企业人力资源管理的极重要任务。但是，发展实践表明，对人力资源作为主体的开发，远比作为客体被支配和利用来得复杂。这是因为劳动能力以人体为其存在的物质载体，它与劳动者人体具有不可剥离性；而劳动者是有思想、有意识、有情感、有生命的活的资源要素。其个人生活背景（年龄、性别、婚姻家庭状况、工作年限等）、能力、性格、气质、价值观、对人及客体事物的感受或态度、工作满意程度等，都是员工开发水平的影响因素。在当代知识爆炸的智能社会，智力因素固然是一个人、一个组织成功的决定因素。但是，如果个人、组织有高含量的科学知识和技能，却不能得以发挥和运用，或者智能发挥不充分，那么个人或组织也不会成功。有人说，一个人的成功，80%靠非智力因素，此话不无道理。当代一个企业的成功亦如此。一方面必须依赖智力因素，但同时，还必须靠非智力因素的支持。例如，人际间的和谐，得到关心、爱护和帮助，受到尊重，个人价值得以实现，个人物质需求或其他某种需求得以满足，等等。这些虽然不是直接提高智能的因素，但却是智能提高的影响因素，更是关系到员工积极性、自觉性、创造性充分调动和发挥，智力潜能充分挖掘和完全释放的极为重要的影响因素，甚至是决定性因素。所以，当今企业人力资源开发管理，一方面要积极进行人力资本投资，直接提高员工科学技术文化知识，开发其智能；另一方面，要进行"心的资源"的开发，促使员工发挥积极性和劳动潜能。在管理中，注重人际关系、行为科学和组织心理学的研究，尊重人，理解人，懂得员工的心，了解员工的需要，针对其行为、心理、企业中人际关系，进行科学的、有针对性的开发与管理。这是现代企业人力资源开发管理的创新。

在现代企业人力资源开发管理创新与变革之中，其职业开发与管理，必须加快革新步伐，转到对雇员"心的资源"的开发管理轨道上来。而员工的心理、认知、感情、思想，不是仅存于其工作生命空间，而是存在于包括自我生物社会生命空间及家庭生命空间在内的总生命空间。因此，职业开发与管理必须置于员工总生命空间来进行，而且首先重在开发管理员工的心理、情感，如此，企业的职业开发与管理才会有成效，企业成功方是必然的。

三、立足于战略高度认识和实践职业开发与管理

从战略高度认识企业的职业开发与管理，是现时代的创新，它经历了一个过程。如美国加利福尼亚州大学亚瑟·谢尔曼（A. Sherman）教授1996年说：70年代越来越多的业主（或雇主）认识到使员工对个人职业生涯感到满意的重要性，他们倾向于建立能使员工在组织内达到个人目标的职业生涯计划。80年代关注的焦点（或重点）发生了变化，英国石油公司：组织内的职业生涯开发被看作是能够在发生巨大变化的组织环境中满足业务需求的一种工具。到了90年代，这一问题的焦点转移到两者的平衡上。现在，企业内的职业生涯开发被作为一种战略过程，它可以最大限度地开发职业中个人的潜能，而且也是强化组织成功的一种途径。

（一）职业开发与管理是企业战略有机构成部分

企业战略，是指企业在对自己内部的优势与劣势，以及外部的机会和威胁进行分析与预测的基础上，为了维持自己的优势竞争地位而制定的发展规划。

职能战略的其他部分，包括人力资源开发管理战略，而人力资源开发管理战略则包含诸多具体战略，如教育培训开发战略、组织开发战略等。作为企业战略的组成部分，尚有职业开发管理战略。

若按企业战略内容考察，有企业总体经营战略、企业创新战略、组织发展战略、投资战略、市场竞争战略、技术发展战略、产品发展战略、跨国经营战略、营销组合战略、财务管理战略、信息系统发展战略、人力资源开发管理战略、企业文化战略、企业形象战略等，几乎涵盖企业经营管理的全部内容。当然，人力资源开发管理战略，必然包括职业开发管理战略。

（二）职业开发与管理具有战略性的基本特征

企业的职业开发与管理自身即具有战略素质或战略性质。首先，职业开发管理是关乎企业全局的活动或过程。美国著名的格兰特公司，从18世纪初开始逐步成长为一个全国性的连锁公司。1970年前后，该公司管理者决定改变企业经营战略，将商店变成名为"格兰特城"的属于贸易中心一类的超级大商场。无疑，这是一个伟大的外部市场开发战略。然而，格兰特公司实行新战略不到3年时间就垮台了。因为它本身就是一个不明智的、错误的战略，新战略根本不符合市场需要，未根据公司的优势和劣势，扬长避短。此外，格兰特公司尚未在企业内部做好有效管理这一新战略的充分准备。例如，其公司雇员甚至还不能恰当地处理以信用卡结算的大宗销售业务。显然，未及时做好职业开发与管理，亦成为导致全局失败的重要原因。

其次，职业开发具有长期性、预期性，可以超前决策。职业生涯是人一生中整个工作生命周期，职业开发贯穿于个体全部几十年的工作生命周期，具有长期性特点。同时，职业生涯历经不同阶段，每一相异阶段有各自的职业开发任务和具体开发内容。而这一个体职业开发，根据一般个体总生命空间运行规律和每一个体的特质及职业需求，是可以预期的，因而也可以超前做出如何开发和培养的对策。就组织而言，它是众多个体有机组合的集合体，根据企业外部环境及其变动和企业内部优势与劣势，以及企业职业发展需求，考虑每个员工职业生涯预期的开发，完全有必要、有可能进行预测，并超前决策，制定出企业职业开发管理战略及其实施方案，这既是企业职业开发管理的必然，又是企业在激烈竞争中取胜所必需的。

（三）职业开发与管理具有完备的战略内容

将职业开发与管理上升至战略高度，缘于其具备战略的基本内容。战略一般含四方面内容：战略目标、战略范围、战略手段和战略部署。

（1）战略目标，是对发展方向的具体描述，或发展所预期达到的目的。职业开发与管理的战略目标，是人的全面发展和企业在激烈竞争中的不败与成功发展。

（2）战略范围，是战略目标实施的领域和实施对象的集合。企业的职业开发与管理战略目标实施的领域，一方面是个人的职业追求、职业选择、职业计划，即个人职业生涯的设计与开发；另一方面是组织的职业需求、职业岗位和职业通道的设置与配置，与个人职业计划相匹配的组织职业计划的制定与实施。此外，工作分析、绩效考评、教育培训、晋升与流动等紧密相关的工作也会纳入企业的职业开发管理战略范围。职业开发管理的战略实施对象，是组织内全体成员，其中，尤以企业的各级领导管理者为职业开发管理战略实施对象的核心部分。

（3）战略手段，是企业拥有的、可以借用的实施战略的各种力量、机制、方法之和。例如，员工个人职业计划、组织职业计划，可视为企业进行职业开发与管理的方法。劳动力市场，则是职业开发管理的机制、力量。

（4）战略部署，是战略实施的具体计划，表现为具有内在有机联系的一系列步骤和措施。遵循新职业发展观的要求，所构建的组织职业计划与个人职业生涯相匹配的模型，便是一种典型的传统的企业职业开发管理。

四、职业开发与管理的新模式——组织职业计划与员工职业生涯开发匹配模型

传统的企业职业开发与管理，是以组织单方利益和目标（利润最大化）的实现为出发点、核心和归宿，至于员工个人发展、职业需求与职业进步，并未在企业的职业开发管理视野之内。员工职业生涯的设计是其个人之事，好像与组织无关，因此更谈不到组织有意识、有目的地为员工个体发展设置职业通道。所以，传统职业计划一般仅为组织一方的职业需求与供给计划。

现代企业的职业开发与管理已经进入了以新职业发展观为指导的新阶段。职业发展观基于这样的事实：组织依靠员工而发展，员工依靠组织提供工作和就业机会。二者相互依存、互相作用、互相影响、共求发展。因此，使个人职业需要与组织职业需要相均衡、相协调，使组织与其所属员工均能受益，是企业职业开发管理的指导思想、出发点和归宿，是企业职业开发管理的灵魂。它通过职业计划而表现。可以说，职业计划是职业发展观的具体化、实践化，是职业发展观的具体实施和实现。它既是企业职业开发管理运行有所遵循，又是企业职业开发管理运行的总结与升华。以新职业发展观为指导的现代企业职业计划，是对传统职业计划的革命和创新。

第一，职业计划由组织单方变为双方。首先是个人职业计划。这是员工个人筹划其人生职业工作的过程，或者说个人设计自己的职业生涯，策划如何渡过职业工作生命周期的过程。通过职业计划，评价一个人他（她）的能力和兴趣，考虑其可选择的职业机会，从而确立职业目标，筹划实际的职业发展活动。可见，个人职业计划是员工个人的主动行为

或活动，是个人职业生涯的设计与策划。个人职业计划活动主要包括：评价自我，确定职业需求，选择职业机会，确立职业目标，策划实施目标的具体行动或者自我职业发展的具体活动，以获取个人职业生涯的成功。其次是，组织职业计划。组织职业计划，是指在一个组织内，组织为其成员实现职业目标确定职业道路，充分调动员工潜能，使员工贡献最大化，利于员工发展和组织目标实现的过程或开发管理活动。组织职业计划目标设定原则是：必须有利于实现组织的基本目标，必须有利于员工个人职业计划的实现。在组织职业计划中，设置职业通道，亦即组织为员工个人职业目标实现而设置的变换职业所走的路线或者途径，其乃是组织职业计划的核心。显然，由职业发展观所支配的组织职业计划，其指导思想、出发点、目标、任务及内容，同传统组织职业计划相比，发生了根本创新。

第二，现代的职业计划，是组织职业计划与个人职业计划相结合、相匹配的完整计划。对此，一些学者进行研究，构建了组织与个人相匹配的职业开发管理模型。例如，美国的 E. H. 施恩教授率先从职业发展观出发，设计了一个企业人力资源计划与开发模式，将组织职业计划与个人职业过程的匹配加以清楚地显现，以实现组织与个人需要，最终达到组织与个人的目标，双方受益。

五、一个全新的概念——职业锚

美国著名的职业生涯开发管理研究者，当属麻省理工学院斯隆商学院 E. H. 施恩教授。他于 1978 年出版了《职业动力论》一书，率先从职业发展观出发，设计出个人与组织相互作用、互相匹配的基本模式，并且首先提出了职业锚概念。鉴于这两点重要贡献，使该书成为职业开发与管理的经典之作。

（一）职业锚含义

职业锚是自我意向的一个习得部分。个人进入早期工作情景后，由习得的实际工作所决定，与在经验中自省的天资、动机、需求、才干、态度、价值观相符合，达到自我满足和补偿的一种个人的长期稳定的职业定位。把握职业锚概念，要注意如下几方面：

第一，职业锚以员工习得的经验为基础。员工在工作若干年，习得工作经验后，方能找到自己稳定的长期贡献区。个人在面临各种各样的实际工作生活情境之前，不可能真切地了解自己的能力、动机、价值观事实上将如何相互作用，以及在多大程度上适应可行的职业选择。因此，员工的工作经验产生、演变和发展了职业锚。换言之，职业锚在某种程度上由员工实际工作经验所决定，而不只是取决于个人潜在的才干和动机。

第二，职业锚不是根据各种能力或者作业动机、价值观所做的预测，而是员工在工作实践中，依据自身的和已被证明了的才干、动机、需要和价值观，现实地选择和准确的职业定位。

第三，职业锚是员工自我观中的动机、需要、价值观、能力相互作用和逐步整合的结果。在实际工作中，员工重新审视自我动机、需要、价值观和能力，逐步明确个人需要与价值观，明确自己的擅长所在及其发展的重点，并且针对符合于个人需要和价值观的工作，以及适合于个人特质的工作，自觉地完善、增强和发展自身才干，从而达到自我满足和补偿。经过这种整合，员工寻找到自己长期稳定的职业定位。

第四，员工个人及其职业锚不是固定不变的。职业锚，是个人稳定的职业贡献区和成长区。但是，这不意味着个人将停止变化和发展。员工以职业锚为其稳定源，可以获得该职业工作的进一步发展，促进个人生物社会生命周期和家庭生命周期的成长，改进其质量。此外，员工在其职业生涯过程中，可能会根据变化的情况，重新选定自己的职业定位，此时职业锚本身可能变化。

（二）职业锚的类型

职业锚是自我意向习得部分，每个人都有各自的特质、动机、需要、追求和价值观，其所寻求的职业锚也有所不同。从现实来看，施恩归纳了5种类型的职业锚，也是5种类型的自我意向模型。

（1）技术职能能力型的职业锚（简称技术锚）。对追求此类型职业锚的员工来说，表现出如下特征：①强调实际技术或某项职能业务工作，注重个人专业技能发展。②拒绝全面管理工作，负单纯管理责任的职业对他们毫无吸引力。③其成长是在技术职能区内的技能不断提高，其成功更多地取决于该区域专家的肯定与认可，以及承担该区域技术性能、日益增多的富有挑战性的作业。

（2）管理能力型的职业锚（简称管理锚）。管理锚与技术职能锚完全不同，不同之处主要为：①管理锚倾心于单纯管理责任，且责任越大越好。具体的技术工作或职能工作，仅仅被其看成是通向更高、更全面管理层的必经之路，是获取专职管理权的必需品。②管理锚具有强有力的升迁动机和价值观，以提升等级和收入作为衡量成功的标准。③管理锚具有将分析能力、人际关系能力和感情能力合成的技能；分析能力要求对环境敏感，能评估信息的有效性，具有分析和解决问题的技能；人际关系能力，即能影响、监督、率领、操纵和控制组织的各级人员，更有效地实现组织的目标；感情能力，能够从感情上应付严峻局面和艰难的人际关系，具有调适力、承受力，能在风险和不确定条件下决策，义无反顾地承担自身决策和下属行为的后果。在三个能力当中，感情能力很微妙，它可能是识别何种人将在高水平的管理角色中取得成功的最重要的能力。其他类型职业锚人也会具有这三种能力，甚至其中一两个方面的能力较管理锚的人发展得更高。但管理锚的人独具将三种能力合成的高技能，且表现出优越的管理才干。④抛锚于管理职业的人，在很大程度上具有对组织的依赖性。要依靠组织为他们提供具有重大责任的工作岗位，展示他们高水平的管理能力。而且，管理锚的人所具有的认同感和成功感来自其所在组织，他们与组织命运紧紧相连。当介绍自己时，谈的常常是他们的职位、公司的规模、活动域及其发展。从某种意义上讲，这些人就是高水平的"组织人"。

（3）创造型职业锚（简称创造锚）。这是个难说清楚而又很独特的锚。①在某种程度上，创造锚同其他类型锚有重叠。追求创造锚的人要求有自主权、管理能力，能施展自己的才能。但是，这些不是他们的主要动机、主价值观，创造才是他们的主要动机和价值观。②有强烈的创造需求和欲望。追求创造锚的人有一种一以贯之的需要，即建立或创造某种东西，它们完全属于自己的杰作。发明创造，奠基立业，是他们工作的强大驱动力，是他们绝不会放弃的东西。③意志坚定，勇于冒险。冒险与创造有如孪生兄弟。立志抛锚于创造型职业的人，既然强烈要求标新立异、有所创造，一般都做了冒险的准备。因此，总是力图以坚韧不拔、百折不回的精神和行动，赢得创造需要的实现。

（4）安全型职业锚，又称作稳定型职业锚，其特征为：①职业的稳定和安全，是这一类型职业锚员工的追求、驱动力和价值观。他们的稳定、安全取向主要有两类：一种追求职业安全、稳定，稳定源和安全源主要是一个给定组织中的稳定的成员资格；另一种注重情感的安全稳定，包括一种定居，使家庭稳定和使自己融入团队的感情。②在行为上，倾向于依赖雇主要求行事，不越雷池一步，为了维持以工作安全、体面的收入、有效退休方案、津贴等形式体现的一种稳定的前途。③对组织具有依赖性。一般不愿意离开一个给定的组织，依赖组织来识别他们的需要和能力，相信组织会对他们做出可能的最佳安排，他们较其他人更容易接受组织。④个人职业生涯的开发与发展受到限制。因为依赖组织，个人缺乏强驱动力和主动性，故很不利于自我职业开发与发展。即使有很强的业务技术才能，由于职业与感情上高度安全稳定的追求，往往限制他们沿着等级维度的职业运动。⑤安全型职业锚的成功标准是：一种有效的稳定、安全、整合良好的、合理的家庭和工作情境。

（5）自主型职业锚，又称作独立型职业锚，其特点是：①最大限度地摆脱组织约束，追求能施展个人职业能力的工作环境。②自主型职业锚与其他职业锚有交叉。如自主职业锚同时是技术职能锚，或者同时是安全型职业锚。另有情况是，追求自主型职业锚的人，将其追求的职业也看作一种向较高层面的管理位置的过渡。尽管追求的职业锚有交叉，但是，自主的需要较其他方面需要更强烈，视自主为第一需要。③以自主型职业为锚地的人，在工作中显得很愉快，享有自身的自由，有职业认同感，把工作成果与自己的努力相联结。他们主要要求随心所欲，有自己的工作习惯和生活方式。

（三）职业锚的意义

在现代企业职业开发与管理和个人职业生涯开发过程中，职业锚概念的提出和职业锚类型的确定，有其重要意义和作用。

第一，识别个人职业抱负模式和职业成功标准。职业锚是个人经过搜索所确定的长期职业贡献区或职业定位，因此，能清楚地反映出个人职业追求与抱负。与此同时，从职业锚可以判断员工达到职业成功的标准。职业成功，无统一固定标准，因人而异，因职业锚而不同。对于管理锚的员工来说，其职业成功在于升迁至高级职位，获得更大的管理权力。而对于安全锚的员工来说，求得一个稳定地位和收入不低的工作，有着优雅的工作环境和轻松的工作节奏，便是其职业成功的标志了。

第二，促进预期心理契约得以发展，有利于个人与组织稳固地相互接纳。职业锚可以准确地反映个人职业需要及其追求的职业工作环境，反映个人的价值观与抱负。透过职业锚，组织获得员工正确信息的反馈，这样，组织才有可能有针对性地为员工发展设置可行的、有效的、顺畅的职业通道；个人则因为组织有效的职业开发管理，使自身职业需求获得满足，必然深化对组织的情感认同与服从。但是，组织与个人双方相互深化了解，互相交融，从而达到深度而稳定的相互接纳。

第三，增长职业工作经验，增强个人职业技能，提高劳动生产率和工作效率。职业锚使个人相对稳定地长期从事某项职业，因此必然增长工作经验。经验的丰富和积累，既扩增个人知识面，又不断增强职业工作技能，直接产生提高工作效率或劳动生产率的明显效益。

第四，职业锚为员工中后期职业工作奠定了基础。在具有工作经历之前，职业锚不存在。一个人抛锚于某一职业工作过程，就是他（她）自我真正认知加深的过程，认识自己具有什么样的能力，能力水平，还需要什么，价值系统是什么，自己属于何种类型的人，等等。把职业工作与完整的自我观相整合的过程，决定了成年期的主要生活和职业选择及职业境况。所以，职业锚开发过程是中后期职业工作的基础。换言之，中后期职业发展与早期职业锚连接在一起。

（四）职业锚的开发

鉴于职业锚对个人发展和组织工作有重要意义，因此应当有意识地进行职业锚的开发。

（1）职业锚的个人开发。从个人角度，开发职业锚，主要应做好以下工作：

第一，提高职业适应性。职业适应性是职业锚的准备和前提基础。提高职业适应性，①选定职业目标，努力去适应，要目标专一，不要朝秦暮楚，用心不专。②学会在动态中适应。③适应职业环境，包括适应工作及适应新的人际关系。④能力替代或补偿。个人能力并非单一，不同能力之间可以相互替代或补偿，同时，互补互替还发生于气质与能力、性格与能力、个性与能力之间。例如，熟能生巧，是娴熟技能对创造能力的增进；勤能补拙，是素质与能力之间的补偿。这种能力的补偿，可以明显增进职业适应性。⑤培养工作兴趣，扩展知识。兴趣是员工心理上、情感上的职业工作的动力和支撑力，一定的文化知识、职业知识和专业知识，则是其从事职业活动的物质基础条件和必要保证。⑥以良好的、积极的心态，脚踏实地、安于承担低等或枯燥单调的工作。这是通往自己职业目标进程中的铺路石。如此，就能够对兴趣浓厚、富于创造和挑战性的工作，迅速达到深度适应。

第二，借助组织的职业计划表，选定职业目标，发展职业角色形象。职业计划表是一张工作类别结构表。员工应当借助表中所列职业工作类别、职务升迁与变化途径，结合个人需要、特质、价值观，实事求是地选定自己的职业目标。一旦瞄准目标，积极创造胜任条件，并在组织内树立良好的职业角色形象。

职业角色形象，是员工个人向组织及其工作群体的自我职业素质的全面展现，是组织和工作群体对个人关于职业素质的一种根本认识。其构成主要有两大要素：一是职业道德思想素质，通过敬业精神，对本职工作热爱与否、事业心、责任心、工作态度、职业纪律和道德等来体现；二是职业工作能力素质，主要看员工所具有的智力、知识、技能是否胜任本职工作。员工个人应当从上述两个主要的基本构成要素入手，很好地塑造自己的职业角色形象，为自己确定职业锚位创造条件。

第三，培养和提高自我职业决策能力和决策技术。自我职业决策能力，是一种重要的职业能力。决策能力大小、决策正确与否，往往影响整个职业生涯发展乃至一生。在个人职业生涯发展过程中，特别是重要的转折关头，如首次择业、选定职业锚、重新择职等，具有强职业决策能力和决策技巧十分重要。个人在选择、开发职业锚之时，必须着力培养和提高自我职业决策能力和技术。

所谓自我职业决策能力，意指个人习得的用以顺利完成职业选择活动所需要的知识、技能及个性心理品质。具体讲，要培养和提高如下方面的职业决策能力：①善于搜集相关的职业资料和个人资料，并对这些资料进行正确的分析和评价；②制订职业决策计划与目标，独立承担和完成个人职业决策任务；③在实际决策过程中，非犹豫不决、优柔寡断，而是有主见，能适时地、果断地做出正确决策；④能有效地实施职业决策，并克服实施过程中的种种困难。

职业决策能力运用于实际的职业决策之时（如职业锚），需讲求决策技术，掌握住决策过程。首先，搜集、分析与评价各项相关职业资料及个人资料，这一工作即是几种职业选择途径的后果与可能性的分析和预测。其次，对个人预期职业目标及价值观进行探讨。澄清、明确和肯定个人主观价值倾向与偏好当为首要，否则无法做出职业决策。最后，在上述两项工作基础上，将主观愿望、需要、动机和条件，与客观职业需要进行匹配和综合平衡，经过权衡利弊得失，确定最适合、最有利、最佳的职业岗位。这一决策选择过程，是归并个人的自我意向，找到自己爱好的和擅长的东西，开发和发展一种将带来满足和报偿的职业角色的过程。

（2）组织对职业锚的开发。职业锚虽然是员工个人的职业定位或者长期贡献区，但是，员工能否实现自己所渴望的锚位，并非完全取决于个人，组织是否提供其职业发展和定位的顺畅通道，是决定性因素。组织对员工个人职业锚的开发与实现，有举足轻重的作用。从组织角度讲，如何积极进行职业锚的开发呢？

第一，分配给员工以挑战性工作，给其准备建立职业锚的机会。员工虽进入企业不久，但是，组织需要对其充满信任，大胆使用，敢于分配其富于挑战性的工作。例如，独立完成某一项具体工作任务；主持某项工作，成为该项工作小组的临时负责人；担当比较重要的、关键性的工作任务，或者某项要求高、时间又紧迫的工作任务；承担某项技术性较强的工作等。通过富于挑战性工作，一是给员工以展现自己的机会；二是员工获得真正审视、了解和评价自我的机会；三是组织较为全面真实地考察和评定员工的机会。与此同时，初次工作的挑战性，易使员工热爱自己的职业工作，有利于其职业锚的选定，并且使其在今后的职业生涯中保持旺盛工作热情，增强工作能力和竞争力，并清楚地意识自己的重任。正是这种清醒的意识，促使员工获取事业的成功。

第二，帮助和指导员工寻找职业锚。员工职业发展和锚选定的责任，最终还是落实于员工个人，组织的任务就是适时地为员工提供帮助和指导。可以举办讲习班，分两个过程。

第一个过程，帮助员工从实际工作经验中正确了解、认识和评价自我。具体分三步：第一步，收集个体的具体资料。可采用美国哈佛商学院的研究成果所表明的六种方法：写自传、志趣考察、价值观研究、24小时日记、与他人面谈、生活方式描述。第二步，组织从收集的资料中，归纳出一般结论。这是一种从特殊到一般的归纳推理法，得出结论：员工有不同类型，如有事业型的，有生活型的，有技术操作型的，有管理指挥型的，有创新型的，有安于现状、求稳求安全型的，等等。第三步，帮助员工从他们自己所提供的大量信息资料中，逐渐认识自己的一般形象，继而与组织归纳的一般结论对照比较，对自己做出全面结论，得到一个较为全面、客观、真实的自我评价。

第二个过程，将员工自我评价结果用于员工职业指导。①在第一个过程自我评价之后，组织，如各部门经理开始找下属谈话，了解员工职业愿望与要求，了解他们欲抛锚的职业目标。②根据员工自我评价结果，帮助他们分析适宜于哪种类型和哪一种职业工作。③将员工职业锚目标、适宜的工作记录下来，以作为组织为员工开辟职业通道的信息资料与依据。

第三，为员工建立职业锚设置通道。主要是以下五项工作。

第一项工作，通过对员工工作实践的考察和员工个人评价结果的信息，综合了解、把握每个员工职业景况：①职业追求、愿望、价值观、抛锚职业目标；②职业工作能力（体能、智力、知识、技能，以及人际关系能力和工作所要求的诸多其他具体能力）；③员工所适宜的职业工作（一种、两种或多种）。

第二项工作，组织职业岗位的梳理和广泛的工作分析研究，确定职业需求。首先，分析、研究工作，进行职业工作岗位分类：不动岗、空缺岗、近期调换岗、转换岗，而后就发生变动的工作岗位，确定其实际需要，特别是制定需求的具体标准和条件，以及工作要求规范。

第三项工作，员工个人目标与组织需求相匹配。在上述职业岗位需求确定的基础上，在对个人职业工作综合掌握的前提下，将二者做对照分析，当企业未来需要与员工能力及职业锚目标大约相一致时，组织将每个员工的职业锚目标结合到工作目标中，使二者相结合、相匹配，从而帮助员工对号入座。

第四项工作，为每一员工设置职业锚通路，并制订实施计划。经过上述三步工作，已经确定了员工职业变动或职业锚位，继而应当设计其变动时间，通过怎样的程序发生变动，以及促使员工抛锚定位的措施等。总之，为员工实现职业抛锚制订切实可行的计划和实施方案。

第五项工作，实施计划方案。应当依照既定计划实施方案落实兑现，或者使员工尽快到达职业锚目标岗位，或者委以重任，或者适时升迁……以使员工顺畅地建立起自己职业工作的长期贡献区。

六、基于人性的职业开发管理

所谓人性，即人通过自己的活动所获得的全部属性的综合，是现实生活中的人所具有的全部规定性。人性内容有两大方面：①自然属性。人与动物同源，有其自然的生物遗传、生理成长和变化过程，有其自然的本能。但人不同于动物，不是自然本性的奴隶，而是可以控制、利用、改造外部自然，改变自己本能的生存条件的。②心理属性。此为社会属性方面，是人的认知、情感、意志、能力、气质、性格、需要、动机、兴趣、态度、理想、信念、价值观等总和。这是人性的核心和实质所在。

传统企业的劳动人事管理，劳动者被视为如同物质生产要素一样的生产客体，被当作活的生产工具、手段，而不是被作为真正的人来看待，人性事实上被人为地扼杀。在雇主的眼中，员工个人职业生涯开发根本不存在，其进行的职业管理，完全是榨取员工血汗、实现利润最大化的唯一目的。现代人力资源开发管理，人性被视为其理念基础，即人力资源开发管理理论的建构和方法的设计，以对人性的一定看法为基础。以人为本，重视人、尊重人，重视人性、尊重人性、遵从人性，成为现代企业人力资源职业开发与管理的理念、出发点和实践行为标准。显然，这是对传统职业管理的革命和巨大创新。

在现实的职业开发中，人们十分注重人性，将之作为重要的决定性因素。职业咨询专家约翰·霍兰德（J. Holland）研究了职业人性确定问题。他认为，人格（包括价值观、动机、需要等，亦即人性）是决定一个人择业的重要因素。例如，一个有较强社会性的人，可能被吸引去从事有大量人际交往的职业，而不是去从事包含大量智力、体力的操作性职业。

七、职业开发中的职业通道设置

传统企业不存在对员工职业生涯的关注与开发，故无外职业之说，更无设置职业通道之言。设置职业通道是组织方的责任和义务，是组织承认员工个人职业生涯，并承担其开发任务，帮助员工个人发展的具体做法。这是企业职业开发与管理发生理念创新之后，在新职业发展观支配下的组织职业开发实践行为的创新。

（一）职业生涯与组织

职业生涯是个人职业工作生命运行空间，表面看起来是个人的事情，似乎与组织不相关，实则不然，个人职业生涯与组织有内在的必然联系。

（1）个人职业生涯与组织天然相连。个人与组织是相对应的双方。劳动者个人，是劳动力的所有者，为劳动力的供给方；组织（企业）拥有生产资料，是劳动力的需求方。

双方必须相结合，劳动力的供给与需求才能实现。供求结合与实现的过程既是劳动者让渡自己的劳动力给组织，供组织支配、使用，并与生产资料相结合的过程，即劳动者求职和组织安排劳动者进行职业工作的过程。二者天然地相互依存、互为条件、紧密相连。

（2）个人职业生涯以组织为依存载体。职业是劳动者从事的相对稳定的、有收入的、具有市场价值的专门工作或活动。劳动者从事专门职业工作的条件、场所，惟有组织（企业）可以提供。就是说，只有进入组织，个人方能实际地从事某项职业工作，也方能使个人的职业才能得到发挥。不进入组织，就没有职业位置，没有工作场所，个人才能再大，亦是英雄无用武之地。可见，组织（企业）是个人职业生涯存在和发展所依赖的载体或者物质承担者。

（3）劳动者及其职业工作是组织存在的根本要素。这里所谓组织，专就企业而言。企业是以盈利为目的组织起来的、从事商品生产和商品交换的经济组织。如果企业不进行生产经营活动，不盈利，企业便无存在的必要。而企业进行生产经营活动的主体是劳动者，在诸多生产要素之中，劳动者是唯一能动的主导要素，没有劳动者及其在各职业岗位上的工作，劳动工具、原材料、技术、资金、信息等一切生产要素均变成无用之物。劳动者在推动客体生产要素过程中，不仅转移旧价值，而且创造新价值，生产物质财富。应当说，劳动者及其职业工作，是企业利润的源泉。显然，没有劳动者在组织的多项职业岗位上的辛勤劳动，便没有企业组织的存在。

（4）组织的发展依赖于劳动者个人职业的开发。组织发展，是指企业生产能力的扩大和生产力水平的上升，既有量的扩增又含质的提高。在以往的经济发展中，企业效益的获得和利润的增大，主要依赖于物质资本和劳动力数量的增加。现代经济的运行，企业的不断成长，则取决于现代科学知识、高新技术，以及现代化、高水平、专家化的经营管理。归根到底，取决于劳动者的人力资本存量、职业智能水平。随着现代科学技术日新月异的发展，企业的产品、原材料、生产工艺流程、生产技术、市场等会处于经常革新、改造、变动之中；每项职业工作需要的知识、技能也在时常变化、创新，水平会越来越高；而且，企业的职业工作岗位也不时地变化。这就必须有相应职业水平和能力的劳动者，来承担新的职业工作和胜任职业工作越来越高的要求。否则，企业有被淘汰的可能。从这个意义上讲，员工个人职业开发与发展，是组织（企业）不断发展的生命线和根本保证。

上述分析可见，组织与员工个人及其职业生涯开发是互为依存、相互作用、同呼吸、共命运、同发展的关系。在职业开发过程中，员工个人应积极主动地发挥能动作用，强化自我开发、自我发展；同时，组织亦为个人积极开辟职业通道，大力促进员工个人的职业开发与发展。

（二）设置职业通道

员工的职业开发与发展，是组织存在与发展的必要条件和动力源泉，并与组织的发展互相促进。因此，提供条件，设置职业通道，给员工职业发展予以帮助，是组织应尽的责任和义务，是组织的一项重要任务。

职业通道，是组织所设置的、员工实现职业理想和获得满意工作，或者达到职业生涯目标的路径。简言之，是一个人变换职业所走的路线或者途径。职业通道有其特点：①职业通道是组织所铺设服务于员工个人的。②职业通道是一条柔性职业发展路线。就某一职业通道而言，并非每个员工的必经之路，而且，走这条路也不一定走到底。例如，不少人沿着纵向行政级别线路上行，有的走到中途（如科级、副处级或处级）停顿下来，有的则一直上行至局级、部级，乃至中央领导最高层级。

职业通道有多条，有多种形式与类型。美国 R. 韦恩、蒙迪和罗伯特·诺埃在其共著的《人力资源管理》一书中，重点提出四条：传统职业通道、网状职业通道、横向技术通道和双重职业通道。

（1）传统职业通道，是指员工在组织内，从一个职业工作到另一个工作纵向上发展的一条途径。假定每一个当前的工作是下一个较高层次工作的必要准备，员工就必须一级接一级地向上，由一个工作到另一个工作进行变动，以获得自身所需要的经历和职业目标的准备。

传统职业通道的优点是直线向前，清晰地展示于员工面前，让员工清楚地了解自己必须向前发展的特定工作序列。这种通道亦有不足之处，如企业合并、缩减、停滞及重新设计，会引起管理层人员大量减少，易产生多人行走独木桥的情况，致使一些人走这条路可能受阻。

（2）网状职业通道。它是纵向发展的工作序列与横向上发展机会的综合交叉。这一途径承认在某些层次的工作经验的可替换性，使员工在纵向升迁至较高层职位之前，具有拓宽和丰富本层次工作经验的经历。这条通道比传统职业通道更现实地代表了员工在组织中的发展机会，横向与纵向的选择交错，减少了职业通道堵塞的可能性。但是，对员工来说，它不及传统职业通道那样清楚、明晰，选择自己欲走的职业通道比较困难一些。

（3）横向技术通道。传统职业通道，是向组织中较高管理层升迁之路。网状职业通道，基本上也是管理层职位上的升迁和为升迁做的准备。这两条通道固然好，但是适用面、可用性小。对相当数量的员工来讲，多采取横向工作职位调动，使员工焕发新的活力，增进技能，迎接新的挑战。尽管这条通道可能没有晋升，也无加薪，然而员工可以增加自己对组织的价值，使自己获得新的发展机会。尤其对处于职业中期的诸多雇员来讲，这是一条很好的行之有效的职业通道。

（4）双重职业通道。双重职业通道，最初被用于解决受过技术培训，但不期望升迁到管理部门工作的员工的问题。双重职业通道允许员工只当技术专家，将其技能贡献给企业，却不必成为管理者。后来，这条通道又扩用至其他领域员工，如鼓励在工程、销售、财务、市场、人力资源和其他领域的贡献者。这些领域的员工能够增加自己的专业知识，对企业有所贡献，并获报酬，但不进入管理层。值得注意的是，无论这条通道的管理方面抑或技术方面，每个层次上的报酬都应是可比的。

随着高新技术发展和现代企业的革新再造，双重职业通路日益流行，专业知识和管理技能同样重要。双重职业通道不是从合格的技术专家中培养出劣等的管理者，而是允许组织既可以培养和聘请具有高技能的管理者，又可以造就和雇用具有高技能的技术人员。

除上述职业开发的主干道之外，还有其他具体的职业开发通道，如岗位转换、岗位更新、职业拓宽、委以重任、承担富于挑战性的工作等。组织在为员工设置职业通道之时，要特别注意做好如下工作：

第一，组织首先应当建设主干道；其次，又不拘泥于单条路，可设置多条临近主干道的培植之路。例如，某员工很有才华，目标是做一名高级主管，当组织考核认同、计划提拔他之后（不需要向本人讲明），就要为之设立通道。即根据本人情况，可以派其去高校学习工商管理专业，作为对其升迁积累资本的主要通道，或者可以委以某项重任，派其在几个职能部门轮流任职等，使其在实践工作中锻炼和增长才干，了解和熟悉管理工作，取得经验，成为使其达到职业发展目标的辅助职业通道。

第二，为员工疏通职业通道。上述是直接为员工职业开发建设通道。但是，路虽已开通。行进之中可能会遇到路障，扫除通道中的障碍，是组织分内的工作任务。

员工职业发展的障碍，可以来自员工职业工作自身和家庭，还可能产生于个人的生物社会生命周期。所以，组织必须从员工总生命空间发现问题，解决问题。哈里是位优秀员工，才华横溢，组织甚为赏识，拟提升。于是，派他执行一项重要的海外任务，用以考察和培养。但是，他面露难色。何原因？他本人身体健康，工作一帆风顺，人缘甚好，在其个人生物社会生命空间和职业生命空间，不存在影响他职业发展的障碍。经进一步深入了解，原来哈里的孩子还小，妻子不同意所致。于是，组织进行了取向家庭的活动，与其配偶直接交换看法，讲明利害关系，帮助安排孩子上全日制学校等。结果，哈里高高兴兴走马上任，这既利于其个人事业进步，又利于组织的发展。

总之，组织为员工设置职业通道之后，还要注意来自各方面的路障，必须立足于员工总生命空间和组织自身工作方面，寻找路障源，有针对性地解决问题，排除障碍，以使员工职业发展通道得以畅通无阻。

（三）职业通道设置和有效实施的保证——绩效评价与职业记录及工作公告制度

以职业发展为导向的工作绩效评价与职业记录及工作公告制度，是设置职业通道所必需的，也是职业通道得以畅行的保障。

以职业发展为导向的工作绩效评价，一方面，对员工以往工作绩效进行公正的评估；另一方面，非为评估而评估，工作主管和被评估者要将被评估者过去的工作绩效、职业偏好及发展需要，以一种正式职业规划的形式联系起来。例如，美国彭尼公司等的管理职业表。该表中列出公司的所有主管职位和一些特殊的工作名称（如"地区培训协调员""项P 管理员""公共事务管理员"等）。公司尚有一份"工作描述清单"，对职业表中所有工作进行简短工作描述。美国某公司的职业管理表还确定了典型的提升路线，晋升计划可以晋升一到两个工作等级，可以是跨四种功能工作群的，如职业表指南所言："当为一位相关的管理人员安排晋升计划时，你不仅要考虑贸易职位，还应当考虑经营职位、人事职位以及综合管理职位。"显然，以职业发展为导向的工作绩效评价，是设置职业通道的依据，服务于员工的职业开发与发展。

职业记录及工作公告制度的基本目的是确保内部候选人的职业目标和技能与各种晋升机会公开、公正、有效地相匹配。古德曼·萨奇公司的内部工作配置中心，即是这种制度的一个很好实例。该公司设置这一机构的目的是唤起公司雇员对追求在公司不同领域中谋求职业发展机会的兴趣。内部工作配置中心还简化了公司在填补职位空缺时考虑内部合格候选人的任务，因为它可以向管理人员提供关于能够为他们的雇员职业发展机会的空缺职位的信息。内部工作配置中心的工作过程分为五个步骤：①某职位空缺，公司鼓励员工可以首先进行一项内部或综合性调查；②管理人员和招聘人为此空缺职位写一份工作描述表，包括工作名称、职责、该职位对从业者的总体资格要求等内容；③将空缺职位信息张贴公布；④对空缺职位感兴趣的员工，向公司的内部工作配置中心递交申请报告和新履历；⑤由该配置中心的协调员和招聘人对每一位员工的申请书进行资格审查，确定员工是否被邀参与面试，亦即确定填补空缺职位的候选人。

联邦快递公司也有自己的工作公告及职业协调体系。该公司将这种体系称为工作调换申请人跟踪体系。在美国彭尼公司，其地区和大区保存着自己下属主管人员的有关职业资料，公司总部有另外 4000 份左右的档案资料。此外，在公司的四种职能部门中（贸易、经营、人事、综合管理部门）同样有所属人员的职业信息档案。美国彭尼公司还有一个关于 18 000 位管理人员的信息资料库——他们在哪里工作、他们的工作绩效评价代码、他们既定的职业发展道路等。公司管理者与其下属之间经常讨论今后的职业选择及发展，重点是帮助下属人员如何不断成长、实施职业生涯开发。显然，职业记录及工作公告制度，是保证职业通道合理设置和有效实施的好制度、好方法。

第二节　企业激励开发创新

美国企业巨子艾柯卡曾言：企业管理无非就是调动员工积极性。而启发调动员工积极性、自觉性、创造性和劳动潜能，正是企业激励的功能所在，亦为企业人力资源开发的内容和任务。在现代科学技术信息时代，伴随现代企业管理的全方位创新，企业激励开发管理也发生了诸多变革与创新。

一、激励主客体关系由对立走向统一

传统的企业激励，是雇主对雇员的激励，是管理者对员工的激励。雇主及其管理者是激励主体，员工则为被激励的客体。主客体处于一种对立状态。这一方面缘于双方根本利益冲突，双方是各自利益的维护者（主体方追逐企业利润最大化，客体方则为谋求个人收入最大化）；另一方面缘于传统激励是建立在对人性不信任或者没有信心的基础上。在激励主体眼中，最初，雇员是"经济人"，天生懒惰，其工作是为了个人生存、满足基本生理需求和安全需求不得已而为之。所以，雇主采取了"胡萝卜加大棒"的政策。在19世纪末、20世纪初的年代里，工人贫困，生产率不高，金钱对生产积极性的诱发力是必然的，在许多时候确实有效提高了劳动生产率。但是面对深重的剥削，以及面对严厉的惩罚和控制，被剥削者的反抗也是必然的，这一模式非但约束和限制了雇员的主动性、创造性，而且加剧了主客体之间的矛盾对抗，从而引起客体的敌意甚至破坏。旧模式的失效，唤起雇主和其管理者对新的有效激励的探寻。在否定"经济人"这一简单的人性认识后，提出了"社会人""复杂人""自我实现人"的人性假设，并指出一般人还是勤奋的，控制和惩罚不是实现组织目标的唯一方法；人的需求，除了物质利益之外，还有人际交往、受尊敬、自我实现等需求。因此，开始了以更接近人性的方法实施激励，注意关心员工，了解其需求，针对员工需求而激励。虽然20世纪20年代以来，激励实践有所变化，所依存的人性假设基础不同，但是，员工在企业中的地位始终未变，员工从属于资本，员工只是支持物质资本投资发挥作用的外部条件。员工作为生产工具与组织对立的对象，仍处于被控制、被支配、绝对服从与从属的地位或角色。激励的主、客体仍相互对立，客体的积极性、创造性受到压抑。

20世纪中叶，特别是80年代以来，科学技术的进步和知识经济的发展，明确地告诉了世人，现代经济增长不再主要依赖于物质资本，人力资本才是现代经济增长的拉动力量、内生要素，其凝聚了人力资本存量的企业人力资源，是能动的战略性资源，是企业最重要的资产。任何一个企业的生存与发展，决定于企业员工的知识、智力、技能存量，还决定于员工积极性、自觉性、创造性的充分调动与发挥。因此，现代企业，不能也不可能只顾及生产资料所有者的利益，必须兼顾企业所有成员的利益与发展，企业目标由单一化变为多元，既为了利润最大化，又为了企业全体员工的利益，还为了员工获得全面发展。而进入企业的现代员工，是把企业作为实现个人利益和发展的必要载体与途径，他们必须依靠企业的不断成长而获利、发展，在企业创新目标和价值观的感召下，在思想理念、行为上认同企业，融合于企业。于是，在共同利益、共同目标的支配下，企业与员工同呼吸、共命运，成为利益相关、休戚与共的统一体。企业走上了以人为本的激励开发道路，主、客体关系由对立走向融合、统一。

二、经营管理者激励角色的重新审视

传统激励，主、客体分明。经营管理者，作为企业的代表、企业利益的维护者和激励决策者，是理所当然的激励主体。而广大员工，作为被管理者，当然是激励对象，充当激励客体角色。然而现时代，激励主、客体角色发生创新，企业经营管理者的激励角色需要重新审视。

（一）高层管理者是激励开发的首要客体

无疑经理、企业家这一高层管理决策者，是当然的激励主体，他们同时也是激励的重要客体对象。这是现代企业经营管理的新思路，是企业激励开发的新理念。

企业高层管理者（主要指经理、企业家）作为首要的激励客体，20世纪七八十年代以来突出显现。这一理念和实践的创新有其客观必然性。

第一，是解决经理与资产所有者的利益目标矛盾，维系好二者关系所必需的。自从发生经理革命、资产所有权和经营管理控制权分离以后，便产生了资产所有者（股东）与经理关系的改变。二者利益目标不同，虽然均追求个人效用最大化，但是，资产所有者（股东）的效用是利润最大化，而经理的效用最大化是个人收入或报酬最大化。资产所有者（股东）总希望把实现自身利益的条件推到极有利于自己的界限，而经理则要尽可能地把界限尽量推到有利于自己的地方。若双方中任何一方利益被过度损害，必然失去积极性，危及股东与经理之间的委托代理关系，使之难以为继。因此，必须解决二者效用目标的矛盾，使其融合，兼顾双方利益，找到其均衡点。在经济全球化和科学技术、知识信息迅猛发展的背景下，经理的责任急速膨胀，在寻找新的利益均衡点过程中，对经理的激励开发作用突现出来了。

第二，是适应资产所有者（股东）与经理契约委托代理关系发展所必需的。资产所有者（股东）与经理事实上是一种契约，在这种契约下，资产所有者（股东）授权予经理为资产所有者（股东）的利益从事企业经营管理活动。这种关系呈现两个特点：一是经理有相当大的自主权；二是资产所有者（股东）很难监视和控制经理的活动。于是，经理为了追求自身效用的极大化，有可能不完全按照资产所有者（股东）的利益目标行事，甚至会利用资产所有者（股东）授予的权力，以损害资产所有者（股东）的利益为代价，来增加自己的效用。对于资产所有者（股东）来讲，可能会带来效率损失和高昂的代理成本。

随着当今经济全球化发展，企业规模的扩大和企业生产经营的复杂化，以及市场竞争白热化和信息产业的迅猛发展，委托代理关系的两个特点在发展、在强化。为了改进委托代理关系带来的效率损失，使受自我利益驱动的经理人能以委托人的效率目标为行为准则，使代理成本最小化，委托人对代理人行为实施有效的激励、约束机制，比任何时候都显得更必要，也更重要。于是，让代理人成为剩余权益的拥有者，设计有效的激励约束方案，对经理工作进行严格监督和准确评价，利用市场竞争机制约束经理行为，改进和完善公司治理结构，强化股东和董事会的约束机制等一系列措施的出台，有力地加强了对经理层的激励开发。

第三，是企业家在现代经济和企业发展中的重大决定作用所要求的。在科学技术、信息知识全面飞速发展的今天，尽管企业发展已经不再只靠像福特、华生、斯隆那样一夫当关、运筹帷幄、指挥全局的伟大领导者，真正出色的企业是能够使各层次人员积极参与、全心投入，并有能力不断学习的组织。但这并不等于否定企业家在现代企业成长与发展中不可忽视的重大作用。

（1）现代经济是以人力资本为依托的经济增长模式。企业家就是凝结了人力资本的人，而且是在动态经济中，使收益递增，起到经济增长加速器作用的特殊人力资本。也就是说，①企业家存在于动态经济运作中，并创造动态经济；②企业家拥有特殊的经营管理的智力、知识和技能，或者说是高存量、高水平的人力资本；③企业家具有不断学习、不断更新和创新其人力资本的能力；④企业家善于运用其人力资本，产生、创造和实现边际报酬递增的经济效果。重点激励企业家，就是要充分开发和调动其特殊的人力资本。

（2）当代出色的企业，确如许多管理学家所言，主要取决于企业人力资源的开发和具有学习能力的学习型组织。但是，正是企业家所具有的特殊经营管理才能、勇于创新和冒险的精神、人格的魅力及其权力地位，使他（她）能够担当起调动全体员工积极性、创造性的责任，还能够全心投入组织的事业中，并进行人力资本教育投资，构建起不断学习、不断创新、持续发展的学习型组织，从而保障企业的成功。而企业家的这种能力、素质是长期实践造就的，其作用难以替代，许多时候甚至是不可替代的。对经理企业家的激励，是第一层次的激励，顶层激励开发做好了，企业各层面的激励和各项工作的成功方有保证。

上述可见，现时代企业家对企业发展依然有着重大的决定性作用。现实当中，一个企业家救活一个企业的实例并不鲜见。美国克莱斯勒汽车公司以生产优质豪华轿车而享有盛名。20世纪70年代石油危机冲击汽车工业之时，该公司仍然继续生产耗油量大的旧品牌车。由于忽视市场变化、产品老化、品种单一，加之内部管理混乱，该公司销售额大幅度下降，连续四年亏损，亏损额高达35亿美元，濒临破产境地。危急时刻，该公司重金聘用福特汽车公司原总经理艾科卡就任总经理一职。艾科卡上任之后，经调查研究，有针对性地进行了一系列改革和调整。例如，一年内裁减700名白领职员和850名工人，两年内辞退32位副总裁，三年内关掉16家工厂。同时，采取一系列降低成本、冒险向政府贷款、减薪等措施，渡过了危机。1983年该公司盈利超过9亿美元，1984年该公司前三个季度即盈利17.7亿美元。不出几年，该公司就有能力发行新股票，并提前还贷款……克莱斯勒走上了新的健康发展之路。

正是因为企业家在现代经济增长和企业发展中的重大决定作用，以及其作用的难以替代性，培育造就企业家，充分激励、调动企业家的积极性，发挥其作用，显得格外重要和紧迫。对于制度变迁中的国家，如我国，更是刻不容缓。我国至今未形成真正的企业家阶层，甚至有人发出"我国没有真正企业家"的惊叹。为了加速企业家的成长，充分发挥他们在企业经营管理中的重要作用，采取年薪制、股权激励等形式，建立企业家激励机制为当务之急。当今，企业家不仅是企业激励开发的主体，同时也是激励开发的客体，而且是企业激励开发的首要重点对象。甚至有人明确坦言：激励的标的主要应该是企业家而不是企业职工。

（二）管理者激励主体角色功能创新

传统激励，管理者是绝对的激励主体，由他做出激励决策，发出激励信息和激励行为，视员工为完全被动听从的激励接受者。事实上，管理者扮演的是好处与利益的施舍者角色，是完全的激励主导者或者主宰者。创新的激励开发，给予管理者以新的角色确认。

第一，管理者把自己的激励目标定位放在帮助人们实现自我激励方面，也就是说，管理者的激励目标是帮助企业中每一个人实现最大限度的自我激励。第二，管理者由完全的激励主体、激励的主宰者变为员工激励的帮助者、指导者和调节者。这一角色转换是以员工实现自我激励为前提条件和基础的。第三，管理者作为激励的帮助者、指导者和调节者，其角色的具体职责或任务是：①与被激励者共同商定被激励者的工作目标和制约条件。②对被激励者提供必要的培训，帮助其成为自我管理、自我激励者；同时，培养、训练被激励者的能力，使之能够并且愿意确定自己的工作目标、标准和责任。③被激励者接受目标后，帮助其制定实施方案，明确完成工作的步骤、方法与标准。④帮助、指导被激励者自行开展工作，随时给其以工作中所需的信息和技术的支持，并且根据工作过程中的反馈信息，帮助被激励者不断修正其行为，以最终实现预期目标。⑤对被激励者进行业绩考核与评估，帮助其进一步明确今后努力工作的方向。

三、激励对象的扩展

在传统企业激励中，激励对象是组织内全体人员，而且一般是组织内垂直的、由上至下的层级激励，如资本所有者对最高层管理者的激励，各层级管理者对其下属进行激励。在现代企业激励中，激励客体发生了扩展。

首先，企业内横向激励加强。伴随高新技术发展、分工的精细化和企业规模的扩大，在企业现实运作中，部门间的横向联系与协作显著增多。许多项目工程、工作任务必须由横向不同部门、处于不同作业环节的人员共同协作完成。例如，一项新产品的研制，需要研发部门、技术部门、材料供应部门、生产部门、财务部门及市场销售等多个部门协同作战、相互配合方能完成。在这一专项任务运作过程中，就要建立以任务和责任为中心的工作分析、绩效评估和激励机制，即发生了企业内部门间横向上的激励对象。就一个部门而言，其自己人员既可能被别的部门所调遣，接受别的部门的激励；又可能因完成某项任务需要调用其他部门人员，并且向其进行激励。企业内众多部门这样相互交错、联合协作，其人员互为激励对象，形成一个横向激励系统。

其次，产生和扩大对企业外部人员的激励。传统企业激励，历来面向组织内成员，此乃天经地义。但是，在分工深化精细、生产高度社会化、经济全球化的当今时代，在变化无常、异常激烈的市场竞争环境中，从生产目标、战略到生产运作，从经营管理到组织机构、组织形式，都不再限于企业本身，而是冲破了企业边界。企业的发展，企业目标的实现，越来越受到原料供应商、生意伙伴、客户等企业外部力量的极大影响和制约。因此，现代企业激励客体，不可避免地扩展到这些企业外部力量。充任激励主体的更多的是企业某一部门或整个企业。

总之，现代战略式企业激励，其激励对象既有纵向上的，又有横向层面上的；既有企业内人员，又有企业外部人员，从而构成一个立体交叉、相互有机联系的激励网络系统。

四、激励开发的最高境界——自我激励

企业激励，到底谁激励谁？在主、客体泾渭分明的传统激励模式中，这当然不言自明。然而在现代的企业激励开发中，主、客体模糊了，原来完全的激励主体又是激励客体，而纯粹的激励客体同时也担当了主体角色。赋予每个激励客体以主体角色的是自我激励的出现。

自我激励，顾名思义，即自己激励自己。在现实中，每一员工都有自我的追求，有保持有关个人价值和生活意义的需要，如按个人目标追求自我成长与成就的需要，对地位、赏识、认可、权力的需要，承担有意义的、重要的或富有挑战性工作，以表明自我能力与价值的需要等。组织一旦具备了满足员工个人需要的条件和环境，员工就能自觉地积极投入组织的工作中，将个人目标与组织目标很好地结合，通过实现组织目标达到个人需要的满足，并实施有效的自我监督、自我鞭策、自我评价与自我控制。自我激励由此而发生。

美国管理学家奥迪恩对自我激励问题进行了广泛的调查研究，提出了适用于每一个组织成员（上至企业高层领导决策层，下至普通操作工）的自我激励的六项原则：①为自己设置一个目标，并时刻不要忘记这个目标。②用中、短期目标和一定的专门活动来补充、配合与实践自己的长期目标。做工作要从一点一滴做起，从现在做起。③每年要学习做一项有挑战性的新工作。要学习做一名企业主管。④在服务工作上要做出优异的成绩，要有丰富的想象力和创造力，做出超越他人的突出成绩。⑤扩大自身的优势范围，依靠自己的优势，或把自己的劣势变成优势。在自己的工作领域中，达到优秀专家的水平，如最佳的会计师、最佳的设计师等。⑥自我考核。按照自己设计的目标，并按照一套可以衡量业绩的标准，进行自我考核与检查。

显而易见，自我激励不同于传统的来自管理者外在力量的激励。它是内在化的自觉激励，是一种真正产生激励作用的、持久的激励。这种产生于以人为本、生产经营目的多元化的现代企业中的自我激励，是最有效的激励，对组织而言，是激励开发管理的最高境界；对员工个人来讲，是个人从消极被动的执行者转换为积极主动的进取者，是个人成长与发展的最佳状态。因此，凡是成功的企业，在为员工成长与个人发展提供诸多形式的激励的

同时，都在积极努力为员工的自我激励创造有利的条件和环境。美国明尼苏达矿业及机器制造公司几十年来总是以其步步领先的新技术和新产品傲居商界。其过人之处是缘于公司有一套独特的激发自我的激励机制。该公司对每一位员工给予充分的信任与尊重，在"不要妨碍他们的工作"宗旨下，为员工提供各种施展才能的机会，决不轻易否定或扼杀员工提出的每一个有价值的创意，鼓励员工为研制新产品而冒险，允许失败，而决不去挫伤他们的热情和积极性。员工提出新产品的开发方案后，公司便请他主持一个行动小组进行研究，薪酬、升迁机会与项目进展紧密相连。

五、创新的双向互动激励模式

传统企业激励，强调的是组织单方面施加于员工的激励，依赖的是相互独立的激励措施，是一种"踢他式"的策略型激励。它是组织为自身目标实现而施予员工以激励的单向运行过程。现代企业为组织与员工个人双方利益目标的实现而进行激励，现代企业激励开发是组织与个人（激励主客体）双向信息交流、双方目标相结合、双方行为互动的过程。

创新的组织与个人双向互动激励模式，其运行基本包括如下四方面：①双向信息交流；②双方各自工作行为与方式的选择；③工作评价与奖励，其中的阶段考评信息反馈给双方，以随时修正各自的工作选择；④总结、比较及双向交流与反馈。

这一激励模式是以承认员工个人目标为前提，以组织与个人双方利益目标实现为基础的。在人力资源作为现代经济增长的战略性资源和最重要资产的时代，在以人为本的现代企业管理新时期，倘若离开个人目标，激励动力会丧失，没有员工积极性、主动性、创造性的调动与发挥，企业便失去生存发展的动力与活力。因此，主、客体利益的协调和目标的统一，成为企业激励开发的目的和出发点。此外，该创新激励模式，承认、重视和激发员工自我激励，组织激励与员工自我激励相结合，使外在激励内化为自我激励，使员工由被动执行型的人，变为主动进取型的人。它所强调的是激活和开发工作环境中的人的内在需求、愿望等心理动机，进而引导、控制、约束和归化人的行为趋向，充分启发、调动人的积极创造性和劳动潜能，使之并向组织目标，以有效地实现组织及其成员双方的目标。

由企业双向互动激励模式的实质所决定，在对旧激励方法、手段改造的同时，实行了诸多新激励方法。例如，一般激励方法是通过对行为结果的奖励或处罚，来促使客体采取特定的激励主体所需要的行为。如今采用企业使命和价值观心理诱导方法，实现自觉的自我激励。此外，实行了企业与其员工共同繁荣战略，员工职业生涯设计与开发，对员工进行人力资本投资，个人获得学习、成长和发展的机会，员工工作内容丰富化、扩大化（如增加核心工作要素的技能多样化、任务完整性、任务意义和自主权等），分配员工以富有挑战性的工作，报酬同业绩挂钩，员工参股等诸多新激励方法、手段。这些新方法在实践中是相辅相成、有机关联的，实现了由只依赖相互独立的措施到实行整体配合激励策略，从注重外部控制到内部激励的引导，从使用硬性措施到软性管理开发，从注重短期激励效果到短期与长期激励效果的结合，从他激励到自激励等多方面的创新。

参考文献

[1] 蔡治. 大数据时代的人力资源管理 [M]. 北京：清华大学出版社，2016.

[2] 中国科协调研宣传部，中国科协创新战略研究院. 中国科技人力资源发展研究报告 2014——科技人力资源与政策变迁 [M]. 北京：中国科学技术出版社，2016.

[3] 胡华成. 颠覆 HR"互联网 +"时代的人才管理变革 [M]. 北京：中国铁道出版社，2016.

[4] 李啸尘. 新人力资源管理 [M]. 北京：石油工业出版社，2000.

[5] 姚裕群. 人力资源管理与劳动保障案例集 [M]. 北京：清华大学出版社，2015.

[6] 哈佛公开课研究会. 人力资源总监手册 [M]. 北京：中国铁道出版社，2015.